中外经典文库

培根文选

李瑜青 主编

上海大学出版社
·上海·

图书在版编目(CIP)数据

培根文选 / 李瑜青主编. —上海：上海大学出版社，2023.2
（中外经典文库）
ISBN 978-7-5671-4580-1

Ⅰ.①培… Ⅱ.①李… Ⅲ.①培根(Bacon，Francis 1561-1626)—文集 Ⅳ.①B561.21-53

中国国家版本馆CIP数据核字(2023)第023895号

统　筹　刘　强
责任编辑　倪天辰
封面设计　柯国富
技术编辑　金　鑫　钱宇坤

中外经典文库

培根文选

李瑜青　主编

上海大学出版社出版发行
（上海市上大路99号　邮政编码200444）
（https://www.shupress.cn　发行热线 021-66135112）
出版人　戴骏豪

*

南京展望文化发展有限公司排版
上海华教印务有限公司印刷　各地新华书店经销
开本 890mm×1240mm　1/32　印张 10　字数 233千字
2023年2月第1版　2023年2月第1次印刷
ISBN 978-7-5671-4580-1/B·135　定价 48.00元

版权所有　侵权必究
如发现本书有印装质量问题请与印刷厂质量科联系
联系电话：021-36393676

目录
CONTENTS

论自私 …… 001
论虚荣 …… 003
论友谊 …… 005
论嫉妒 …… 011
论爱情 …… 016
论勇敢 …… 019
论时机 …… 021
论狡猾 …… 023
论迅速 …… 027
论养生之道 …… 029
论猜疑 …… 031
论言谈 …… 033
论天性 …… 035

论习惯 …… 038
论幸运 …… 040
论青年与老年 …… 043
论残疾人 …… 046
论礼貌 …… 048
论称赞 …… 050
论荣誉 …… 052
论愤怒 …… 054
论小聪明 …… 056
论报复 …… 058
论家庭 …… 060
论婚姻 …… 062
论逆境 …… 065

论伪装与沉默 …… 067

论美 …… 070
论建筑 …… 072
论死亡 …… 075
论宗教信仰的一致性
　问题 …… 077
论谶言 …… 082
论善 …… 086
论迷信 …… 089
论法律 …… 091
论真理 …… 095
论旅行 …… 098
论消费 …… 101
论宫廷化装舞 …… 103
论贷款 …… 105
论园艺 …… 109
论读书 …… 112
论变迁 …… 114
《伟大的复兴》序 …… 117

思维方式的巨大变革 …… 125
知识就是力量 …… 131

科学的任务在于发现
　规律 …… 136
论四种假象 …… 141
扰乱人类理解力的
　因素 …… 146
论语词含义上的
　混乱 …… 148
真理是时间的女儿 …… 151
值得存在就值得
　知道 …… 155
论智力发展的障碍 …… 157
现有逻辑的缺陷 …… 164
假象的堡垒 …… 167
推动科学发展的几个
　要素 …… 168
实验和理性的结合 …… 172
解释自然和人的王国的
　箴言 …… 179
科学归纳法 …… 193
哲学与科学的划分 …… 217

论野心 …… 229
论权位 …… 232

论贵族 …… 236

论叛乱 …… 238

论帝王 …… 245

论建议 …… 250

论革新 …… 255

论强国之术 …… 257

论财富 …… 264

论谈判 …… 268

论仆侍 …… 270

论律师 …… 271

论党派 …… 273

新大西岛 …… 275

论自私

蚂蚁这种小动物替自己打算是很精明的,但对于一座花果园,它却是一种很有害的生物。自私的人也如同蚂蚁,不过他们所危害的是社会。

人应当把私利之心与公共利益理智地分清。在为自己谋利益时,不要损害他人,更不能损害君王与国家。

人不能像地球一样,把自己的利益定作绕以旋转的轴心。① 对于一个君主,他或许可以这样做,因为他所代表的不仅是个人,还有国家的利益。而对于一个公民,自私自利却永远是一种坏的品质。这种人总是把一切事物都按照一己私利的需要加以扭曲,其结果没有不危害社会的。

因此,君主在选择官员时决不能挑这种人。一旦任用这种自私的家伙,他们就将为一己私利而牺牲与公益有关的一切,成为最无耻的贪官污吏。他们所谋及的不过是一身一家的幸福,所损害的却是整个国家和社会。俗话有云:"点着别人的房子煮自己的一个鸡蛋。"这正是极端自私者的本性。

---

① 当时哥白尼之"日心说"尚未传播,所以人们仍以为天上群星是环绕地球转动的。

然而可惧的是，正是这种人最容易获得主人的信任。因为为了达到利己的目的，这种人是甘愿不惜一切手段去拍马逢迎的。

自私者的那种小聪明，应该说是一种卑鄙的聪明。这是那种打洞钻空了房屋、而在房屋将倒塌前及时迁居的老鼠式的聪明。这是那种欺骗熊来为它挖洞，洞一挖成就把熊骗走的狐狸式的聪明。这是那种在即将吞噬落入口中的猎物时，却假装悲哀流泪的鳄鱼式的聪明。

但是，那种"只知自爱却不知爱人的人"（西塞罗论庞培的话），最终总是没有好结局的。虽然他们时时在谋算怎样为了自己而牺牲别人，而命运之神却常常使他们自己最终也成为自己的牺牲品。纵使人再善于为自己打算，却毕竟不能捆缚住命运之神的翅膀呵。

（何　新　译）

论虚荣

"大家看,我扬起了多少灰尘啊!"那苍蝇叮在大车的轮轴上神气地自我吹嘘说。——伊索寓言中的这个故事真妙极了。世上有多少蠢人,正如这只苍蝇一样,为了得到一点虚荣,而把别人的功劳冒认成自己的。

自夸必然会煽起竞争。因为一切自夸都要拿他人作比较。这种人也必然好吹嘘,因为只有吹嘘才能满足他的虚荣心。所以好吹嘘者必不能保守机密。这种人正如一句法国谚语所说"叫得很响,做得很少"①;在事业上是绝不可信用的。

但是在政治中这类人倒可能有用。当需要制造一种虚假声望的时候,他们是很好的吹鼓手。此外,正如李维曾指出的,政治上有时需要谎言。比如在外交中,对两个君主夸耀同一敌对者的实力,可以促使他们结成联盟。又如有人对两个互不知底细者吹嘘自己能影响对方,结果巧妙地把自己的地位抬高了。在这些事例中,这种人几乎可以说是白手造就了时势,凭借谎言和吹嘘而获得了力量。

对于军人来说,荣誉心是不可缺少的,因而正如钢铁因磨砺而锋利一样,荣誉感可以激发斗志。在冒险的事业中,豪言壮语也可

---

① "Beaucoup de bruit, Deu de fruit!"

以增加胆力,审慎持重之言反而使人泄气,它们是压舱铁而不是船帆,应当被藏于舱底。甚至严肃的学术事业,如果不插上夸耀的羽毛,名望也将难以飞腾起来,所以,"就连写《蔑视虚荣》之书者,也把自己的名字题在了书皮上"。

古代贤哲如苏格拉底、亚里士多德、盖伦等,也都是有夸耀之心的人。虚荣心乃是人生事业的推动力之一。所以以德行本身为目的者,绝没有以德行为猎名之手段者更能获得荣誉。西塞罗、塞涅卡、小普利尼①的事业都多少关联着他们的虚荣心,所以他们的努力持久而不懈。虚荣心有如油漆,它不仅使物体显得华丽而且能保护物体本身。

还有人具有一种巧妙的能力,能够使夸耀和虚荣心被掩饰得非常自然,犹如塔西佗所说的莫西(Musi)——"他如此善于巧妙地显示自己",以致使人认为这并非出自虚荣,而是出自他的豪爽和明智。

其实一切表现恰当的谦虚、礼让、节制,都可以成为更巧妙的求名自炫之术。比如假使你有一种专擅的特长,那么你就不妨极口称许并不如你的其他人的这种长处。对于这种做法,小普利尼说得好:"你既是夸奖别人,又是夸奖自己。如果他的这种优点不如你,那么既然他值得夸奖,当然你就更值得夸奖了。如果他的这种优点强过你,他不值得夸奖,你就更不值得夸奖了。"结论是:尽管他胜过你,你还是要夸奖他。但说到底,自夸自赏是明智者所避免的,却是愚蠢者所追求的,又是谄媚者所奉献的。而这些人都是受虚荣心支配的奴隶。

(何 新 译)

---

① 西塞罗、塞涅卡、小普利尼,三者均为古罗马著名作家。

论友谊

亚里士多德曾说：喜欢孤独的人不是野兽便是神灵①。没有比这句话更把真理与谬误混为一谈了。如果一个人脱离社会，甘愿遁入山林与野兽为侣，这也许表明他的确有几分兽性。那么在他身上恐怕是并不能找到什么神性的。除非这样做的目的，是要到社会之外去寻求一种更高尚的生活，就像古代克利特的诗人埃辟门笛斯②、罗马传奇性的皇帝诺曼③、哲学家埃辟克拉斯④、毕达哥拉斯的信徒阿波罗尼斯⑤那样。

友谊对人生是不可缺少的。群氓并非伴侣。如果没有友情，生活就不会有悦耳的和音。在没有友谊和仁爱的人群中生活。那种苦闷正犹如一句古代拉丁谚语所说："一座城市如同一片旷野。"人们的面目淡如一张图案，人们的语言则不过是一片噪音。

由此可以看出，人与人的友情对人生是何等重要。得不到友谊的人将是终生可怜的孤独者。没有友情的社会则只是一片繁华

---

① 语出亚里士多德《政治学》。
② 埃辟门笛斯，古希腊哲学家。曾隐居山洞中57年。
③ 诺曼，古罗马君王。传说他曾隐居山中。
④ 埃辟克拉斯，古罗马哲人。
⑤ 阿波罗尼斯，古罗马哲人。

的沙漠。因此那种乐于孤独的人,其性格不是属于人而是属于兽的。

当你遭遇挫折而感到愤懑抑郁的时候,向知心挚友的一席倾诉可以使你得到疏导。否则这种积郁会使人致病。医学告诉我们,"沙沙帕拉"①可以理通肝气;磁铁粉可以理通脾气;杏仁可以理通肺气;海狸胶可以治疗头昏。然而除了一个知心挚友以外,却没有任何一种药物可以治疗心病。只有对于朋友,你才可以尽情倾诉你的忧愁与欢乐、恐惧与希望、猜疑与烦恼。总之,那沉重地压在你心头的一切,通过友谊的肩头而被分担了。

正因为如此,甚至连许多高高在上的君王也不能没有友谊。以至许多人竟宁愿降贵屈尊地追求它。

本来君王是不能享受友谊的。因为友谊的基本条件是平等,而君王与臣民的地位却是悬殊的。于是许多君王便不得不把他所宠爱的人擢升为"宠臣"或"近侍",以便能与他们亲近。罗马人称这种人为"君王的分忧者"②,这种称呼恰如其分地道出了他们的作用。实际上,不仅那些性格脆弱敏感的君王曾这样做,就连许多性格坚毅、智勇过人的君王,也不能不在他的臣属中选择朋友。而为了结成这种关系,他们是需要尽量地忘记自己原来的高贵身份的。

罗马的大独裁者苏拉曾与庞培结交③,以至竟容忍了庞培言语上的冒犯。庞培曾夸口说:"崇拜朝阳的人自然多于崇拜落日的人。"伟大的恺撒大帝也曾经与布鲁图斯④结为密友,并把他立为

---

① 原文为"Sarsaparilla",中世纪的一种方剂,用于风湿等病症。
② 原文为拉丁文"Participes curarum"。
③ 苏拉,古罗马统帅、独裁者。庞培是苏拉的部下。
④ 恺撒,古罗马的统帅、政治家、独裁者。于公元 44 年为罗马民主派政客所刺杀。刺客中有他的朋友布鲁图斯。

继承人之一,结果这人成为诱使恺撒堕入圈套而被谋杀的人。难怪西塞罗后来引用安东尼的话,把布鲁图斯称作"巫师",仿佛他诱惑恺撒的魅力是来自一种妖术似的。

奥古斯都大帝擢拔了出身卑微的阿格里巴①(把他的侄女嫁给他,但他后来却抛弃了她)。当提比留斯皇帝统治罗马时,他是那样重用他的部下斯杰纳。在一封信中他竟表示:"我你之间没有不能诉说的秘密。"②为了他们的友谊,元老院还造了一座祭坛以示祝福和纪念。另一个罗马君王塞纳留斯③与他的部下普罗丁④的友谊更是密切,不仅与他结成儿女亲家,而且在给元老院的诏书中竟说:"我推荐他,并祝福他死于我后。"假如这些君王属于图拉真⑤或奥瑞留斯⑥一种类型,那么我们可以把上述表现解释为多情和善良。但实际上这些人都具有意志刚强和自尊好强的性格。然而正是他们,认为友谊乃是如此的不可缺少,以至尽管他们有妻子儿女和各种亲属,却仍然认为这些不足以替代朋友之间的友情。

法兰西历史学家科梅尼曾深入观察过他的君主查理公爵。他说查理公爵从不愿把自己的重大事件与他人商讨。⑦ 科梅尼说:"这种独往独来的性格损害了他的事业。"但如果科梅尼敢于评论的话,他后来所服侍的另一位君主路易十一⑧就更是这样一个人。

---

① 阿格里巴(Agrippa,生于前63年),为罗马帝国名臣之一。
② 此为意译。原文:Haec pro amicitia nostra non occultavi.
③ 塞纳留斯(Septimius severus,146—211),罗马杰出帝王,公元193—211年在位。
④ 普罗丁(Plautianus),是他的爱将。后以叛变被赐死。
⑤ Trajan,于公元98—117年任罗马皇帝。以英明著称。
⑥ Marcus Aurelius,于公元161—180年为罗马皇帝,以英明著称。
⑦ 科梅尼(Philip de Commines,1445—1519),法国历史学家兼政治家。查理大公(1433—1477),法国政治家。
⑧ 路易十一,1461—1483年为法兰西国王。

而这种孤独无侣也正是路易十一一生的克星。

毕达哥拉斯①曾说过一句神秘的格言——"不要啃掉自己的心。"确实，如果将这句比喻讲得明白一些，那么就可以说，那些没有朋友的人，就是自己啃啮自己心灵的人。实际上，友谊的奇特作用是：如果你把快乐告诉一个朋友，你将得到两个快乐，而如果你把忧愁向一个朋友倾吐，你将被分掉一半忧愁。所以友谊对于人生，真像炼金术士所要寻找的那种"点金石"②。它既能使黄金加倍，又能使黑铁化金。实际上，这也是一种很自然的规律。在自然界中，物质通过结合可以得到增强。而人与人之间难道不也正可以如此吗？

如果以上所说已证明友谊能够调剂人的感情的话，那么友谊的又一种作用则是能增进人的智慧。因为友谊不但能使人摆脱暴风骤雨的感情走向阳光明媚的晴空，而且能使人摆脱黑暗混乱的胡思乱想而走入光明与理智的思考，这不仅是因为一个朋友能给你提出忠告，而且任何一种平心静气的讨论都能把搅扰着你心头的一团乱麻，整理得井然有序。当人把一种设想用语言表达出来的时候，他也就渐渐看到了它们可能招来的后果。有人曾对波斯王说："思想是卷着的绣毯，而语言则是打开的绣毯"。所以有时与朋友作一小时的促膝交谈可以比一整天的沉思默想更能使人聪明。

其实即使没有一个能对你提出忠告的朋友，人也可以通过语言的交流而增长见识。讨论犹如砺石，思想好比锋刃。两相砥砺将使思想更加锐利。对一个人来说，与其把一种想法紧锁在心头，

---

① 毕达哥拉斯，公元前6世纪古希腊著名数学家、唯心主义哲学家。
② 原文"Philosopher's stone"，亦译作"哲人之石"。传说中的一种宝石，可以化铁为金。

倒不如哪怕把它倾吐给一座雕像,也比闷在心里好。

赫拉克利特①曾说过:"初始之光最亮"(Dry light is vere the best)②。但实际上,一个人自身所发生的理智之光,是往往受到感情、习惯、偏见的影响而不那么明亮的。俗话说:"人总是乐于把最大的奉承留给自己。"而友人的逆耳忠言却恰好可以治疗这个毛病。朋友之间可以从两个方面提出忠告,一是关于品行的,一是关于事业的。

最能使人心灵健全的莫过于朋友的良言忠告。阅读伦理的教条不免感觉枯燥。以他人的过失为鉴戒有时也未必切合自身的实际。自我改善的最好办法无过于朋友的告诫。事实上许多人(包括伟人)之所以做出终身悔恨之事,就是由于他们身边缺乏益友。所以正如圣雅各说的:"虽然照了镜子,却看不清自己的嘴脸。"③

就事而言,也有人认为两双眼睛所看到的未必比一双眼睛见到的更多,或者以为一个发怒的人未必没有一个沉默的人聪明,或者以为毛瑟枪不论托在自己肩上放,还是支在一个支架上放,会打得一样准——总之,认为有没有别人的帮助结果都一样。但这些话其实只是十分骄傲而愚蠢的说法。最有益于事业的无过于忠告。在听取意见的时候,有人喜欢一会儿问问这个人,一会儿又问问那个人。这当然比不问任何人好。但也要注意,在这种情况下会有两种危险。一是这种零敲碎打来的意见可能是一些不负责任的看法。因为最好的忠告只能来自诚实而公正的友人。另外这些不同源泉的意见还可能会互相矛盾,使你莫衷一是,不知所从。比如你有病求医,一位医生虽会治这种病却不了解你的身体情况,结

---

① 赫拉克利特,公元前6世纪古希腊唯物主义哲学家。
② 此句为意译。原文直译应为"干燥的光",指发自自身,不受干扰的光。
③ 语出《新约·雅各书》第1章第23节。

果服了他的药这种病虽然好了,却可以从另外的方面损害你的健康,虽然治了病也伤了人。所以最可靠的忠告,也还是只能来自最了解你事业情况的友人。

友谊对于人除了以上所说这些益处以外,还有许多其他方面的益处,多得如同一个石榴上的果仁,难以一一细数。如果一定要说的话,那么只能这样来说:只要你想想一个人一生中有多少事务是不能靠自己去做的,就可以知道友谊有多少种益处了。因此古人说:朋友就是人的第二个"我"。但这句话的分量其实还不够,因为朋友并不仅是另一个自我。

人生是有限的,有多少事情人来不及做完就死去了。但如果有一位知心的挚友,人就可以安心瞑目,因为他将能承担你所未做完的事业。因此一个好朋友实际上可以使你获得又一次生命。人生中又有多少事,是一个人由自己出面所不便去办的。比如人为了避免自夸之嫌,因此很难由自己讲述自己的功绩。人的自尊心又使人在许多情况下无法低首下心去恳求别人。但是如果有一个可靠而忠实的朋友,这些事就都可以很妥当地办到。又比如在儿子面前,你要保持父亲的身份。在妻子面前,你要考虑作为男子汉的体面。在仇敌面前,你要维护自己的尊严。但一个作为第三者的朋友,就可以全然不计较这一切,而就事论事、实事求是地替你出面主持公道。

由此可见,友谊对人生是何等重要。它的好处简直是无穷无尽的。总而言之,当一个人面临危难的时候,如果他平生没有任何可信托的朋友,那么我只能告诉他一句话——他只能自认倒霉了!

(何　新　译)

论嫉妒

在人类的各种情欲中,有两种最为惑人心智,这就是爱情与嫉妒。这两种感情都能激发出强烈的欲望,创造出虚幻的意象,并且足以蛊惑人的心灵——如果真有巫蛊这种事的话。

所以,我们知道在《圣经》中把"嫉妒"叫作一种"凶眼",而占星术士则把它称作一颗"灾星"。这就是说,嫉妒能把凶险和灾难投射到它的眼光所注目的地方。不仅如此,还有人认为,嫉妒之毒眼伤人最狠之时,正是那被嫉妒之人最为春风得意之时。这一方面是由于这种情况促使嫉妒之心更加锐利;另一方面是由于在这种情况下,被嫉妒者最容易受到打击。

让我们来分析一下哪些人容易嫉妒,哪些人容易招来嫉妒,以及哪种嫉妒属于公妒,公妒与私妒有何不同。

无德者必会嫉妒有道德的人。因为人的心灵如若不能从自身的优点中取得养料,就必定要找别人的缺点来作为养料。而嫉妒者往往是自己既没有优点,又看不到别人的优点的,因此他只能用败坏别人幸福的办法来安慰自己。当一个人自身缺乏某种美德的时候,他就一定要贬低别人的这种美德,以求实现两者的平衡。

嫉妒者必定是好打听闲话的。他们之所以特别关心别人,并非因为事情与他们的切身利害有关,而是为了通过发现别人的不愉快,来使自己得到一种赏心悦目的愉快。

其实每一个埋头沉入自己事业的人,是没有工夫去嫉妒别人的。因为嫉妒是一种四处游荡的情欲。能享有它的只能是闲人。所以古话说:"多管闲事必定没安好心。"

一个后起之秀是招人嫉妒的,尤其要受那些贵族元老的嫉妒,因为他们之间的距离改变了。别人的上升足以造成一种错觉,使人觉得自己仿佛被降低了。

有某种难以克服的缺陷的人——如残疾人、宦官、老年人或私生子,是容易嫉妒别人的。由于自己的缺陷无法补偿,因此需要损伤别人来求得补偿。只有当这种缺陷是落在一个具有伟大品格的人身上时才不会如此。那种品格能够让一种缺陷转化为光荣。负着残疾的耻辱,去完成一件大事业,使人们更加为之惊叹。像历史上的纳西斯、阿盖西劳斯和铁木尔就曾如此①。

经历过巨大的灾祸和磨难的人,也容易产生嫉妒;因为这种人乐于把别人的失败,看作对自己过去所历痛苦的抵偿。

虚荣心甚强的人,假如他看到别人在一件事业中总是强过于他,他也会为此产生嫉妒的。所以自己很喜爱艺术的阿提安皇帝②,就非常嫉妒诗人、画家和艺术家,因为他们居然在这些方面超过了他。

最后,在同事之间当有人被提升的时候,也容易引起嫉妒;因为如果别人由于某种优越表现而得到提升,就等于映衬出了其他人在这些方面的无能,从而刺伤了他们。同时,彼此越了解,这种嫉妒心将越强。人可以允许一个陌生人的发迹,却绝不能原谅一

---

① 纳西斯(Narses,472—568),东罗马帝国的将领。铁木尔,成吉思汗的儿子,蒙古名将。
② 阿提安(117—138),古罗马皇帝。

个身边人的上升。所以该隐只是由于嫉妒就杀死了他的亲兄弟亚伯①。

我们再来讨论一下哪些人能够避免嫉妒。

我们已懂得,嫉妒总是来自以自我与别人的比较,如果没有比较就没有嫉妒。所以皇帝通常是不被人嫉妒的,除非对方也是皇帝。一个有崇高美德的人,他的美德愈多,别人对他的嫉妒将愈少;因为他们的幸福来自他们的苦功。它是应得的。

所以出身于微贱的人,一旦升腾必会受人嫉妒。直到人们习惯了他的这种新地位为止。而富家的一个公子也将招人嫉妒;因为他并没有付出血汗,却能坐享其成。

反之,世袭贵胄的称号却不容易被嫉妒;因为他们优越的谱系已被世人所承认。同样。一个循序渐进地高升的人,也不会招来嫉妒;因为这种人的提升被看作是自然的。

那种在饱经艰难之后才获得的幸福是不太招人嫉妒的;因为人们看到这种幸福是如此地来之不易,以至甚至产生了同情——而同情心总是医治嫉妒的一味良药。所以老谋深算的政治家,当他们处于高高在上的地位时,总是在向人诉苦,吟唱着一首"正在活受罪"的咏叹调。其实他们未必真的如此受苦,这只是钝化别人嫉妒锋芒的一种策略。

但是,只有当这种人的负担不是自己招揽上身时,这种诉苦才会真被人同情。否则,没有比一个出于往上爬的野心而四处招揽事做的人更招人嫉恨的了。

此外,对于一个大人物来说,如果他能利用自己的优越地位来

---

① 该隐与亚伯的故事出于《圣经》。他们是兄弟俩。由于该隐嫉妒亚伯,遂杀其弟。

论嫉妒 | 013

保护他的下属们的利益,那么这也等于是筑起了一座防止嫉妒的有效堤防。

应当注意的是,那种骄傲自大的人物是最易招来嫉妒的。这种人总想在一切方面来显示自己的优越:或者大肆铺张地炫耀,或者力图压倒一切竞争者。其实真正的聪明人倒宁可给人类的嫉妒心留下点余地,有意让别人在无关紧要的事情上占自己的上风。

然而另一方面也要看到,对于享有某种优越地位的人来说,与其狡诈地掩饰,莫如坦率诚恳地放开(只是千万不要表现出骄矜与浮夸),这样招来的嫉妒会小一些;因为对于前一种人,似乎更显示出他是没有价值因而不配享受那种幸福的,他们的作假简直就是在教唆别人来嫉妒自己了。

让我们归纳一下已经说过的吧。我们在开始时说过,嫉妒有点接近于巫术,是蛊惑人心的。那么要防止嫉妒,也就不妨采用点巫术,就是把那容易招来嫉妒的妖气转嫁到别人身上。正是由于懂得这一点,所以有许多明智的大人物,凡有抛头露面出风头的事情,都推出别人作为替身去登台表演,而自己则宁愿躲在幕后。这样一来,群众的嫉妒就落在别人身上了。事实上,愿意扮演这种替人出风头角色的傻瓜天生是不会少的。

我们再来谈谈什么是公妒。

公众的嫉妒比个人的嫉妒多少有点价值。公妒对于大人物,正如古典希腊时代的流放惩罚一样,是强迫他们收敛与节制的一种办法。

所谓"公妒",其实也是一种公愤。对于一个国家是具有严重危险性的一种疾病。人民一旦对他们的执政者产生了这种公愤,那么就连最好的政策也将被视为恶臭,受到唾弃。所以丧失了民心的统治者即使在办好事,也不会得到群众的拥护。因为人民将把这更看作一种怯懦,一种对公愤的畏惧——其结果是,你越怕它,它就越要找上门来。

这种公妒或公愤,有时只是针对某位执政者个人,而不是针对一种政治体制的。但是请记住这样一条定律:如果这种民众的公愤已扩展到几乎所有的大臣身上,那么这个国家体制就必定将面临倾覆了。

最后再做一点总结吧。在人类的一切情欲中,嫉妒之情恐怕要算作最顽强、最持久的了。所以古人曾说过:"嫉妒是不懂休息的。"同时还有人观察过,与其他感情相比,只有爱情与嫉妒是最能令人消瘦的。这是因为没有什么能比爱与妒更具有持久的消耗力。但嫉妒毕竟是一种卑劣下贱的情欲,因此它乃是一种属于恶魔的素质。《圣经》曾告诉我们,魔鬼所以要趁着黑夜到麦地里去种上稗子,①就是因为他嫉妒别人的丰收呵!的确,犹如毁掉麦子一样,嫉妒这恶魔总是在暗地里悄悄地去毁掉人间的好东西的!

(何 新 译)

---

① 出自《马太福音》第 13 章第 25 节。

论爱情

爱情在舞台上,要比在人生中更有欣赏价值。因为在舞台上爱情既是喜剧也是悲剧的素材,而在人生中,爱情常常招致不幸。它有时像那位诱惑人的魔女①,有时又像那位复仇的女神②。

你可以看到,一切真正伟大的人物(无论是古人、今人,只要是其英名永铭于人类记忆中的),没有一个是因爱情而发狂的人。这说明伟大的精神和伟大的事业可以摒除过度的激情。然而罗马的安东尼和克劳底亚是例外③。前者本性就好色荒淫,然而后者却是一个严肃明哲的人。这说明爱情不仅会占领没有城府的胸怀,有时也能闯入壁垒森严的心灵——假如守御不严的话。

埃辟克拉斯④曾说过一句笨话:"人生不过是一座大舞台。"似乎一个本该思考天意、追求高尚目标的人,却因一事不做而只拜倒在一个小小的偶像面前,成为自己感官的奴隶——虽然还不是口腹之欲的奴隶(那简直与禽兽无异了),即娱目色相的奴隶。而上

---

① 古希腊神话,传说地中海有魔女,歌喉动听,诱使过往船只陷入险境。
② 原文为"Furies",传说中的地狱之神。
③ 安东尼,恺撒部将,后因迷恋女色而战败被杀。克劳底亚,古罗马执政官,亦因好色而被杀。
④ 埃辟克拉斯(前342—前270),古罗马哲学家。

帝赐人以眼睛本来是有更高尚的用途的。

过度的爱情,必然会夸张对象的性质和价值。例如,只有在爱情中,才总是需要那种浮夸谄媚的辞令。而在其他场合,同样的辞令只能招人耻笑。古人有一句名言:"最大的奉承,人总是留给自己。"——只有对情人的奉承要算例外。因为甚至最骄傲的人,也甘愿在情人面前自轻自贱。所以古人说得好:"人在爱情中不会聪明。"情人的这种弱点不仅在外人眼中是明显的,就是在被爱者的眼中也会很明显——除非她(他)也在爱他(她)。所以,爱情的代价就是如此,不能得到回爱,就会得到一种深藏于心的轻蔑,这是一条永恒的定律。由此可见,人们应当十分警惕这种感情,因为它不但会使人丧失其他,而且可以使人丧失自己本身。

至于其他方面的损失,古诗人荷马早告诉我们,那追求海伦的巴立斯王子竟拒绝了天后朱诺(财富女神)和密纳发(智慧女神)的礼物。这就是说,溺身于情的人,是甘愿放弃财富和智慧的①。

当人心最软弱的时候,爱情最容易入侵,那就是当人春风得意、忘乎所以和处境窘困孤独凄零的时候,虽然在后一情境中不易得到爱情。人在这样的时候最急于跳入爱情的火焰中。由此可见,"爱情"实在是"愚蠢"的儿子。但有一些人,即使心中有了爱,仍能约束它,使它不妨碍重大的事业。因为爱情一旦干扰事业,就会阻碍人坚定地奔向既定的目标。

我不懂是什么缘故,使许多军人更容易堕入情网,也许这正像他们嗜爱饮酒一样,是因为危险的生活需要欢乐的补偿。

人心中可能潜伏有一种博爱倾向,若不集中于某个专一的对

---

① 古希腊神话,传说天后朱诺、智慧之神密纳发和美神维纳斯,为争夺金苹果,请特洛伊王子评判。三神各许一愿,密纳发许以智慧,维纳斯许以美女海伦,天后许以财富。结果王子把金苹果给了维纳斯。

象，就必然施之于更广泛的大众，使他成为仁善的人，像有的僧侣那样。

夫妻的爱，使人类繁衍。朋友的爱，致人以完善。但那荒淫纵欲的爱，却只会使人堕落毁灭！

（何　新　译）

论勇敢

有人曾问希腊雄辩家德摩斯梯尼[①]:"什么是一个演说家最重要的才能?"他回答说:"表情。"又问:"其次呢?""表情。""再其次呢?""还是表情。"这个故事也许人熟能言,但还是发人深省。

德摩斯梯尼是个演说家,对于他所如此推重的才能——表情,却未必擅长。但他为什么把"表情"看得这样高,以至压倒了其他一切,如吐字明快、语言独创等。乍看起来真是怪事,但只要深思一下就会悟出道理。人类的本性中是愚昧多于才智,而做作的表情则往往能打动愚者的心,这正是利用了人性的愚蠢。

与此很相似,如果问:在政治中最重要的才能是什么?那么回答是:第一,大胆;第二,大胆;第三,还是大胆。尽管大胆常常是无知与狂妄的产儿,但却总能迷惑并左右世上许多愚人。甚至这种狂妄的盲勇有时还能唬住某些智者——当他们意志不够强的时候。

在民主制度下,政治上的大胆能创造奇迹,但在专制或君主制度下,就很难如此。盲目的勇气是不能信赖的,它总是在不知其后

[①] 德摩斯梯尼(前384—前322),古雅典伟大的演说家。据说他天生口吃。为了练习演说,曾口含小石子说话,并故意到海浪喧闹的海滨练习声力,最后终于成功。

果之可畏者那里最强，否则就要消失了。在政治上颇有一批江湖术士，他们给人治病靠的不是学识而是侥幸……

对于饱经世事的人，常把这种无知的大胆者看作笑柄。其实，既然荒谬就是可笑，那么无畏无忌的狂妄者，总是很少能避免荒谬的。最可笑的事无过于一个吹牛皮的狂人被拆穿了。这种人不懂，一件事即使很有把握，还是要留下一点儿进退的余地好。这种人办事，就好比棋的僵局，即使没有输，也无法再走下去了。我们要注意，勇敢常常是盲目的，因而它看不见隐伏在暗中的危险与困难。所以有勇无谋者不宜担任决策的首脑，但却可以作实施的干将。因为在策划一件大事时必须能预见艰险，而在实行中却必须无视艰险，除非那危险是毁灭性的。

（何　新　译）

论时机

幸运之机好比市场,稍一耽搁,价格就变。它又像那位西比拉的预言书,如果当能买时不及时买,那么等你发现了它的价值再想买时,书却找不见。① 所以古谚说得好,机会老人先给你送上它的头发,如果你一下没抓住,再抓就只能碰到它的秃头了。或者说它先给你一个可以抓的瓶颈,你没有及时抓住,再摸到的就是抓不住的圆瓶肚了。

所以,善于在做一件事的开端识别时机,这实在是一种极难得的智慧。例如在一些危险关头,总是看来吓人的危险比真正压倒人的危险要多许多。只要能挺过最难熬的时机,再来的危险就不那么可怕了。因此,当危险逼近时,善于抓住时机迎头邀击它要比犹豫躲闪更有利。因为犹豫的结果恰恰是错过了克服它的机会。但也要注意警惕那种幻觉,不要以为敌人真像它在月光下的阴影那样高大,因而在时机不到时过早出击,结果反而失掉了获胜的机会。

总而言之,善于识别与把握时机是极为重要的,在一切大事业

---

① 西比拉(Sibylla),西方传说中之女巫,善预言,曾作书九卷献给罗马王,索重金。罗马王拒绝。西比拉烧掉三册,仍索原价。罗马王感到奇怪,读其书发现所预言之事极为重要,因而买其书,但已不全。

上，人在开始做事前要像千眼神那样察视时机，而在进行时要像千手神①那样抓住时机。特别对于政治家来说，秘密的策划与果断的实行就是地神普鲁托的隐身盔甲②。果断与迅速是最好的保密方法——就像疾掠空中的子弹一样，当秘密传开的时候，事情已经成功了。

（何　新　译）

---

① 千眼神，原文为 Argus，希腊神话中的百眼巨人。千手神，原文为 Briareus，神话中的百手巨人。
② 原文为"Pluto"之盔。Pluto，是神话中的地神，其盔能隐身。

论狡猾

狡猾是一种邪恶的聪明。但狡猾与机智虽然有所貌似,却又很不相同——不仅是在品格方面,而且是在作用方面。例如有人赢牌靠的是在配牌时捣鬼,但牌技终归不高。还有人虽然很善于呼朋引类结党钻营,可是真做起事来却身无一技。

要知道,人情练达与理解人性并不完全是一回事。有许多很世故很会揣摩人的脾气性格的人,却并不是真正有学问的人。这种人所擅长的是阴谋而不是研究。他们尽可以摸透几种人,但一遇到新类型的人,老一套就会吃不开,所以古人鉴别人才的那种方法——"让他们到生人面前去试试身手",对他们是不合适的。

其实狡猾的人正像那种只会做小买卖的杂货贩,我们不妨在这里抖一下他们的家底。

有一种狡猾人是专门在谈话时察言观色的人。因为世上许多诚实的人,都有一颗深情的心和无掩饰的脸。但这种人一面窥视你,一面却假装恭顺地瞧着地面,许多"耶稣会员"①就是这样干的。

---

① 耶稣会是中世纪的一个教派,其中有些僧侣是专为教皇服务,是监视人们思想的密探。

有一种狡术是，把真正要达到的目的掩盖在东拉西扯的闲谈中。例如有一名官员，当他想促使女王签署某笔账单时，每一次都先谈一些其他的事务，以转移女王的注意力，结果女王往往不留意正要她签字的那个账单，而爽快地签字了。

还有一种方法是在对方毫无思想准备的情势下，突然提出你的一项建议，让他来不及思考就做出仓猝的答复。

当一个人试图阻挠一件可能被别人提出的好事时，最好的办法就是首先由自己把它提出来，但提出来的方式又要恰好足以引起人们的反感，因而使之得不到通过。

装作正想说出一句话却突然中止，仿佛制止自己去说似的。这正是刺激别人加倍地想知道你要说的东西的妙法。

如果你能使人感到一件事是他从你这里追问出来，而并非你乐意告诉他的，这件事往往更能使他相信。例如，你可以先作出满面愁容，引人询问原因何在。波斯国的大臣尼亚米斯就曾对他的君主采取这种做法。有一次他耸人听闻地对他的国王说："我过去在陛下面前从没有过愁容，可是现在……"对令人不愉快或难以启齿的事，可以先找一个中间人把话风放出去，然后由你从旁证实。当罗马大臣纳西斯向皇帝转告他的皇后与诗人西里斯通奸这件事时，就是这么办的。

如果你不想对一种说法负责任的话，你就不妨借用别人的名义，例如说"听人家说……"或"据别人说……"等等。

我知道一位先生，他总是把最想托别人办的事情写在信的附言里，使用"顺便提及"这一种格式，好像这只是偶然想起的小事似的。

我还知道一位先生，他在演说时总是把真正想说的事情放在最后说，好像这只是忽然想起一件差点忘了的事情似的。

还有的先生，他故意在人前把正想给人看的信件，故作惊惶地假装藏起来，仿佛正在做一件怕给那人知道的事情。这一切的目的恰恰是引起那人的疑心和发问，这样就可以把他正想使对方知道的东西告诉那人了。

还有一种诱人上当的狡猾。我知道有一位先生暗地里想与另一位先生竞争部长的位置。于是他对那先生说："在当今这个王权衰落的时代当部长是件没意思的事。"那位正可能被任命为部长的先生天真地同意了这种看法，并且也对别人如此说。结果先说的那位先生便抓住这句话禀报女王，女王大为不悦，果然就不任用他了。

还有一种俗称作"翻烧饼"的狡猾，就是把你对别人讲的话，翻赖成是别人对你所讲的。反正两人之间没有第三个对证，老天才知道真相究竟是怎样的。

还有一种影射的狡术，比如对着某人面故意暗示对别人说"我不会干某种事的"，言外之意那个人却这样干。罗马人提林纳在皇帝面前影射巴罗斯将军，就采用这个办法。

有的人搜集了许多奇闻轶事。当他要向你暗示一种东西时，便讲给你听一个有趣的故事。这方法既保护了自己，又可以借人之口去传播你的话。

有人故意在谈话中设问，然后暗示对方做出他所期待的回答。这种狡术，使人会把一个被他授意的想法，还认为是自己想出来的。

猛然提出一个突然的、大胆的、出其不意的问题，常能使被问者大吃一惊，从而袒露其心中的机密。这就好像一个改名换姓的人，在没想到的情况下突然被人呼叫真名，必然会出于本能地有所反应一样。

总而言之,狡猾的处世方法是形形色色的。所以把它们都抖一下是必要的,以免老实人不明其术而上当。

狡猾的小聪明并非真正的明智。他们虽能登堂却不能入室,虽能取巧并无大智。靠这些小术要得逞于世,最终还是行不通的。因为正如所罗门说:"愚者玩小聪明,智者深思熟虑。"①

（何　新　译）

---

① 原文"prudesn advertit ad gressus suos；stultus divoritit ad dolos."见《圣经·箴言》第14章第15节。此系意译。

论迅速

急求速成是必须谨慎的,须知狼吞虎咽将令人消化不良。

真正迅速的人,并非事情仅仅做得快,而是做得成功而有效的人。譬如在赛跑中,优胜者并非步子迈得最急或脚抬得最高者;因此在事业上,迅速与否不能只用时间来衡量。

某些人只追求表面上的快速。为了显示工作效率,就把并未结束的事草草了结。然而这往往是了而不结,其结果是:一件本需做一次的事,却不得不回头重复多次。所以,有一位智者曾讲过这样一句至理名言:"慢些,我们就会更快!"

然而另一方面,我们又应当追求真正的迅速。因为时间与事业的关系,有点像金钱与商品的关系。做事情费时太多,就意味着买东西付出了高昂的代价。据说古代的斯巴达和西班牙人是一向行事迟缓的。因之有一句谚语说:"我愿采用西班牙式的死法。"——意思是说,这样死亡可以来得慢一些。

当你听别人介绍情况时,最好首先耐心听,而不要急于插话。因为话头一被打断,陈述者就不得不把旧题重复一遍。所以那些乱插话者,甚至比发言冗长者更令人讨厌。

说话重复也是浪费时间。但反复宣讲一件事的要点,使人易于抓住,反而可以提高效率。讲话不宜啰唆,正如赛跑者不宜穿大袍。讲话不要过多兜圈子。这貌似谦虚，其实是在说废话。但应注意的是，对一个心持反对意见者，讲话却有必要谦和而委婉。否则正像把盐撒入伤口，会使他已有的成见更深。

敏捷而有效率地工作，就要善于安排工作的次序、分配时间和选择要点。只是要注意这种分配不可过于细密琐碎。善于选择要点就意味着节约时间，而不得要领的奔忙却等于乱放空炮。

做事常可分为三步——筹备、审议、执行。审议时应当博采众论、集思广益。但筹备和执行的人，却应当尽可能地少而精。

在把一件计划交付审议之前，先准备一个草案将有助于提高效率。即使这一草案在审议中被推翻，这也意味着事情有了进展，因为已否定了不可取的方案。这种否定正如燃后的草木灰对于田地，有利于新植物的生长。

（何　新　译）

论养生之道

人应当善于鉴别哪些物品食用有益，哪些物品食用有害。这种智慧，是一味最好的保健药。对于一种欲望，如果人能断定"它对健康是不利的，因此我应当戒除它"，肯定比断定"它对我好像并无害处，可以放纵它"要安全得多。要知道人在身强力壮的青少年时代所养成的不良嗜欲，到了晚年是要一并结算总账的。年纪是不能赌气的。人要注意自己年龄的增长，不要以为自己永远可以做与过去同样的事情，因为岁月是的确不饶人的。如果需要改变一种饮食习惯，那么最好对饮食全面重新调整一下。因为大自然中好像存在一条规律，就是改革一部分不如改革整体为好。如果你发现某种嗜好对身体有害，你就应设法逐渐戒除。但是，如果身体不能一下适应，就不宜操之过急。

经常保持心胸坦然、精神愉快，这是延年益寿的秘诀之一。人尤其应当克服嫉妒、暴躁以及焦虑、抑郁、怒气、苦闷、烦躁等情绪。人心中应当经常充满希望、信心、愉快，最好常常发笑，但不要欢乐过度。要多欣赏美好的景物，进行对身心有益学问的研究和思考——如阅读历史、格言或观察自然。

无病时不要滥用药物，否则疾病降临，药就可能不生效了。但也不要忽视身体中的小毛病，应当注意防微杜渐。当有病时，就要努力恢复健康。当健康时,则应当经常从事锻炼。许多体力劳动者在生病时容易较快地恢复健康,说明锻炼对增强体质是多么重要。

古人①认为增强体质的办法之一,是设法适应两种相反的生活习惯。但我认为最好还是加强那种对生命有益的习惯——例如禁食与饱食,还是以吃饱为好,失眠与睡眠还是以睡眠为好,静止与运动,还是以运动为好。当然古人的说法也是有些道理的,因为进行广泛的锻炼能够改善人的适应能力。

有些医生很放纵病人,而另有些医生则要求病人绝对服从自己。这两者都不好,理想的医生应当是介于两者之间的。在选择医生的时候,还要注意,医生的名望固然很重要,但一个了解你身体情况的医生则可能更好。

(何 新 译)

---

① "古人"指古罗马医生塞留斯(Clelsus,前53—?)。

论猜疑

猜疑之心犹如蝙蝠，它总是在黑暗中起飞。这种心情是迷惑人的，又是乱人心智的。它能使你陷入迷惘，混淆敌友，从而破坏人的事业。

猜疑易使君王变得暴戾，使做丈夫的产生嫉妒之心，使智者陷入重重困惑。

猜疑者未必是由于怯懦，却往往是由于缺乏判断力。所以一个很果敢的人有时也会堕入这种情感，例如亨利七世便是。世间少有像他那样果敢的人，但也少有像他那样多疑的人。但正由于他具备这种气质，所以猜疑对他为害尚不大。因为当他产生了疑忌时，并不总是贸然信从这种疑忌。而对一个胆怯的庸人，这种猜疑则可能立刻阻滞他的行动。猜疑的根源产生于对事物的缺乏认识，所以多了解情况是解除疑心的有效办法。

其实人们又希求什么呢？

难道他们以为与他们打交道的人都应当是圣人吗？难道他们以为人应该杜绝一切为自己谋算的私心吗？

当你产生了猜疑时，你最好还是有所警惕，但又不要表露于外。

这样，当这种猜疑有道理时，你已经预作了准备而不受其害。

当这种猜疑无道理时,你又可避免因此而误会了好人。

　　人尤其要警惕由别人流传来的猜疑,因为这很可能是一根有毒的挑拨之刺。如果可能的话,最好能对你所怀疑的对象开诚布公地谈一谈,以便由此解除或者证实你的猜疑。但是对于那种卑劣的小人,这种方法是不行的。因为他们一旦发现自己正在被怀疑,就可能制造出更多的骗局来。

　　意大利人有一种说法:"受疑者不必忠实。"其实这是不对的,因为在受到猜疑时,人就更有必要尽力于职守,以此证明自己的确是清白和忠实的。

(何　新　译)

论言谈

　　有些人的讲话,只图博得机敏的虚名,却并不关心对真理的讨论。仿佛语言形式比思想实质还有价值。有些人津津乐道于某种陈词滥调,而其意态却盛气凌人。这种人一经识破,就难免成为笑柄。真正精于谈话艺术者,是善于引导话题的人。同时又是那种善于使无意义的谈话转变方向者。这种人可算作社交谈话中的指挥师。单调无聊的谈话会令人生厌,因此,善于言谈者必善幽默。但这种幽默,并不意味着对一切事物都可以拿来打趣。例如关于宗教、政治、伟人以及别人的令人同情的苦恼等等,决不应用作话题加以取笑。在有的人看来,如果说话不够刻薄,便不足以显示自己聪明,其实这种习性应该加以根绝。正如古人关于骑术所说的:

　　"要紧掣缰绳,但少打鞭子。"

　　那些喜欢出口伤人者,恐怕常常过低估计了被伤害者的记忆力和报复心。谈话中善于提问,必能多有受益。而所提问题,如果又恰是被问者的特长,那就比直接恭维他还有利。这不仅能使听者获得教益,也能使被请教者感到愉快。但提问应当掌握好分寸,以免使询问变成盘问,使被问者难堪。作为客厅中的主人,应当使在座的每个人都分享发表意见的机会,以免有人产生被冷落之感。

遇到有人独占谈局，主人就应当设法将话题转移。还要记住，善于保持沉默也是谈话的一种艺术。因为如果你对于你有所了解的话题不动声色，那么下次遇到你所不懂得的话题，你保持沉默，人们也不会以为你无知。关于自己个人的话题应尽量少讲，至少不要讲得不得当。我有个朋友，他总用这样的话讽刺一个自吹自擂的人，说："此公真聪明，因为他居然对自己无所不知。"人只有在这样一种形式下宣扬自己，才可以不招致反感。这就是以赞扬他人优点的形式来衬托自己的优点。谈话的范围应当广泛，好像一片原野，每个人行走其中都能左右逢源。而不要成为一条单行道，只能容纳自己一个人。谈话时切不可出口伤人。我有两位贵族朋友，其中一位豪爽好客，就是喜欢骂人。于是另一位便经常这样询问那些参加过他家宴会的人："请说实话，这次席上难道没有人挨骂吗？"等客人谈完，这位贵族就微笑说："我早猜到他那张嘴，能使一切好菜改变味道。"关于谈话的艺术还应当了解：温和的语言其力量胜过雄辩。不善答问者是笨拙的，但没有原则的诡辩却是轻浮的。讲话绕弯子太多令人厌烦，但过于直截了当又会显得唐突。能掌握此中分寸的人，才算精通了谈话的艺术。

（何　新　译）

论天性

人的天性虽然是隐而不露的，但却很难被压抑，更很少能完全根绝。即使勉强施以压抑，只会使它在压力消除后更加猛烈。甚至道德和教育的力量也很难完全加以约束，只有长期养成的习惯才能多少改变人的天生气质和性格。

如果你想改变你的某种天性，那么你开始时致力的目标既不要太大也不要太小。目标太大会由于受挫折而灰心；目标太小则会由于收效缓慢而泄气。在努力中不妨做些能鼓励自己情绪的事情，犹如初学游泳者借助漂筏一样。在取得成效以后，就要从严从难克制自己，这一步好比练功的人缚着重物走路一样。其实苦练比实用还难，但其效果因而更好。如果某种天性太顽强、太难克服，那么可以考虑以下办法：

一、要长时间地严格约束自己。比如有人每当生气时，就在心中暗诵 26 个字母以制怒。

二、一点一滴地逐渐做起。比如有人在戒酒时，就采用每天比前一天少喝一点的办法，最后戒绝。

当然，如果一个人有毅力和决心，能断然强制自己彻底根除不良习性，那是最令人钦佩的——

> "灵魂最自由的人，
> 就是那种一举挣断锁链的人。"①

此外古人还认为，矫枉不妨过正，用相反的习惯来改造天性，这也是不错的。只是要注意，那另一极端不要是又一种不良习惯才好。

在建立某种好习惯的过程中，不宜过于紧张，以便有机会时时回顾一下努力中的成绩和失误。人不能太相信一种天性的克服。因为天性是狡猾的，它可以在你警惕时潜伏下来，当你放松时又溜回来。就像伊索寓言中那个猫一样，虽然变成一个女人，安安静静地坐在餐桌前，但当一只老鼠出现的时候，她就情不自禁地扑上去了。对于一个人来说，或者应该有自知之明地避免这种现原形的机会，或者干脆高度警惕地多用这种机会考验自己。

人要慎独。在只面对自我的时候，人的真性是最容易显露的。因为那时人最不必掩饰。在激动的情况下，也易于显露天性，因为激动使人忘记了自制。另外在脱离了所习惯的环境，而处于一种不适应的新境遇中时，人的真性也可能显露。

有的人天性与他的职业要求相适合，这当然是很幸福的事。但是，那些能强使自己做与其天性不相合的事业的人，则更为需要毅力。因为在这时，"我的灵魂与我的存在相分离"。② 因此如在治学方面，对于最难的书，可以订一个时间表，以强制自己按规定的时间和进度去读。当然，对于所爱好的学科，就不必如

---

① 原文为拉丁文："Optimus ille animi Vindex laedentia pectus, Vincula, gui rupit, dedoluitgue Semel."语出奥维德（OVid，前43—前18，罗马著名诗人）。

② 原文为拉丁文："Multum incold fuit anima mea."直译为："我与所憎者同在。"

此,因为思想会自然带着你向前跑去的。天性好比种子,它既能长成香花,也可能长成毒草。人应当时时检查,以培养前者而拔除后者。

（何　新　译）

论习惯

　　人的思考取决于动机,语言取决于学问和知识,而他们的行动,则多半取决于习惯。所以马基雅弗利说:"人的性格和承诺都靠不住。靠得住的只有习惯。"他举了一个例子(是一个邪恶的例子),如果要谋杀一个人,他认为在挑选刺客时,找一个生性残忍或胆大妄为的人并不可靠,最可信任的还是那种手上曾经染过血的杀手。也许马基雅弗利忘记了刺杀亨利第三的克雷姆,刺杀亨利第四的瑞瓦雷克,以及行刺威廉公爵的约尔基和杰尔德却并非这种人[1]。但尽管如此,他的话还是有道理的。因为一切天性与诺言都不如习惯更有力。我们常听到有人起誓说以后要做什么,或者不再做什么,而结果却是从前做些什么,后来依然做什么。在这一点上,也许只有宗教狂热的力量才可与之相抵。除此之外,几乎一切都难以战胜习惯,以至一个人尽可以诅咒、发誓、夸口、保证——到头来还是难以改变一种习惯。

　　如果说个人的习惯只是把一个人变成了机械,使他的生活仿佛由习惯所驱动。那么社会的习惯,却具有一种更可怕的力量。

---

　　[1]　此处所说的几位刺客都是14—15世纪时人。克雷姆行刺法王亨利第三;瑞瓦雷克刺杀亨利第四;约尔基谋刺荷兰威廉公爵,未成功,后来公爵被杰尔德刺死。

例如印度教徒,为了遵守宗教的惯例,竟可安静地卧于柴堆上,然后引火焚身。而他的妻子也宁愿心甘情愿地与他一起跳入火坑。古代的斯巴达青年,在习惯风俗的压力下,每年都要跪在神坛上承受笞刑,以锻炼吃苦的耐力。我记得在伊丽莎白女王时代的初期,曾有一个被判死罪的爱尔兰人,请求绞死他时用荆条而不用绳索——因为这是他们本族的习惯。在俄国,据说有一种赎罪的习惯,要人在凉水里成夜浸泡,直到被冰冻上为止。诸如此类的事例是太多了,由此即可以看出习惯对人的行为有多么大的控制力。

由此可见,习惯真是一种顽强而巨大的力量。它可以主宰人生。因此,人自幼就应该通过完美的教育,去建立一种好的习惯。我们知道,幼年学习过的语言,常常是终生不忘的,这也是一种习惯。而在中年以后再学一种新语言,就常常很困难了。在体育运动上也是如此。当然也有一些人,他们终生的性格仿佛是可以不断塑造的,因此可以在不断的学习中进步。但这种人毕竟太少了。

此外还必须考虑到,一种集体的习惯,其力量更大于个人的习惯。因此,如果有一个良好道德风气的社会环境,是最有利于培养好的社会公民的①。在这方面,国家与政府只能是美德的培育者,而不是播种者。更何况,还有些政府连这事也做不到呢!

(何 新 译)

---

① 这思想是借用毕达哥拉斯的名言。有人问应如何教育子女,他答:"让他在一个具有良好法制的社会中做一个好公民。"

论幸运

不容否认,一些偶然性常常会影响一个人的命运——例如长相漂亮、机缘凑巧、某人的死亡以及施展才能的机会等等;但另一方面,人之命运也往往是由人自己造成的。正如古代诗人所说:"每个人都是自身的设计师。"

有的时候,一个人的愚蠢恰是另一个人的幸运,一方的错误恰好造成了另一方的机会。正如谚语所说:"蛇吃蛇,变成龙。"

炫耀于外表的才干徒然令人赞羡,而深藏不露的才干则能带来幸运,这需要一种难以言传的自制与自信。西班牙人把这种本领叫作"潜能"(desemboltura)。一个人具有优良的素质,能在必要时发挥这种素质从而推动幸运的车轮转动,这就叫"潜能"。

历史学家李维曾这样形容老加图①说:"他的精神与体力都是那样优美博大,因此无论他出身于什么家庭,都一定可以为自己开辟出一条道路。"——因为加图具有多方面的才能。这话说明,只要对一个人深入观察,是可以发现对他是否可以期待遭际幸运的。

---

① 李维(前59—17),古罗马史学家,著有《罗马史》。加图(前234—前149),古罗马政治家。

因为幸运之神虽然是盲目的①,却并非无形的。

　　幸运的机会好像银河,他们作为个体是不显眼的,但作为整体却光辉灿烂。同样,一个人也可以通过不断作出细小的努力来达到幸福,这就是不断地增进美德。

　　意大利人在评论真正聪明的人时,除了夸赞他别的优点外,有时会说他表面上带一点"傻"气。是的,有一点傻气,但并不是呆气,再没有比这对人更幸运的了。然而,一个民族至上或君主至上主义者将是不幸的。因为他们把思考权交付给他人,就不会走自己的路了。

　　意外的幸运会使人冒失、狂妄,然而来之不易的幸运却使人成为伟器。

　　命运之神值得我们崇敬,至少这是为了她的两个女儿——一位叫自信,一位叫光荣。他们都是幸运所产生的。前者诞生在自我的心中,后者降生在他人的心目中。

　　智者不夸耀自己的成功。他们把光荣归功于"命运之神"。——事实上,也只有伟大人物才能得到命运的护佑。恺撒对暴风雨中的水手说:"放心吧,有恺撒坐在你的船上!"而苏拉则不敢自称为"伟大",只称自己为"幸运的"②。从历史可以看到,凡把成功完全归于自己的人,常常得到不幸的终局。例如,雅典人泰摩索斯③总把他的成就说成:"这决非幸运所赐。"结果他以后没有一件事是顺利的。世间确有一些人,他们的幸运,流畅得有如荷马④

---

① 欧洲传说中的幸运女神,是蒙着双目飞行于人间的。
② 苏拉,古罗马统帅、独裁者。自称"幸运的苏拉"。
③ 泰摩索斯,古罗马将领。
④ 荷马(约前9—前8世纪),古希腊最有名的诗人。著有《伊利亚特》《奥德赛》。

论幸运　｜　041

的诗句。例如普鲁塔克就曾以泰摩列昂的好运气与阿盖西劳斯和埃帕米农达的运气相对比。① 但这种幸运的原因还是可以从他们的性格中得到发现。

（何　新　译）

---

① 普鲁塔克,古希腊传记作家、散文家。代表作有《列传》。
　泰摩列昂(？—前337),古希腊军人。
　阿盖西劳斯,公元4世纪时斯巴达国王。
　埃帕米农达,古希腊军人。

论青年与老年

一个年岁不大的人也可以是富于经验的人,假如他不曾虚度生活的话;然而这毕竟是罕有的事。

一般说来,青年人富于"直觉",而老年人则长于"深思"。这两者在深刻和正确性上是有显著差别的。

青年的特点是富于创造性,想象力也纯洁而灵活。这似乎是得之于神助的。然而,热情炽烈而情绪敏感的人往往要在中年以后方能成事。恺撒和塞维拉斯[①]就是例证。曾有人评论后者说:他曾度过一个荒谬的——甚至是疯狂的青春。然而他毕竟成为罗马皇帝中极能干的一位。少年老成、性格稳健的人则在青春时代就可成大器,奥古斯都大帝、卡斯曼斯大公、卡斯顿勋爵[②]即是如此。另一方面,对于老人来说,保持住热情和活力则是难能可贵的。

青年长于创造而短于思考,长于猛干而短于讨论,长于革新而短于守成。老年人的经验,引导他们熟悉旧事物,却蒙蔽他们无视新情况。青年人敏锐果敢,但行事轻率却可能毁坏大局。

---

① 指 Severus,古罗马皇帝,193—211 年在位。
② 卡斯曼斯大公,16 世纪法兰克大公。
卡斯顿勋爵(1469—1512),中世纪法国名将。

青年的性格如同不羁的野马,藐视既往,目空一切,好走极端。勇于革新而不去估量实际的条件和可能性,结果常因浮躁而改革不成却招致意外的麻烦。老年人则正相反。他们常常满足于困守已成之局,思考多于行动,议论多于决断。为了事后不后悔,宁肯事前不冒险。

因此,最好的办法是把青年的特点与老年的特点在事业上结合在一起。这样,他们各自的优点正好弥补了对方的缺点。从现在的角度说,他们的所长可以互补他们各自的所短。从发展的角度说,青年可以从老年身上学到他们所不具有的经验。而从社会的角度说,有经验的老人执事令人放心,而青年人的干劲则鼓舞人心,但是如果说,老人的经验是可贵的,那么青年人的纯真则是崇高的。

《圣经》说:"你们中的年轻人将见到天国,而你们中的老人则只能做梦。"有一位"拉比"(犹太牧师)解释这话说:上帝认为青年比老年更接近他,因为希望总比梦幻切实一些。要知道,世情如酒,越浓越醉人——年龄越大,则在世故增长的同时却愈会丧失正直纯真的感情。早熟的人往往凋谢也早。不足为训的是如下三种人:第一种,是在智力上开发太早的人。小时了了,大未必佳。例如修辞学家赫摩格尼斯①就是如此。他少年时候就写出美妙的著作,但中年以后却成了白痴。第二种,是那种毕生不脱稚气的人。正如西塞罗所批评的赫腾修斯②,他早已该成熟却一直幼稚。第三种,是志大才疏的人。年轻时抱负很大,晚年

---

① 赫摩格尼斯(161—180),古希腊哲学家。
② 西塞罗(前106—前43),古罗马政治家、雄辩家和哲学家。赫腾修斯,约与西塞罗同时代的人。

却不足为训。像西庇阿·阿非利卡就是如此①。所以历史学家李维批评他:"一生事业有始无终。"

(何 新 译)

---

① 西庇阿·阿非利卡(前236—前184),古罗马名将。

论残疾人

有残疾者往往对造物主怀有不平之心,因为造物主对他们似乎太苛刻。所以,残疾者大都缺乏自然的感情——这也正是他们对造物主的一种报复。

肉体与精神的关系,似乎有一种平衡。在一方面受损害,在另一方面也就会有反映。但是,精神境界属于自我,是可以选择和控制的,而不像生理、肉体的结构,是只能受之于自然的。所以只要人心中有明亮的太阳,它的光明就可以压倒那些决定脾气的星辰。① 所以,残疾并不是性格的标记,而只是导致某些性格的原因。身体有缺陷者往往有一种怕遭人轻蔑的自卑——但这种自卑也可以是一种奋勇向上的激励。所以某些有残疾的人往往比一般人更勇敢,这种勇敢起初只是一种自卫,日久天长也就成为一种习惯。他们常常是乐于勤奋自强的,但同时他们也往往乐于发现别人的缺点,以便从中找到心理上的慰藉和平衡。

残疾人的成功通常不易招致嫉妒。因为他们有缺陷,使人乐于宽忍他们的成功。也常使潜在的对手忽视了他们的竞争和挑战。所以对于一种强有力的精神和品格,身负残疾恰恰可以转化

---

① 古代欧洲人认为,每个人的每天事件,包括性格,与当天的星象有关。

为一种优势和动力。

古代的君主（现代有些国王也如此），往往愿意宠信那些有残疾的宦官，因为他们对人类的妒恨，使他们乐于做专制君主的助手。但是君主利用他们，却并非作为股肱，而只是用作耳目。

综上所说，正如以上的讨论所指出的，残疾者需要自我补偿。如果他们的灵魂坚强，他们就一定能把自己从卑贱的地位中解放出来，以消除世人对他们生理的怜悯和轻视。至于解放的途径，如果不是来自美德，就必定是采用邪术。因此残疾人常常分化为两个极端——一类人是人类中最伟大的人物，而另一类则是最不堪的宵小之徒。就前者来说，例如斯巴达那勇敢的跛腿王阿盖西劳斯、驼而丑的文学家伊索、相貌奇丑的哲学家苏格拉底等，就正是很好的例子。

（何　新　译）

论礼貌

只有内在品格确实很高的人,才可以不计较小节。犹如没有衬景的宝石,必须自身珍贵才会蒙受爱重一样。

深入观察人生会看出,获得赞扬之道犹如经商致富之道,正像一句俗话所说:"薄利才能多销。"同样,小节上的一丝不苟常可赢得很高的称赞。因为小节更易为人注意,而施展大才的机会犹如节日,并非每天都有。因此,举止彬彬有礼的人,一定能赢得好的名誉。这正如西班牙的伊丽莎白女王所说,"礼节乃是一封通行四方的推荐书"。

其实要习得优美的举止,只要做到细心就可以。因为人只要不粗忽,他就自然会乐于观察和模仿别人的优点。礼节要举动自然才显得高贵。假如在表现上过于做作,那就失去了应有的价值。因为举止优美本身就包括自然和纯真。有的人举止言谈好像在作曲,其中的每一音节都仔细推敲过。但这种明察秋毫的人,却可能不见舆薪。也有人举止粗放不拘礼仪,这种不自重的结果是别人也放弃对他的尊重。

礼仪是微妙的东西。它既是人类间交际所不可或缺的,却又是不可过于计较的。如果把礼仪形式看得高于一切,结果就会失去人与人真诚的信任。因此在语言交际中要善于找到一种分寸,使之既直爽又不失礼。这是最难又是最好的。

  要注意——在亲密的同伴之间应注意保持矜持以免被狎犯。在地位较低的下属面前却不妨显得亲密会备受敬重。事事都伸头的人是自轻自贱并惹人厌嫌的。好心助人时要让人感到这种帮助是出自对他的爱重，而并非你天生多情乐施。表示一种赞同的时候，不要忘记略示还有所保留——以表明这种赞同并非阿谀而经过思考。即使对很能干的人，也不可过于恭维，否则难免被你的嫉妒者看作拍马屁。在面临大事之际，就不要过于计较形式。否则将如所罗门所说的："看风者无法播种，看云者不得收获。"只有愚者才等待机会，而智者则造就机会。总而言之，礼貌举止正好比人的穿衣——既不可太宽也不可太紧。要讲究而有余地、宽裕而不失大体，如此行动才能自如。

（何　新　译）

论称赞

能否获得称赞或获得多少称赞,常被认作衡量一个人才华、品德的标尺。其实这正如镜子里的幻象。由于这种称誉来自庸众,因而常常是虚伪却未必反映真价值。因为庸人是难以理解真正伟大崇高的美德的。

最廉价的品德最容易受到称颂。稍高一点的德行也能引致他们的惊叹。

但正是对于那种最上乘的伟德,他们却是最缺乏识别力的。

因此人们常常受到欺骗,宁肯把称赞赠予伪善。名誉有如江河,它所漂起的常是轻浮之物。有价值的称赞应该来自真知灼见之士。这种称赞正如《圣经》所说的"名誉强如美好的膏油,死后超过生前"①。只有它才能荡漾四方并且历久弥香。

对于别人的称颂加以怀疑是有道理的,因为许多赞扬的出发点是虚伪的。

假如称颂你的人只是一个平庸的献谀者,那么他们对你说的就不过是他常可对任何人说的一番套话。

但假如这是一个高超的献谀者,那么他必定会使用最好的献

---

① 语出《旧约·传道书》第 7 章第 1 节。

谄术,即恭维一个人心中最自鸣得意的事情。

而假如献谄者具有更大的胆量,他甚至敢公然称颂你内心中深以为耻的弱点,把你的最大弱点说成最大的优点,最大的愚笨说成最高的智慧,以"麻木你的知觉"①。

也有一种称赞是助人成善的,这就是所谓"鼓励性的称赞"。许多贤臣曾以此术施之于他们的君主。当称颂某人是怎样时,其实他们是在暗中指点他应当怎样。

有些称赞比咒骂还恶毒,这就是那种煽动别人嫉恨你的称赞。此即古谚所谓"最狠的敌人就是正在称颂你的人"。希腊人说:"谨防鼻上有疮却被恭维为美。"犹如我们俗话所说的"舌上生疮,因为说谎"一样。

即使好心的称赞,也必须恰如其分。所罗门曾说:"每日早晨,大夸你的朋友,其实是在诅咒他。"要知道对好事的称颂过于夸大,也会招来人们的反感、轻蔑和嫉妒。

至于一个人自称自赞——除了罕见的特例以外,更是会适得其反。人唯一可以自我夸耀的只有职责。因为承担重大的职责是有权自豪的。罗马那些夸夸其谈的哲学家和大主教们,非常看不起那些从事实际事务的军人和政治家,称他们为"世俗之辈"②。其实这些"世俗之辈"所承担的职责比他们那套深奥的言谈,对于人类有用得多。因此《圣经》中的圣保罗在自夸时常先说一句"容我说句大话";而在谈到他的使命时,却自豪地说:"这乃我神圣的职责!"③

(何　新　译)

---

① 原文为"Spreta Conscientia"(拉丁文)。
② 原文为"Sbirrerie"。
③ 语出《新约·罗马书》第11章。

论荣誉

人的荣誉应当与人的价值相称。如果荣誉大于价值,不会使人服气。反之,内在价值大于荣誉,就不会被人认识。

当一个人完成了从无人做过的事业,或者虽曾有人尝试,但失败了的事业,那么他所获得的荣誉,将远远高于追随别人而做的事业——哪怕后者更难也罢。

假如一个人的所作所为有利于社会中的各种阶层和团体,那么他得到的荣誉就会更大。

有些人在荣誉上得不偿失,因为他不善于爱惜自己。如果能做成别人都尝试而失败过的事,那么他的尊名将像多面的钻石,焕发出最耀眼的光彩。所以,在荣誉的追求上,有竞争的对手更好,聪明的侍从有助于扩散荣誉。西塞罗说过:光荣出自家中。嫉妒是蚕食荣誉的妒虫,所以要设法征服它。为此就应当使人相信,你所追求的目的不在荣誉而在事业,你的成功得之于幸运而并非由于你的优异。

作为君主他们的荣誉可以按如下等级排列:

第一等是那些创建国家的人,如罗慕洛(罗马建城者,Romulus)、塞拉斯(波斯建国者,Cyrus)、恺撒(Caesat)、奥特曼(奥特曼帝国建立者,Ottomm)、伊斯梅尔(伊斯兰帝国建立者,Ismael)。

第二等是那些立法者,国家制度的创设者。如莱卡斯(斯巴达立法者,Lycurgus)、梭伦(雅典立法者,Solon)、查士丁尼(东罗马皇帝,Justinian)、爱德加(英国国王,立法者,Eadgar)、卡斯提(西班牙王,立法者,Castile)。

第三等是那些解放者。他们或者结束了内战,或者把民族从异族奴役中拯救出来。如奥古斯都、菲思帕斯、奥兰斯(罗马皇帝,Aurelianus)、英格兰王亨利七世、法兰西王亨利四世等。

(何　新　译)

论愤怒

斯多葛派哲学家①主张人应该杜绝愤怒，但这是不可能的。对此我们有一种更好的见解，这就是神的那一告诫："可以激动，但不可犯罪。可以愤怒，但不可含愤终日。"②也就是说，对愤怒必须从程度和时间两方面加以节制。我们来讨论三个问题：

一、怎样克制易被激怒的天性；

二、怎样避免因发怒而造成不可收拾的恶果；

三、最后讨论用什么方法可以使人激怒和息怒。

关于第一点，最好的办法，就是在将要动怒时，冷静地想想可能由此招致恶劣的后果。塞涅卡说：怒气有如重物，将破碎于它所坠落之处。《圣经》则教导我们："忍耐使灵魂宁静。"③无论是谁，假如丧失忍耐，也将丧失灵魂。人决不可像蜜蜂那样，"把整个生命拼于对敌手的一螫中。"④

易激怒是一种卑贱的素质，受它摆布的往往是生活中的弱者，如儿童、妇女、老人、病人。所以人们定要注意，当你被激怒时，应

---

① 斯多葛派是古罗马哲学流派之一。
② 语出《新约·以弗所书》第 4 章第 26 节。
③ 见《路迦福音》第 21 章第 19 节。
④ 引自维吉尔《诗篇》："animasque in vulnere ponant."

努力在愤怒的同时给对手以蔑视,但不可在愤怒中表现出畏惧。这可以使你在精神上保持自制和对对手的优势。这完全可以办到,只要有自信。

关于第二点。有三种情况的人容易发怒:第一是过于敏感的人。他们的神经太脆弱,一点小事就足以刺激他们。其次是认为自己受到轻蔑的人。被人轻蔑最容易激起怒气,其效果远胜于其他伤害。最后是那种认为名誉受到损害的人,也易激怒。为了防止这种情况,需要加强一点自信,诚如高德瓦①所说:"人的荣誉之网应当用粗绳索来编制。"——即成为不是他人所能轻易摧毁的。

人在受伤害后最好的制怒之术是等待时机,克制、忍耐,把复仇的希望寄托于将来。

人在愤怒时千万要注意两点:第一不可恶语伤人,这不同于一般的对世情发牢骚,而会植下怨毒之种;第二不可因怒而轻泄他人的隐秘,这会使人不再被信任。总之,无论在情绪上怎样愤怒,但在行动上却千万不能做出无可挽回的事来。

最后,关于激人发怒之术,与息怒之术相同,关键在于把握好时机。人在最急躁或心情不好时最易激怒。这时可以把所有能令他不快的事都加之于他。此外,带着轻蔑的侮辱,是任何人都难以忍受的。而若要防止一个人的怒火,第一在谈一件可能使他被激怒的事,一定要选择恰当的机会和场合,第二要设法解除人因受轻蔑而感到被辱的感情,可以把这种伤害解释为并非蓄意,而是由于误会、激动或其他什么原因,而绝非出自蔑视。

(何　新　译)

---

① 高德瓦即"Cordova",中世纪西班牙武将。

论小聪明

常听到一种说法,认为法兰西人的聪明藏在内,西班牙人的聪明露在外。前者是真聪明,后者则是假聪明。不论这两国人是否真如此,但这两种情况是值得深思的。

圣保罗不是曾说过吗,"只有虔诚的外表,却没有虔诚的内心"①。与此相似,生活中有许多人徒然具有一副聪明的外貌,却并没有聪明的实质——"小聪明大糊涂"。

冷眼看看这种人怎样算尽机关,办出一件蠢事,简直是令人好笑的。例如有的人似乎是那样善于保密,而保密的原因其实只因为他们的货色不在阴暗处就拿不出手。

有的人喜欢故弄玄虚,说起话来藏头露尾,其实是因为他们对事情除一点皮毛之外再无所知。

有的人是那样乐于装腔作势,就如同西塞罗嘲讽的那位先生一样,"把一条眉毛耸上额角,另一条眉毛垂到了巴"。有人说话专拣华丽的辞藻,对任何不了解的事物都敢果断地议论,似乎如此便可证明自己的高明。

有的人藐视一切他们弄不懂的事物,以轻蔑来掩盖自身的

---

① 此语出于《新约·提摩太书》第 3 节。

无知。

还有的人对一切问题都永远表示与人不同的见解,专挑剔皮毛,以抹杀本质,以此来标榜自己具有独立的判断力。其实这种人正如盖留斯所说的:"一种疯子,全靠诡辩来败事。"柏拉图在《智术之师》一文中刻画的普罗太戈斯[①],可以算作这种以诡辩空论误人子弟的典型。让他作一次讲演,他可以从头到尾言不及义,却通篇都在批评别人与他的分歧。这种人总是否定多于肯定,批评多于建树。之所以如此,恰是因为建树比批评要困难得多!这种假聪明的人为了骗取有才干的虚名,简直比破落子弟设法维持一个阔面子的诡计还多。但是这种人,在任何事业上也是言过其实、不可大用的。因为没有比这种假聪明更误大事了!

(何　新　译)

---

① 柏拉图,古希腊著名哲学家。《智术之师》有中译本。普罗太戈斯是古希腊诡辩派哲学家。

论报复

报复是一种野蛮的司法。人的天性愈是趋向于它,法律和文明就愈是应当剪除它。如果说,一件罪行只是触犯了法律,那么私相报复却是根本否定了法律。

其实,报复的目的无非只是为了同冒犯你的人扯平,然而如果有度量宽谅别人的冒犯,就使你高于冒犯者了。这种大度容人是君子之道。据说所罗门曾说:"不报宿怨乃是人的光荣。"过去的事情毕竟过去了,是不能再挽回的。智者总是着眼于现在和未来,念念不忘旧怨只能使人枉费心力。何况为作恶而作恶的人是没有的,作恶都无非是为了利己自私罢了。既然如此,又何必为别人爱自身超过爱我们而发怒呢?即使有人作恶是因为他的生性险恶,这种人也不过像荆棘而已。荆棘刺人乃是因为它的本性如此啊!

假如由于法律无法追究一件罪行,而自行报复,那或许还可宽恕。但这也要注意,你的报复要不违法因而也能免除惩罚才好。否则你将使你的仇人占两次便宜:一次是他冒犯你时,二次是你因报复他而被惩处时。

有人只采用光明正大的方式报复敌人,这还是可赞佩的。因为报复的动机不仅是为了让对方受苦,更是为了让他悔罪。但有些卑怯恶劣的懦夫却专搞阴谋诡计来报复,他们以暗箭射人,却又不让人弄清箭从何来。这就未免如同鬼蜮了!

对那种忘恩负义的朋友的报复,似乎是最有理由的。佛罗伦萨①大公说:"《圣经》曾经教导我们宽恕仇敌,但却从来没有教导我宽恕背义的朋友。"但是《圣经》中约伯却高明得多,他说:"难道我们只向上帝索取好的而不要坏的吗?"②对于朋友,岂非也可以这样提问吗?

一个念念不忘旧仇的人,他的伤口将永远难以愈合,尽管那本来还是可以痊愈的。

只有为国家公益而行的复仇才是正义的。例如为恺撒被刺,为波提那克斯和亨利第三之死而复仇。③ 然而为私仇而斤斤图报却是可耻的。念念不忘宿怨而积心图谋报复的人,所度过的将是一种妖巫般的阴暗生活。他们为此而活着时有害于人,为此而死也是不利于己的。

(何　新　译)

---

① 佛罗伦萨,意大利的一座城市。文艺复兴发祥地之一。
② 语出《圣经·旧约·约伯记》。
③ 恺撒,古罗马统帅。死后由奥古斯都大帝为之复仇。波提那克斯是公元2世纪之罗马皇帝。为叛乱士兵所杀。死后由部下将领复仇。亨利三世是16世纪法国国王。遇刺而死,由其子为之复仇。

论家庭

在子女面前,父母不得不隐藏他们的各种快乐、烦恼与恐惧。他们的快乐无须说,而他们的烦恼与恐惧则不能说。子女使他们的劳苦变甜,但也使他们的不幸更苦。子女增加了他们生活的负担,但却减轻了他们对于死亡的忧惧。

虽然动物也能传宗接代,绳绳不绝;但只有人类才能有荣誉、功德和持续不断的伟大工作。然而,为什么有的没有留下后代者却留下了流芳百世的功业?因为他们虽然未能复制一种肉体,却全力以赴地复制了一种精神。因此这种无后继的人其实倒是最关心后事的人。创业者对子女期望最大,因为子女被他们看作不但是族类的继承者,又是所创事业的一部分。

作为父母,特别是母亲,对子女常常会有不合理的偏爱。所罗门曾告诫人们:"智慧之子使父亲欢乐,愚昧之子使母亲蒙羞。"① 在家庭中,最大或最小的孩子都可能得到优遇。唯有居中的子女容易受到忘却,但他们却往往是最有出息的。

在子女小时不应对他们过于苛吝。否则会使他们变得卑贱,甚至投机取巧,以至堕入下流,即使后来有了财富时也不会正当利

---

① 语出《旧约·箴言》第10章第1节。

用。聪明的父母对子女在管理上是严格的,而在用钱上则不妨略为宽松,这常常是有好效果的。

作为成年人,绝不应在一家的兄弟之间挑动竞争,以至积隙成仇,使兄弟间直到成年,依然不和。

意大利风俗对子女和侄甥一视同仁,亲密无间。这是很可取的。因为这种风俗很合于自然的血统关系。许多侄子不是更像他的一位叔、伯,而不像父亲吗?

在子女还小时,父母就应当考虑他们将来的职业方向并加以培养,因为这时他们最易塑造。但在这一点上要注意,并不是孩子小时所喜欢的,也就是他们终生所愿从事的。如果孩子确有某种超群的天才,那当然应该扶植发展。但就一般情况说,下面这句格言是很有用的:"长期的训练会通过适应化难为易。"还应当注意,子女中那种得不到遗产继承权的幼子,常常会通过自身奋斗获得好的发展。而坐享其成者,却很少能成大业。

(何　新　译)

论婚姻

成了家的人，可以说对于命运之神付出了抵押品。因为家庭难免拖累于事业，使人的许多抱负难以实现。

所以最能为公众献身的人，往往是那种不被家室所累的人。因为只有这种人，才能够把他的全部爱情与财产，都奉献给唯一的情人——公众。而那种有家室的人，恐怕只愿把最美好的祝愿保留给自己的后代。

有的人在结婚后仍然愿意继续过独身生活。因为他们不喜欢家庭，把妻子儿女看作经济上的累赘。还有一些富人甚至以无子嗣为自豪。也许他们是担心，一旦有了子女就会瓜分现有的财产吧。

有一种人过独身生活是为了保持自由，以避免受约束于对家庭承担的义务和责任。但这种人，可能会认为腰带和鞋带也难免是一种束缚呢！

实际上，独身者也许可以成为最好的朋友，最好的主人，最好的仆人，但很难成为最好的公民。因为他们随时可以迁逃，所以差不多一切流窜犯都是无家者。

作为献身宗教的僧侣，是有理由保持独身的。否则他们的慈悲就将先布施于家人而不是供奉于上帝了。作为法官与律师，是否独身关系并不大。因为只要他们身边有一个坏的幕僚,其进谗言的能力就足以抵上五个妻子。作为军人,有家室则是好事,家庭的荣誉可以激发他们的责任感和勇气。这一点可以从土耳其的事例中得到反证——那里的风俗不重视婚姻和家庭,结果他们士兵的斗志很差。

对家庭的责任心不仅是对人类的一种约束,也是一种训练。那种独身的人,虽然在用起钱来很挥霍,但实际上往往是心肠很硬的,因为他们不懂得怎样去爱他人。

一种好的风俗,能教化出情感坚贞严肃的男子汉,例如像优里西斯(Ulysses)①那样,他曾抵制美丽女神的诱惑,而保持了对妻子的忠贞。

一个独身的女人常常是骄横的,因为她需要显示,她的贞节似乎是自愿保持的。

如果一个女人为丈夫的聪明优秀而自豪,那么这是使她忠贞不渝的最好保证。但如果一个女人发现她的丈夫是妒忌多疑的,那么她将绝不会认为他是聪明的。

在人生中,妻子是青年时代的情人,中年时代的伴侣,暮年时代的守护。所以在人的一生中,只要有合适的对象,任何时候结婚都是有道理的。

但也有一位古代哲人,对于人应当在何时结婚这个问题是这样说的:"年纪少时还不应当,年纪大时已不必要。"②

---

① 优里西斯(Ulysses),荷马史诗中的英雄。是远征特洛伊的希腊军团首领之一,足智多谋。曾被困于海岛上,为仙女克立普索所爱,许以长生不老。但他念夫妻之情,拒绝了仙女而回到了妻子身边。

② 指希腊哲学家泰勒斯(Thales)。卒于前546年,终生独身。此话出自普鲁塔克《论文集》(*Symposiac*)《问答篇》第6章。亦见于蒙台涅《散文集》。

美满的婚姻是难得一遇的。常可见到许多不出色的丈夫却有一位美丽的妻子。这莫非是因为这种丈夫由于具有不多的优点，反而更值得被珍视吗？也许因为伴随这种丈夫，将可以考验一个妇人的忍耐精神吧；如果这种婚姻出自一个女人的自愿选择，甚至是不顾亲友的劝告而选择的，那么就让她自己去品尝这枚果实的滋味吧。

（何　新　译）

论逆境

"幸运固然令人羡慕,但战胜逆境则令人惊佩。"这是塞涅卡①模仿斯多葛派哲学讲的一句名言。确实如此。超越自然的奇迹,总是在对逆境的征服中出现的。塞涅卡还说过一句更深刻的格言:"伟人既是脆弱的凡人,又是无畏的神人。"这是一句诗一样美的妙语。古代诗人在他们的神话中曾描写过:当赫克里斯去解救盗火种给人类的英雄普罗米修斯的时候,他是坐在一个瓦罐里漂洋过海的。② 这个故事其实正是人生的象征:因为每一个基督徒也是架着血肉之躯的轻舟,横渡波涛翻滚的人生之海的。幸运所需要的美德是节制,而逆境所需要的美德是坚忍,后者比前者更为难能。《圣经》的《旧约》启示人以顺境的幸福,而《新约》则启示人通过逆境去争取幸福。③ 在圣诗中,哀歌是与颂歌相伴的,而圣灵对约伯所受苦难的刻画比对所罗门财富的刻画要更动人。④ 一切幸福都并非没有烦恼,而一切逆境也绝非没有希望。最美的刺绣,

---

① 塞涅卡(约前4—65),古罗马斯多葛派哲学家。
② 这是流传古希腊的神话。赫克里斯是大力士,曾解救因偷盗天火给人类而被天神锁于高加索山上的普罗米修斯。
③ 《圣经》中的《旧约》,劝诫人类信仰上帝以获取幸福。《新约》则劝试人类要承受因信仰而可能招致的痛苦。
④ 见《圣经·约伯记》。所罗门,《圣经》中的古代著名国王,富有智慧。

是以明丽的花朵映衬于暗淡的背景,而绝不是以暗淡的花朵映衬于明丽的背景。从这图象中去汲取启示吧。人的美德犹如名贵的香料,在烈火焚烧中会散发出最浓郁的芳香。正如恶劣的品质可以在幸福中暴露一样,最美好的品质也正是在逆境中被显示的。

(何　新　译)

论伪装与沉默

沉默是弱者的智慧和策略。强者则敢于面对事实,直言不讳。因此,保持沉默是一种防御性的自全之术。

塔西佗说:"里维娅①兼有她丈夫的机智和她儿子的深沉。机智来自奥古斯都·恺撒,而深沉正是提比留斯的优点。"当莫西努斯②建议菲斯帕斯进攻维特亚时,他这样说:"我们现在所面对的,既不是奥古斯都的智谋,也并非提比留斯的深沉。"这些话里都区分了那两种素质——智谋与深沉的不同。而对此二者,确实是应当认真辨别的。假如一个人具有深刻的洞察力,随时能够判断什么事应当公开做,什么事应当秘密做,什么事应当若明若暗地做,而且深刻地了解这一切的分寸和界限——那么这种人我们认为他是掌握了沉默的智慧的。他懂得怎样运用塔西佗所说的那种政治的艺术。而一个人如果不具有这种智慧的判断力,他又很可能沉默得过分,以至对该讲的话也不敢讲,从而暴露了他的软弱。

君子坦荡荡。强者往往具有光明磊落的精神,表现出能谋善断的作风。他们正像那种训练有素的马,善于识别何时可以迅行,

---

① 里维娅,古罗马皇后,奥古斯都大帝之妻,提比留斯之母。
② 莫西努斯,罗马将军,公元1世纪时人。菲斯帕斯,罗马皇帝。

何时应当转弯。既能运用坦率的好处,又懂得在何时必须沉默。而虽然他们因不得已而沉默,由于人们对他一贯的信任也不易被识破。

掩饰事物真相的方法有三种。第一种就是沉默。沉默就使别人无法得到探悉秘密的机会。第二种是作转移注意的暗示。这就是说,只暴露事情中真实的某一方面,目的却是掩盖真相中更重要的那些部分。第三种是伪装。即故意设置假象,掩盖真相。关于第一点,经验表明,善于沉默者,常能获得别人的信任。这可以称作牧师的美德。守秘密的牧师肯定有机会听到最多的忏悔。却没有谁会愿意对一个长舌人披露自己隐私的。正如真空能吸收空气一样,沉默者能吸来很多人深藏于内心的隐曲。人性使人愿意把话向一个他认为能保守秘密的人倾诉,以求减轻自己心灵的负担。还可以说,善于保持沉默是获得新知的手段。

另一方面,赤裸裸的暴露总是令人害羞的(无论在肉体上或精神上)。而一个善于沉默的人,则显得有尊严。所以说,善于沉默是一种修养。我们可以发现,那些饶舌者都是空虚可厌的人物。他们不但议论知道的事情,而且议论他们所不了解的事情。还应当注意,沉默不仅应节制语言,而且应当克制表情。通常在观察人的时候,最微妙的显露内心之处,莫过于他的嘴部线条。表情是内心的显露,其引人注意和取得信任的力量有时甚至超过语言。

再说第二点。掩饰和装假有时是必要的。尤其在一个人对其事知情,却又不得不保持沉默的时候。因为对一个可能了解内情者,关心的人一定会提出各种问题,设法诱使他开口。即使他保持沉默,聪明人从这种沉默中也能窥见某些迹象。所以说某些模棱两可的含糊之言,有时正是为了保持必要的沉默而不得不穿上的一件罩衣。

至于第三点，即作伪或说谎，那么我认为，即令它可能在某些场合发挥某种作用，但总之，其罪恶是远远超过其益处的。经常作伪者绝不是高明的人而是邪恶的人。一个人起初也许只是为了掩饰事情的某一点而作一点伪，但后来他就不得不作更多的伪，以便掩盖与那一点相关联的一切。作伪的需要来自以下几点：第一是为了迷惑对手；第二是为了给自己准备退路；第三是以谎言为诱饵，探悉对手的意图，西班牙人有一句成语：说一个假的意向，以便了解一个真情。

但作伪有三种害处：第一，说谎者永远是虚弱的，因为他不得不随时提防被揭露；第二，说谎使人失去合作者；第三，这也是最根本的害处，就是说谎将使人失去人格——毁掉人们对他的信任。

因此，比较明智的做法，就是努力保持坦率真诚的形象，又掌握善于沉默的艺术。但不在万不得已时，不要作虚伪的人。

（何　新　译）

论　美

美德好比宝石,它在朴素背景的衬托下反而更华丽。同样,一个打扮并不华贵却端庄严肃而有美德者是令人肃然起敬的。

美貌的人,未必也具有内在的美。因为造物似乎是吝啬的,他给了此就不再予彼。所以许多容颜俊秀的人却不足为训,他们过于追求外形美而忽略了内心的美。但这话也不全对,因为奥古斯都、菲斯帕斯、腓力普王、爱德华四世、阿尔西巴底斯、伊斯梅尔等①,都既是大丈夫,又是美男子。就形貌而言,自然之美要胜于粉饰之美,而优雅行为之美又胜于单纯仪容之美。最高的美是画家所无法表现的,因为它是难于直观的。这是一种奇妙的美。曾经有两位画家——阿皮雷斯和丢勒②滑稽地认为,可以按照几何比例,或者通过摄取不同人身上最美的特点,用画合成一张最完美的人像。其实像这样画出来的美人,恐怕只表现了画家本人的某

---

① 奥古斯都和菲斯帕斯都是古罗马著名皇帝。
腓力普王,法国国王,1285—1314 年在位。
爱德华四世,英格兰国王,1461—1483 年在位。
阿尔西巴底斯,古希腊著名美男子。
伊斯梅尔,波斯国王,1499 年即位,有武功。
② 阿皮雷斯,古希腊画家。
丢勒(1471—1528),德国画家、雕刻家。

种偏爱。美是很难制定规范的(正如同音乐一样),创造它的常常是机遇,而不是公式。有许多脸型,就它的部分看并不优美,但作为整体却非常动人。

有些老人显得很可爱,因为他们的作风优雅而美。有一句拉丁谚语说过:"暮秋之色更美。"而尽管有的年轻人具有美貌,却由于缺乏完美的修养而不配得到最好的赞美。

美犹如盛夏的水果,是容易腐烂而难保持的,世上有许多美人,他们有过放荡的青春,却迎受着愧悔的晚年。因此,应该把美的形貌与美的德行结合起来。这样,美才会放射出夺目的光辉。

(何　新　译)

论建筑

造房子为的是居住,而不是为了供人观赏。所以建筑的首要原则是实用,其次才是美观。当然,二者能兼顾更好。但如果单纯为了追求美观,那么,还是把建这种魔宫的专利权留给诗人吧。因为诗人们建造魔宫不需要花钱,而只需要运用想象就能描绘构造出富丽堂皇的宫殿。在环境不良的地点盖房,不亚于为自己造一所牢狱。所以建筑基址的选择是非常重要的。应该考虑到环境中的各种因素,例如空气和气候,水源和土壤,季风,海洋和河流,与市镇的距离,以及设有散步和游猎、放鹰之地等等。最好应当考虑《伊索寓言》中评论之神摩那斯的告诫——给房子装上轮子,为的是能够逃开坏的邻居①。离大城市过远或者离大城市过近,房子太孤立或地域很狭小,将来难以扩建等等因素,所有这些事,都应当在动工之前予以考虑,然后择善而从。如果有条件最好同时建筑几所不同用途的房屋,使一座房屋所缺少的,在另一座房屋的条件中补足。所以当庞培拜访卢克莱修的住宅时,曾称赞他的房子说:"这真是一处避暑的好地方,但是你到冬天怎么办?"卢克莱修

---

① 《伊索寓言》中有一则故事云:智慧女神阿底娜造屋,批评之神摩纳斯(Monus)以为不好,因为房子下面无轮子,不能迁移以躲避坏邻居。

说:"鸟类还知道在冬天到来之前迁向新居,难道我们还没有它们聪明吗?"

记得西塞罗曾写过一本《论演说》,后来又写了一本《演说家》。在《论演说》中他讲述演说的原理,而在后一本书中则讲述演说术的实例。我们也需要有一个简单的模型来描述一座理想的建筑。今日欧洲,虽不乏梵蒂冈和西班牙王宫那样的雄伟建筑,却很难找到一处堪称典范优良住宅,这种情形真令人惊异。

所以我认为,一座完美的宫室应该具有多种功能。即应该有豪华的正厅,以供举行庆典和宴会,还应该有小巧玲珑的侧室,宴会厅中正厅的高度,应当达到40英尺。正厅周围应当配备化妆室等附属建筑。室内还应当按照冬天和夏天的不同需要设置两处小客厅。但这两间屋子占地不应太多。在建筑的底层,应当有一个地窖以供储藏。建筑中应当有厨房、食具室等。作为正面的主楼,我以为应当比侧部的副楼至少高出两层。而每层的高度应达到18英尺。楼顶上应该覆盖优质铝皮,并且装饰浮雕。全楼可以根据不同需要分成若干厅室,楼梯应该建筑在中轴线上,并且用古铜色的雕木加以环绕。楼梯顶部的装饰应当很讲究。楼梯的下部决不宜于设餐厅,否则炊气会顺着楼梯一直升到楼上。第一层楼梯的高度应该达到16英尺,而这也就是楼下屋子的高度。

房屋的前部应当搞一个美丽的庭院,再盖一些房子从三面将其包围。而这些房子应该比正面的建筑低一些。在这个院子的四角可以建几座角楼,配以精致的楼廊,角楼的高度应当和周围那些房子的高度相称。除了人走的小径,院中不宜铺砖石,而应当广种绿草。草长起来之后应当随时剪修,但是不宜剪得太短。建筑顶部应当有三五个精美的小圆顶阁,安设在距离相等的地点。还应当镶以精美的、用彩绘拼出各种图案的玻璃窗。为了避免阳光的直射，不妨装一些百叶窗。

  在正面的院子后面，还可以建一个内庭。这个内庭的四周都布置成花园，在院子的四边不再建走廊，只造一些匀称而美观的拱门。临近花园的一面，屋子的窗牖，都要开向花园，并应当高一些，以防潮气。在这个庭院中还应该建有喷泉和雕像。院中的房屋在两厢者可以作为寝室，而在两端者则可以作为私人的密室。例如不妨设置一套供有病时休养的病室。房子的内外都应尽可能布置得精致讲究。整所房屋都应当设计和安装上隐蔽的排水设备。在通向这座建筑的路上，应当建三个园子。第一个是朴素的、绿草如茵的园子；第二个不妨稍加装饰；而第三个庭院，即和建筑的主楼相邻接的那一个，要装修得讲究些，并且建造几个美观的露台和回廊。这种长廊只建柱子，但不要有墙。至于办公的房子，要建在远处，可以通过走廊与宫室连接在一起。

（何　新　译）

论死亡

犹如儿童恐惧黑暗,人对死的畏惧,也由于听信太多的鬼怪传说而增大。

其实,与其愚蠢而软弱地视死亡为恐怖,倒不如冷静地看待死——把它看作人生必不可免的归宿,看作对尘世罪业的赎还。

诚然,将死亡看作尘世罪业的赎还和通向天国的大道,这种信念是神圣而具有宗教意味的,而将死亡看作对大自然的献祭,因而对之畏惧却是怯懦的。但是,在那种宗教的沉思中,也未免掺杂有虚伪的迷信。在一些修道者的禁欲书籍中,可以读到这样的论调:试想一指受伤就何其痛苦!那么当死亡侵损人的全身时,其痛苦更不知大多少倍。实际上,真正的死亡痛苦倒未必会比一指的伤痛为重——因为人身上真正致命的器官,并非就是感受最灵敏的器官啊!所以,塞涅卡(以一个智者和一个凡人的身份)讲的话是对的:"随死而来的东西,比死亡本身更可怕。"这是指死亡前的呻吟,将死时的痉挛,亲友的悲号,丧具与葬仪,如此种种都把死亡衬托得十分可怕。

然而,人类的感情并非真的如此软弱,以至不能抵御对死的恐怖。人心中有许多种感情,其强度足以战胜死亡——仇忾压倒死亡,爱情蔑视死亡,荣誉感使人献身死亡,巨大的哀痛使人扑向死亡。唯独怯懦软弱使人在还未死亡之前就先死了。在历史中我们曾看到,当奥陶大帝自杀后,他的臣仆们只是出自忠诚和同情(一种软弱的感情),而甘愿毅然为他殉身。塞涅卡说过:满足和腻味也能置人于死命——"一个人会死于厌倦和无聊,尽管他既不英勇又不悲惨。"还有一点更应当指出,那就是,死亡征服不了伟大的灵魂。具有这种灵魂的人,直到最后一刻,也绝不会失其本色。奥古斯都大帝直到死时还在怀念爱情:"永别了,丽维亚,要牢记我们的过去。"提比留斯大帝根本不理会死亡的逼近,正如塔西佗所说:"他虽然体力日衰,智慧却敏锐如初。"菲斯帕斯幽默地等待死亡降临,他静坐在坐椅上说:"我就这样变成神吗?"卡尔巴之死来自不测,但他仍然勇敢地对那些行刺者说:"杀死我吧,如果这对罗马人民有益处!"结果他从容地引颈待戮。塞纳留斯①直到临死前还在工作,他急切地说:"你们还需要我做点什么,快点拿来。"这种例子,多得是不胜枚举的。那些斯多葛学者们对于死亡却未免过于看重了。他们曾不厌其烦地讨论对死亡的准备,其实倒不如朱维诺说得好:"死亡也是大自然赐给人的恩惠之一。"死亡与生命都是自然的产物,婴儿出世可能与死亡一样痛苦。在炽烈如火的激情中受伤的人,是感觉不到痛楚的。而一个坚定纯洁、有信念的心灵也不会为死亡而恐怖。人生最美好的挽歌无过于当你在一种有价值的事业中度过了一生后能够说:"主啊,如今请让你的仆人离去。"死亡还具有一种作用,它能够消歇尘世的种种搅扰,打开赞美和名誉的大门——正是那些生前受到妒恨的人,死后却将为人类所敬仰!

(何　新　译)

---

① 奥古斯都、泰比瑞斯、菲斯帕斯、塞纳留斯,均为古罗马的皇帝及英雄人物。

论宗教信仰的一致性问题

宗教信仰是人类社会重要的支柱之一。如果宗教信仰是平和的,那么这个社会将是幸福的。

对于(非基督教的)异教徒来说,他们似乎从来不曾为信仰和见解的不同,而陷于纷争。也许是因为他们的宗教虽有典仪却缺乏迷信吧。只要想想他们的教长都是浪漫的诗人,你就可以理解他们的宗教到底是什么了。但是我们的上帝却是一位"忌邪"之神[①]。因此他既不允许有不纯的信念,也不允许奉祀异教的神灵。但是,究竟如何才能使信仰保持一致,这个问题值得深究一下。

保持信仰一致(这是追随于上帝的又一个目标)的意义有两方面,一是与教会内部的人有关,一是与教会外部的人有关。对前者来说,异教与其教徒是玷污圣灵的,是一切道德败坏中的最恶者。正如由人体伤口进入的异物导致腐败一样,精神上的腐败也会由此而来。

所以,再没有比散布对于信仰的各种不同见解,更足以导致宗教分裂的。这犹如有人呼唤——看哪,基督正在旷野之中!而另

---

① 见《旧约·出埃及记》第20章第5节:"除了我以外,你不可有别的神,不可为自己雕刻偶像,也不可有什么形象来象征天上、地下及水中万物,不可跪拜或侍奉那些偶像。因为你的神我耶和华是忌邪的神。"

一些人也在呼唤——看哪，基督正在圣坛之上！那么让我们究竟追随谁呢？在这种情况下，我们最好的办法恐怕只有一个，这就是基督自身说过的那句名言："你们既不要出去，也都不要相信！"①

圣保罗（他的使命是要感召那些无信仰者）曾说："如果一个异教徒听到你们这些各讲各的理的教义，他恐怕只会认为这里有一群疯子。"对于本来就无信仰的无神论者，看到宗教之中的这种矛盾冲突，更会使他们远离圣殿，而高居于"亵渎者"的座位之上了。

从前有一位幽默家虚拟了一套丛书，其中有一本名叫"异端教派的摩尔舞"。② 在谈论如此重大问题时援引此例，也许未免不恭。然而它所嘲弄的却正是异端攻讦者那种可笑的嘴脸。

信仰的一致会给教徒带来和平。而和平就是幸福，和平树立信仰，和平培养博爱。这样，以前浪费于写争论文章的精力，现在就可以转移到写信仰和诚实忏悔的论文上了。

至于如何使信仰一致，这个问题也很重要。有两种极端的看法。对某些激烈分子而言，所有的调和妥协都是可憎的。正如《旧约》中所说："和平不和平与你何干？使者你转回身去吧！"这一派人是宁可不要和平只要宗派的。与此相反的做法是，有些教派一味追求妥协折中，甚至不顾信仰的基本原则。这两种极端的态度都是应当避免的。协调信仰的最好原则，应当根据基督为人类制订的两条貌似相反的原则，就是：

——"凡是不帮助我们的，就是反对我们。"（凡不是我们的朋友者，就是我们的敌人。）

——"凡是不反对我们者，就是帮助我们。"（凡不是我们的敌

---

① 《新约·马太福音》第 24 章第 26 节："若有人对你们说：看哪！基督在旷野里，你们不要出去。或者说，看哪，基督在内屋中，你们不要相信。"
② 古代英国的民间舞。原文作：Morris dance。

人者,就是我们的朋友。)

换句话说,只要在信仰的大前提上没有分歧,那些观点、教派和解释上的差别,就可以求大同存小异,而不应为之煽动分裂。

在这里我还略有一点小小的见解。

大家应该注意,使宗教信仰分裂的原因,往往是两种性质的争论。

一种是所争论的论点本来分歧并不大,只是由于争论的态度激发了仇恨。圣奥古斯汀曾这样说过:"基督的服装是天衣无缝的,但是教会的衣服却有许多种颜色。"因此他又说:"可以允许不同的色彩,但是却不能允许它的分裂。"这就是说,和谐统一与专制划一并非一回事。

另一种争论本来是关于实质问题的,但愈争到后来,却愈陷于诡辩。一个有学识的人,有时常会遇到一些无知浅学之辈提出某种表面的异议。他理解他们,因为他们的意思在实质上和他并无分歧,虽然他们由于误解和浅见而在攻讦他。人对人尚能如此,那么全知全能的上帝,难道还不能超越世俗教徒那些表面的纷争,而洞悉他们信仰的实质吗?所以对此类争论,圣保罗曾这样警告过我们:

"不要滥用新奇的名词,制造似是而非的新学问。"

某些人专喜欢那些新鲜的名词术语,不是让意义支配辞藻,而是让辞藻支配意义。

信仰的一致,还有两种虚假的情况。

一种是以盲从的愚昧为基础,正如在黑暗之中,所有的猫看起来都是灰色的。

另一种是全盘吸收本质上互相矛盾的一切观念和理论。结果将真理与谬误搅在一起,就像听任铜像的盔甲上沾满污泥一样。

我们要注意,真正的信仰一致,应当有利于巩固人类之间的博爱和社会的组织。……

若试图以武力统一信仰,那是违背天意的,这是用上帝的一种训谕去否定另一种训谕。要知道上帝认为,人类不仅是基督徒,而且首先也是人。所以当罗马诗人卢克莱修①看到阿加门农王以亲生女儿向女神献祭时,他叹息说:

"宗教信仰竟能使人犯下如此的罪恶!"

但如果他还能看到法兰西1572年8月23日巴托罗缪节之夜的异教徒大屠杀,以及1605年11月5日信徒福克斯谋杀英王和议员的阴谋,他就会更有理由兴发这种感叹,并且更坚决地反对宗教和主张无神论了!

所以那柄尘世之剑,还是不要为着宗教信仰问题而挥舞吧!而如果把宗教之剑交给庸众去操持,就更是最荒谬可怕的举动了!这种做法只有魔鬼和那些"再受洗派"②的狂热迷信分子才会采用。当魔鬼说,"我要升临天堂与上帝并驾齐驱",这固然是肆无忌惮的渎神言论,但是如果让上帝化为人身并让他说,"我将降临人间与魔鬼一样可怖",那不就是更肆无忌惮的渎神之举吗?!但是,如果以宗教的名义谋杀君王、屠宰人民,颠覆国家和政府,把圣灵的徽识由鸽子变成兀鹰和乌鸦,把普渡众生的慈航变做凶残的海盗之船,其所作所为不正是这种渎神之举吗?

因此,对于一切以宗教和信仰名义进行煽动的暴力行为,以及一切为这种行为辩护的邪说,君王们应当用他们的法律和剑,学者们应当以他们的笔——犹如天使挥动夺魂的金杖,最无情地将其

---

① 卢克莱修,古罗马诗人、哲学家、伊壁鸠鲁学派。约前99—前55年在世。
② 再受洗教派,是16世纪欧洲的宗教狂热教派。

投畀豺虎,投诸地狱!

在一切关于宗教的理论中,最高明者无过于使徒圣雅各的这句话:

"愤怒的情感不能体现上帝的正义!"

还有一位古代神学家也说过同样坦率的话:

"凡以压力压制别人信仰的人,
肯定具有本身的目的和私利!"

这话实在意味深长,引人深思呵!

(何　新　译)

论谶言

这里所讨论的谶言,并非神的启示,并非异教徒的妄语,也不是神秘的征兆,我指的是那些貌似有根有据,其实却由来不明的预言。例如《圣经》中的女巫曾对以色列王扫罗作如下预言:"明日你和你的子民将与我同归。"① 荷马诗中也有一个谶言说:

"伊里亚斯族将统治所有的海岸,直到他的子孙世世代代。"②
这似乎预言了罗马帝国的兴起。

悲剧作家塞涅卡作过如下的预言:

"大海将敞开她的衣襟,呈现广大的胸膛。狄菲斯将发现新的天地,特勒不再是最远的海疆。"③

这好像是对于后来发现新大陆的一种预言。波利克拉特斯的女儿在梦中看见丘辟特为他父亲洗澡,阿波罗给他涂油。④ 不久

---

① 事见《旧约·撒母耳记》第28章。这是暗示以色列军的覆败。
② 原文:"At domus Eneae Cuneties dominabitur oris Etnati natorum, et qui nascentur ab illis."引自罗马诗人维吉尔诗篇。维吉尔原诗则出自荷马诗句,荷马原文云:"伊利亚及其后代将为特洛伊(Trojans)之王。"
③ 原文:"Venient annis, sa ecnla senis qnibus, oceanus Vincula rerum laxet, et ingens pateat tellus, Tiphysque novos Detegat orbesnec sit terris ultima Thule."诗中狄菲斯(Tiphys)为希腊航海家。特勒(Thule)是古代欧洲人认为的大地边缘。
④ 波利克拉特斯(Polycrates),公元前6世纪时希腊小国萨木斯君主。于公元前522年被钉于十字架上。

波利克拉特斯果然被钉在十字架上,太阳使他遍体流汗,风雨冲洗他的尸体。马其顿王腓力普梦见妻子的肚子被泥封了起来。起初他还以为是妻子不能生育的预兆,但是预言者却告诉他,她怀孕了,因为人对于空瓶罐是不用上封泥的。后来她果然生了亚历山大。布鲁图斯刺杀恺撒后,在他的屋中出现了一个鬼影,对他说:"你在菲力帕还会遇见我。"①提比留斯曾对加尔巴预言说:"加尔巴,你早晚会尝到帝国的滋味。"②罗马时代在东方流传过一种预言,说救世主即将诞生了。这个预言塔西佗以为是指奥斯帕斯的,结果应验于耶稣。以上预言后来都成为了事实。

罗马皇帝多密汀在被刺前夕,做了一个梦,梦见自己的脖子上长出了一个金头——后来他的继承人果然开辟了历史上一个黄金时代。英王亨利六世曾对一个给他送水的幼童预言:"他将得到我们正在争夺的王冠。"结果正是他成为亨利七世。法国的费纳特士曾派人以假名替国王算命,算命者预言这个人将在决斗中丧生。王后置而不信,因为她认为不会有人向国王挑战;可是,她的丈夫后来正是死在一场赛马术的竞技中。我年幼的时候,正是伊丽莎白女王年轻的时代。那时我听过一个流行颇广的谶言,说:

"当麻织成线,

英格兰就结束啦。"

(When hempe is sponne, England is donne.)

把英国历代几位君主名字的头一个字母排列起来,就有了谶

---

① 布鲁图斯刺恺撒后与恺撒旧部战于菲力帕,兵败被安东尼所杀。此事曾被莎士比亚采用,见《恺撒》第 4 幕第 3 景。

② 原文为"Tu quoqut, Gallba, degustabis imperium."加尔巴于公元 68 年登基为罗马皇帝。

言中的"hempe"这个字；当时人们认为，这预言似乎是说，等到这几位君主（就是 Henry、Edward、Mary、Philip 和 Elizabeth）的时代过后，英国就要天下大乱。感谢上帝，这个谶言没有实现。但它却在英国的国名上得到了证实。因为我们当今的国号已不是"英格兰"——这个称号确实结束了。现在叫"大不列颠"了。在 1588 年以前，还流行过一个预言。当时我们不懂它的意思：

> 有一天将看见，
> 在巴与迈之间，
> 挪威的黑色舰队。
> 等这个去了以后，
> 英国啊，大兴土木吧，
> 因为以后不会有战争了。

直到 1588 年，西班牙无敌舰队被英国海军击溃以后，我们才理解，原来这个预言是针对西班牙的。因为西班牙王的姓恰好是挪威（Norway）。

当时还流传过一个占星术的预言：
"88 年，一个出奇迹的年头。"①

恐怕也是针对西班牙舰队的。这个舰队，即使不算有史以来最庞大的，也是武力最强的。至于雅典人克利昂的梦，看起来那仿佛是个玩笑。他梦见他被一条龙吞了。后来他遇到一个作腊肠的人捣他的乱，有人解释，这个做腊肠的，就是那条龙。类似的事不止一件。如果把梦兆和占星术方面的预言都计算一下的话，其数目恐怕更大。但我认为，这些预言并不值得过分重视；虽然它们可

---

① 指 15 世纪德国占星家 Regionontanus 的预言书。

以作为冬夜炉旁闲谈的好话题。我所谓不值得重视的意思,是说它们不值得相信。但在另一个方面,假如社会上广泛流传这种东西,政治家就不应当忽视。因为谣言蜂起,在历史上曾酿成许多祸乱,因此许多国家制定了严厉的法律禁止它们。人之所以乐于传布和相信这种预言,有三种原因。第一是人们只注意这种预言的应验,而不注意它们的不应验,人们对于梦兆也是如此。第二是预言的内容多数都是模棱两可的,以至可以给各种推测和自由解释保留很大的余地,例如正像前面所谈的塞涅卡的诗句那样。因为显然可见地球在大西洋之西可能还会有很大的天地,这些地方不一定总是一派汪洋。再加上柏拉图留下的那个"大西岛"的传说,更足以鼓励人把这种说法解释成一种预言了。① 第三也是最后和最重要的一点就是,很可能大多数这一类预言,其实都是一种欺人之术,是由一些极其无聊的人在事后编造出来的。

(何　新　译)

---

① 柏拉图曾根据古代传说认为大西洋中有一文明古岛名 Critas(又名 Atlanticus),后沉没于海中。

论　善

我认为善的定义就是有利于人类。这也就是古希腊人所谓"仁"（philanthropia），或者"人道精神"（humanity），但意义还要深。

善，还不仅是一种慈善的行为。前者反映本质，后者则只是现象。善，这是人类的一切精神和道德品格中最伟大的一种。因为上帝本身就是"善"。如果人不具有这种品格，他就不过只是卑贱的鼠辈，既可憎又可怜。这种行善的品格也许会看错对象，但却永远不会过分。过分的权势欲曾使得撒旦堕落成魔鬼①。过分的求知欲也曾使人类的祖先失去乐园②。但唯有善的品格，无论对于神或人，都永远不会成为过分的东西。

向善的倾向可以说是人性所固有的。如果这种仁爱之心不施于人，也会施之于其他生物。例如土耳其人虽然似乎是一个野蛮民族③，但他们对狗和鸟等动物却很仁善。据伯斯贝斯④的记

---

① 《圣经》中的故事。传说撒旦（Satan）本是神，为了篡夺上帝之位，而堕入地狱，成为魔鬼。
② 《圣经》中的故事。传说人类始祖亚当、夏娃在天堂中，受蛇的引诱，偷吃了知识之树上的果子，于是被神逐出天堂。
③ 本书中时见培根对落后民族的诬蔑之词，反映了他的欧洲中心主义的民族观点，是应当注意批判的。
④ 伯斯贝斯（Busbechius，1522—1592），荷兰旅行家。

述,有一个欧洲人在君士坦丁堡,由于戏弄一只鸟,险些被当地人用石块打死。

但人性中这种仁善的倾向,有时也会犯错误。所以意大利有句嘲讽话:"过分仁慈,就是傻瓜。"马基雅弗利①曾写道:"基督教的教义使人成为软弱的羔羊,以供那些暴君享用。"他所以这样说,是因为确实没有任何其他法律、宗教或学说,比基督教更鼓励对人类的博爱了。为了不做滥施仁爱的傻子,我们就要注意,不要受有些人的假面具和私欲的欺弄,而变得太轻信和软心肠。轻信和软心肠常常诱使老实人上当。比如我们就绝不应该把一颗珍珠赠给伊索那只公鸡——因为它本来只配得到一颗麦粒。②

《圣经》中曾说:"天父使太阳照好人,也同样照坏人。降雨给行善的,也给作恶的。"③但上帝绝不把财富、荣誉和才能对人人平均分配。一般的福利应该人人均沾。而特殊的荣耀就必须有所选择。另外要小心,我们在做好事时,不要先毁了自己。神告诉我们:要像别人爱你那样爱别人。——"去卖掉你所有的财产,赠给穷人,把财富积存在天上,然后跟我来。"④但除非你已要跟神一道走,否则还是不要把你的一切都卖掉。不然,你就等于以微泉去灌溉大河。微泉很快就干涸,而大河却未必增加许多。所以人心固然应该向善,而行善却不能仅凭感情,还要靠理智的指引。

在人性中既有天然向善的倾向,也有天然向恶的倾向。那种虚荣、急躁、固执的性格还不是最坏的。最恶的乃是嫉妒以至祸害

---

① 马基雅弗利(Machiavelli,1469—1527),意大利政治思想家和历史学家,文艺复兴时代意大利著名政论家。著有《君主论》等。
② 《伊索寓言》中的一个故事。
③ 《马太福音》第 5 章第 45 节。
④ 《马太福音》第 10 章第 21 节。

他人。有一种人专靠落井下石,给别人制造灾祸来谋生——他们简直还不如《圣经》里那条以舔疮为生的恶狗①,而更像那种吸吮死尸汁液的苍蝇。这种"憎厌人类者"(misanthropi)与雅典的泰门正是相反②——虽然他们的园子里并没有一棵能供他人使用的树,却也要引诱别人去上吊。这种人也许倒是作政客的材料。他们犹如弯曲的木头,可以造船,却不能做栋梁。因为船是注定要在海里颠簸的,而栋梁却是必须能立定脚跟的。

善的天性有很多特征。对于一个善人,我们可以由此去认识他。如果一个人对外邦人也能温和有礼,那么他就可以被称作一个"世界的公民"——他的心与五洲四海是相通的。如果他对其他人的痛苦不幸有同情之心,那他的心必定十分美好,犹如那能流出汁液为人治伤痛的珍贵树木——宁可自己受伤害也要助人。如果他能原谅宽容别人的冒犯,就证明他的心灵乃是超越于一切伤害之上的。如果他并不轻视别人对他的微小帮助,那就证明他更重视的乃是人心而不是钱财。最后,如果一个人竟能像《圣经》中的圣保罗那样,肯为了兄弟们的得救甚至甘于忍受神的诅咒——甚至不怕被逐出天国③;那么他就必定超越了凡世,而具有主耶稣的品格了。

(何 新 译)

---

① 《路迦福音》第 16 章第 21 节。
② 泰门,古希腊人。由于愤世嫉俗而看不起人类,曾对雅典人说:"我园中有一棵树,我就要砍掉它了,谁愿意上吊请赶快去。"
③ 见《新约·罗马书》第 9 章第 3 节:"圣保罗说:为我弟兄、我骨肉之亲,就是自己被诅咒,与基督分离,我也愿意。"

论迷信

对于神，与其陷入一种错误的信仰，倒还不如不抱有任何信仰。因为后者只是对神的无知，而前者却是对神的亵渎。迷信神实质上是亵渎神。普鲁塔克说得好："我宁愿人们说世上根本没有普鲁塔克这么一个人，却不愿人们说曾经有过一个普鲁塔克，他靠吃他子女们的血肉为生。"——他这话是针对史诗中关于大地之神塞特恩的说法①。无神论把人类付诸理性，付诸哲学，付诸世俗的骨肉之情，付诸法律，付诸名利之心，等等。而所有这一切，如果世上没有宗教，也足以教导人类趋向于完善。但是迷信却相反，它否定这一切，却在人类心灵中建立起一种非理性的专制暴政。从历史看，扰乱国家的并不是无神论。因为无神论使人类重视现世的生活。使人类除了关心自身的福祉便没有其他的顾虑。试看历史上那些倾向于无神论的时代（如奥古斯都大帝的时代），往往是太平的时代。但是迷信却曾经破坏了许多国家。迷信把人类托付于来自九霄云外神秘者的统治，而这种莫名其妙的统治却足以否定掉人间正常的法制。迷信总是群众性的。而在迷信盛行的时代，即使有少数智者也不得不屈从于愚妄的群氓。在这种时代，理论

---

① 塞特恩，罗马神话中的土地之神，以人为祭品。

的假设不是服从于世界,而是世界必须服从于理论的假设。在一次圣教会议①中,有的教士曾作过一个意味深长的比喻,他说经院哲学家好比那些天文学家。天文学家为了解释天体的运行,假设了离心圆、本轮以及诸如此类的轨道存在,虽然他们明知道宇宙中其实是不存在这一切的②。同样,经院哲学家编造了许多奥妙复杂的原理和定律以解释宗教,虽然他们也明知道这一套故弄玄虚的事物是不存在的。使人类陷入迷信的方法有:利用炫人耳目的宗教礼仪制造法利赛式的虔诚③,利用人们对传统的盲目崇拜和信从,以及利用其他各种由僧侣发明和设计的宗教圈套。僧侣们常谈所谓"虔诚的善意",却不惜让这种"善意"把人类引向地狱。最后,迷信还利用历史上出现的那些野蛮时代,尤其是灾祸横生的不幸时代。愚妄的迷信是极为残酷而且丑恶的。迷信并非宗教。如果有一只猿猴,其外表竟长得像人,那将是十分令人厌恶。因为这是对人类的嘲笑。而一种迷信,如果以一种虔诚宗教的形式出现,也将更加令人厌恶。物腐生蛆,某种起初很神圣的宗教仪式,经久也会腐化成繁琐的形式,并且使信徒们付出巨大的代价。但是另一方面,当人们憎恨一种旧迷信时,往往会矫枉过正,其结果却是陷入了一种相反的新迷信。所以在反对一种迷信时,应当慎重不要搞得过头。

(何 新 译)

---

① 指罗马天主教会于1545年召集的"全体大会",至1563年方闭会,讨论该教会的内部改革,以抵抗路德振的新教运动。
② 离心圆、本轮均为哥白尼以前托勒密旧天文学的术语,以虚构的方法描述宇宙星球的运动。
③ 法利赛人为犹太教中之一派,其宗教礼仪以虚伪无实而著名。

论法律

司法者应当认识到，他们的职责是"jus dicere"而不是"jus dare"。也就是说，只是解释和实施法律，而绝不是制订或更改法律。否则，法律本身就形同虚设。这一点，可以借鉴罗马天主教会的经验。试看罗马天主教的僧侣们是怎样假借《圣经》的名义，根据需要随意加以解释或杜撰，用以满足自身私欲的吧！

对于法官来说，学识比机敏重要，谨慎比自信重要。摩西的戒律说："私迁界石者必受诅咒。"而篡改法律的人，其罪行比私迁界石者更重。应当懂得，一次不公正的裁判，其恶果甚至超过十次犯罪。因为犯罪虽是冒犯法律——好比污染了水流，而不公正的审判则毁坏法律——好比污染了水源。所以所罗门曾说：谁若使善恶是非颠倒，其罪恶犹如在庐井和饮泉中下毒。

以下我们来分别讨论一下司法与诉讼、律师、警吏以及君主和国家的关系问题。

第一，关于诉讼人。《圣经》上曾说："诉讼是一枚苦果。"而拖延不决的诉讼更给这枚苦果增添了酸败的味道。设立法庭和法官的主要使命，是针对着人间的暴行与欺诈。明目张胆的暴行固然是凶恶的，而精心谋划的欺诈，其隐患也绝不亚于暴行。至于那种无事生非的诉讼，就应当排除之而不要使法律被它们所干扰。法官应当为作出公平的裁判准备一切必要的条件,犹如上帝为人间所作的那样,削平山岗,填满崎岖,以铺平一条正直的道路①。面对复杂的案件,法官不应向任何压力屈服,也不可被任何诡辩、阴谋所迷惑。法官也不应滥用威权,依靠压力逼供诱供必出冤案,正如"擤鼻过猛会流血。"②在处理刑事案件时,法官尤其不应该把法律作为虐待被告的刑具,而应懂得,制定法律的目的仅仅在于惩戒。要知道,世间的一切苦难之中,最大的苦难无过于枉法。

执法也不可过苛。不能把法律变成使人民动辄得咎的罗网。在审判时,法官不仅应当考虑事实,还应分析与事实相关联的背景和环境。对已过时的严刑酷法,要狠限制。"注意情节,也应当权衡情理,这同样是法官的职责。"③特别在审理人命攸关案件时,在考虑法律正义的同时也应当有慈悲救人之心。以无情的目光论事,以慈悲的目光看人。

第二,关于律师与辩护的问题。耐心听取辩护是法官的重要责任之一。法官在审判时,随意打断或否定律师的辩护,或者预先讲出律师可能做的辩护以显示自己的明察。以至在听取调查和辩护之前就抱有如何判决的成见,是不利于保证司法的正义性的。法官在审判时,有四件任务:

(1) 调查证据;

(2) 主持庭审时的发言,制止与审判无关的题话;

(3) 宣示审判所根据的原则,总结案情;

(4) 根据法律宣判。

如果超越这四件事之外,那就做得太多。作为法官,如果缺乏

---

① 参看《圣经·以赛亚书》第 40 章第 4 节。
② 原文:"Qui fortiter emungit, elicit sanguinem."
③ 原文:"Judi is of fcium est, ut res, ita tempora ferum ..."

听取证词的辩护的耐心,如果记忆力低钝,如果注意力不集中,就不能作出公平的裁决。但是法官也不应当轻易被律师的滔滔雄辩所打动。法官应当知道,他所坐的位置也就是上帝的位置。所以他应当像上帝一样,扶助那弱小的,压制那强暴的。法官与律师的关系不可过从太密,否则就难免有不公正的嫌疑。对于正直而主持公道的律师,法官应当表示赞许,而对于歪曲事实真相的律师,则应当给予批驳。

第三,关于法庭的警吏。法律的神圣性,不仅体现于司法者身上,而且也体现于执法者的身上。《圣经》上讲:"从荆棘丛中采不得葡萄"①。同样,法官如果被贪赃枉法的警吏所围绕,那么从这里也是绝不可能得到公正的果实。法庭中的警吏绝不可能用四种人:那种包揽诉讼的讼棍,借司法以谋私的法院寄生虫,狡黠之徒,敲诈勒索之徒。有人把法院比作灌木,当有困难的人像逃避风雨的羊一样钻入丛中,难免总会刮伤皮毛。而如果法庭中有了这几种人,那么恐怕就不仅是掉点毛的事了。但是另一方面,如果法官的助手们正直而富有经验,则是难能可贵的。

第四,关于君主和国家的关系。一名法官首先应当牢记罗马十二铜表法结尾的那个警句:"人民的安全就是最高的法律。"②应当知道,一切法律如果不以这一目标为准绳,则所谓公正就不过是一句梦呓。而所谓法律则不过是不灵验的谶语。法官与君主和政治家负有共同的使命,他们应当携起手来,以避免司法与政治发生矛盾。在制定政策时,执政者要考虑到法律。在执法时,司法者要考虑到政治利益。司法的重大错误,有时是可以引起政治变乱甚

---

① 《圣经·马太福音》第 7 章第 16 节。
② 原文:"Salus populi suprema lex",语出西塞罗《论司法》(*De legibus*)第 33 章第 3 节。

至国家倾覆之危的。所以，法律与政策绝不是对立的，而是密切相关的。在所罗门王的宝座前，站着两只狮子，法官就是王座前的狮子。但他们也应知道，狮子毕竟只是狮子，只能蜷伏在王座之下，而不能凌驾于君权之上。法官的最高职责，就是贤明地依据法律作出裁判。对这一点，圣保罗讲得好：

"我们知道法律体现着正义，但这也要人能正确地运用它。"①

（何　新　译）

---

① 《圣经·圣保罗致提摩太前书》第1章第8节。

论真理

"什么叫真理啊?"①玩世不恭的犹太总督彼拉多曾取笑说,他对这个问题是根本不期望得到回答的。世上还曾有一种毫无原则的人②,他们认为具有一种信念就等于戴上一种枷锁,会使思想和行为无法自行其是。这种怀疑论的哲学派别虽早已消亡,但持这种观点者却仍有人在——只是他们未必像古人那样坦率。

使人们宁愿信任谎言,而不愿追随真理的原因,不仅由于探索真理是艰苦的,也不仅由于真理会约束人的想象,而且是由于谎言更能迎合人类某些恶劣的天性。希腊晚期哲学家中③有人曾探讨过这个问题,他不懂,是谬误中的什么东西,竟能吸引人不愿抛弃它。虽然谬误不像诗那样优美,又不像经商那样能使人致富。

我也不懂这究竟是为什么——也许因为真理好像平凡的日光,在它照耀下人世间所上演的那种种化装舞会,远不如在烛光下所显现的幻影那样华丽。真理犹如珍珠,它在日光下最澄澈。而并不是那种红玉或钻石,会在摇曳不定的烛光中幻出浮光。

---

① 见《圣经·新约·约翰福音》第 18 章,彼拉多是罗马委派的犹太国总督。传说他审讯耶稣,当耶稣说我来到世间是传播真理时,他问了这样一句话。
② 指古希腊、罗马的怀疑主义哲学。
③ 指古希腊人卢西恩(Lucian,125—180)。

似是而非的谎言令人愉快。假如一旦把人们心中那种种自以为是、自以为美的幻觉、虚妄的估计、武断的揣想都清除掉,就将使许多人的内心显露出原来是多么的渺小、空虚、丑陋;以至连自己都要感到厌恶。难道有谁不相信这一点吗?

曾有人责备"诗",诬之为"魔鬼的药酒"[①],因为诗不仅出自幻想,而且其中又总有着虚幻的影子。但其实诗又怎能比谬误更为诱惑人呢?尤其有害的不仅是那种浮夸一时的谎言,而更是那种根深蒂固、盘踞人心深处的谬误。

但无论如何真理就是自身的尺度。它的教导是——要追求真理,要认识到真理,更要信赖真理,这是人性中的最高品德。在上帝创造世界的最初日子里,他首先创造的东西就是知觉之光,其次创造了理智之光,最后他又以良知的光明启示于人类[②]。上帝既把光明给予了混沌的物质世界,又以光明照亮了人类的心灵世界,并且至今他还在把圣光赐予他所恩选的臣民。

有一派哲学在其他方面是肤浅的,但其中一位诗人[③]却曾说过一句十分高明的话,他说:"站在高岸上遥看颠簸于大海中的航船是愉快的,站在堡垒中遥看激战中的战场也是愉快的,但是没有能比攀登于真理的高峰之上,然后俯视来路上的层层迷障、烟雾和曲折更愉快了!"——只要能这样俯瞰世界者不自傲,那么这些话的确说得好极了!是啊,一个人如能在心中充满对人类的博爱,行为遵循崇高的道德律,永远围绕着真理的枢轴而转动,那么他虽在人间也就等于生活在天堂了。

---

① 此语源于柏拉图。柏拉图曾在《理想国》一书中批评诗歌迷惑人。后来中世纪经院哲学家中亦有人责备诗歌是"魔鬼之诱饵"、"药酒"等。
② 见《圣经·旧约·创世纪》第1章。
③ 指伊壁鸠鲁派哲学家卢克莱修(Lucretius,罗马人,约前99—约前55)。

以上谈了神学和哲学的真理，还要再谈谈实践的真理。甚至那些行为卑劣的人，也不能不承认光明正大是一种崇高的德性，而伪善正如假币，也许可以购取货物，但也贬低了事物的真正的价值。这种欺诈的行为像蛇，不能用脚却只配用肚子走路①。

没有一种罪恶比虚伪和背义更可耻了！所以蒙田②在研究谎言一词为何如此可憎时说得好："深思一下吧！说谎者是这样的人，他在上帝面前是狂妄的，在凡人面前却很怯懦。"因为谎言是面对上帝却逃避凡人的。曾经有一个预言，说基督回到人间的时刻，就是在大地上找不到诚实者的时刻，因此谎言就是请求上帝来执行末日审判的钟声。对于虚伪和欺诈，这乃是一个严正的警告啊！

（何　新　译）

---

① 《圣经》中的故事，说蛇引诱亚当、夏娃犯罪。于是神诅咒蛇："你必用肚子行走，终生吃土。"
② 蒙田(1533—1592)，法国名作家，著有《散文集》。

论旅行

对于年轻人,旅行是一种学习的方式。而对于成年人,旅行则构成一种经验。

当你想到某国去旅行时,首先应学习一点该国的语言。假如一个年轻人在旅行中,身边带上一个了解别国语言和风情的向导,那对他将是大有助益的。否则,他就可能像只蒙着头的鹰,到处乱撞,却很难说看到什么了。

在海上旅行时,尽管除了天就是海,航海家却总是写航行日志。而在陆地上,尽管有许多层出不穷的新奇事物,人们却常常忽略写日记。这是很奇怪的,难道一览无余的东西倒比应该认真观察的东西更值得记录吗?照理说来,在旅行中,日记是应该坚持写的。

在旅行一地时,要注意观察下列事物:政治与外交,法律与实施情况,宗教、教堂与寺庙,城堡、港口与交通,文物与古迹,文化设施,如图书馆、学校、会议、演说(如果碰上的话),船舶与舰队,雄伟的建筑与优美的公园,军事设施与兵工厂,经济设施,体育,甚至骑术、剑术、体操等等,以及剧院、艺术品和工艺品之类。总之,留心观察一切值得长久记忆的事物,并且访问一切能在这些方面给你以新知识的老师或人们。相对而言,有些典礼、闹剧①、宴会、红白喜事等热闹一时的场面,倒不必过于认真,当然也不应忽略不顾。如果一个年轻人想通过一次短促的旅行迅速得到一些知识的话,以上所谈的方法是可以借鉴的。为了达到这一目的,他必须通晓所去国的语言,还要找一个熟悉国情的向导,带上介绍该国情况的书籍、地图,坚持写日记。在每一地逗留时间的长短,要根据提供知识的价值来决定。但最好不要耽留过久。在一地住下时,如果可能,最好能经常换换住所,以便更广泛地接触社会。

在交际方面,不要只找熟识的同乡。要设法接触当地的上流社会和人士,以便在必要时能获得他们的帮助。如果能设法得到各国使节之秘书的交往和友谊,那么你虽只到一国,却能得到许多不同国家的知识。

在旅行时还可以去拜访一下当地有名望的贤达人士,以便观察一下他们的实际与所负的名望是否相称。但千万要注意避免卷入纠纷和决斗。

这种决斗的原因无非是由于争夺情人、位置、荣誉或语言冒犯而引起的。为了避免发生纠葛,在待人接物上就必须谨慎,尤其在和那种性情鲁莽之徒来往时更要小心,因为他们总是乐于招惹是非的。

在旅行结束回到故乡后,不要立刻就把已去过的异国丢到脑后,而应当继续与那些新结交而有价值的友人们保持通信。还应当注意,归国后不要改头换面打扮出一身异国装束。在人们问及旅行的情况时,最好只作为一个答问者而不要作为一个夸耀者。

---

① 原文为"masks",盛行于宫廷中的一种诗剧。

不要使自己在别人眼中,成为一个出了一次国就忘记祖先风俗的人,而应当做一个善于把别国的优良事物移栽到本国土壤上的改良者。

(何 新 译)

论消费

金钱是供消费的，而消费应以荣誉或行善为目的。因此，各种消费因其目的不同而区别着高下。如果是为了国家利益，就值得倾家荡产。正像虔诚的信徒为进入天国而献出一切那样。

但是，日常的消费应以个人的财力为制约。支出决不能超过收入。要管理得当，谨防被家仆所欺骗。同时力求以低于估计的支出，收到高于它的效益。毫无疑问，要想使自己收支平衡，应把一般的花费控制在收入的一半以下。而如果想变得富有，那就只应消费收入的三分之一以下。

即便你是一个大人物，自己动手审理自己的财产也并不会有失身份。有些人不愿这样做。也许未必是不把财产系挂于心，倒可能是怕因检点它而发现自己已破产，引起无穷的烦恼。然而你不找出伤口来，又如何能医治呢？

不会当家的人一定要雇佣得力的帮手。并且最好经常更换。因为新人往往比较谨慎。

过问家计不多的人，至少应对财产的收支大数做出总的计划和安排。

一个人在某一方面开销大，就必须在另一方面有所节制。比如在吃喝上花钱多，就应在衣着上节省，在住房上讲究就应减少在马厩上的花费。处处都大手大脚,将难免陷于窘境。

  偿还债务时,不要急于一下还清。否则与久欠不还同样有害。一次还清债务的人还可能重走借贷的老路。因为一旦他们发现自己轻易摆脱了债务的负担,难免又会旧病复发。而一点一点地偿还债务,会使人养成节俭的习惯,这无论对他们的心灵还是财产都会有益处。要维护自己的尊严就不能不计较小节。减少自己零星的花费要比低三下四地谋求小利更为体面。对待自己的经济开支应该始终小心翼翼,但对那些一次性的开销倒不妨大方些。

(何 新 译)

论宫廷化装舞

与本书其他论题相比,这里讨论的问题不过是游戏性的。但是,对于君主们来说,这种玩意儿却似乎不可缺少。因此,我们就值得讨论一下,如何使之趣味高雅而又不过于铺张。

歌舞应当是美妙的协作。这就要巧妙地配合音乐、歌唱、舞蹈。唱法应当庄重,而歌词应当高雅。采用轮唱与换唱的表演,如唱颂赞美诗那样,是动人心弦的。至于舞法,应当讲究而不流于庸俗,要感人但不要玩噱头。

在舞台布置上,应当优美而富于变化。要配好多彩的灯光。音乐和歌声要嘹亮高昂。就服装色彩来说,在烛光下,白色最醒目,其次是粉色和浅绿。表演者的衣服上可以装些金属饰片,它们闪耀华丽但又很廉价。对于舞蹈者的化装,要兼顾他们的社会身份。演剧中的插曲不宜太长。用作调节的小节目可以诙谐一些,使用诸如小丑、林神、黑人、侏儒、傻子一类的角色。但是庄严的人物不能用作打趣的对象,比如让天使和小丑一起上场,就未免不伦不类。丑恶可憎的事物如魔鬼,也不宜作为笑料。

音乐要轻松,要多变。演出者要注意男演员与女演员的合作。舞台要干净、整洁、气氛明快。

至于比武竞赛一类的游乐,主要是把开幕式和入场式搞得辉煌一些,例如可以使用狮子、熊、骆驼组成的车队,并且为它们装备盔甲、仪仗和饰物。够了,关于这些小玩意儿我讲得可能已太细了。

(何 新 译)

论贷款

关于高利贷,世人曾给予过无数的诅咒。有人这样讽刺高利贷者,他们说:人类收入的十分之一本来是应该奉献给上帝的,现在却被奉献给了魔鬼,这真是太可悲了!

又有人说,高利贷者是胆敢亵渎上帝之规的人,因为他们的算盘就连安息日也还在转动着。还有人说,高利贷者就是罗马诗人维吉尔所说的那种雄蜂,早应当从人类的蜂巢中被驱逐出去。又有人说,高利贷恰好违背了上帝对人类的第一戒律。因为上帝当年把人类之祖亚当夏娃逐出天上乐园时曾立誓说:

"你们只能以自己的血汗去换取面包。"

而高利贷者却是"以别人的血汗来换取面包"的。……有人这样问:"人可以生人,但是钱难道该用来生钱吗?"如此等等。而我则认为,既然人性是恶的,那么高利贷的产生也并不奇怪。谁愿意把自己的钱白白借给别人呢?既然有人对国家设立银行提出过良好的建议,那么对借贷和利息也不妨作一下理智的分析。

高利贷的坏处是:

第一,如果鼓励以放高利贷的方式赚钱,那么就可能使商业的发展受到不利影响。因为本来可以投资经商的资金,现在被人们用作放债了。

第二,将给商人以投机取巧的机会。农民如果坐享田租,就不会去种田。而商人如果只想放债谋利,他就未必关心做买卖了。

第三,商业不振的结果,势必会使国家税源枯竭,从而影响国家的财政收入。

第四,高利贷的发展势必导致两极分化,使财富由多数人手中积聚到少数债主手里。然而一个国家的兴旺和稳定是依赖于国民的普遍富裕的。

第五,高利贷的发展将使土地的价值贬低。因为高利贷者只会用钱吃钱,却不会购置田产;而负债者虽然想购置田产,手中却没有钱。

第六,高利贷将破坏社会中的一切工业、商业,并且压抑从事技术发明、革新的动力。因为社会中的流动资金已不能用在这些事业上了。

最后的一点是,高利贷的繁荣必将导致社会的普遍贫困。由于少数债主的横征暴敛,将使大多数人走向破产。

但是高利贷也有对社会有利的方面:

第一,高利贷既能破坏商业,也可能发展商业。只要把借来的资金投入到商业经营上。

第二,高利贷的利息固然蠹蚀人们的财产,但总比人们在面临破产时一下抵押或卖掉要好些。

第三,借钱而不付利息既是办不到的,那么为谋利益而借债于人,对急需钱者毕竟也还是一种帮助。

正因为放债对社会有利也有弊,所以一切国家都有这门行业。差别仅是利率和方式的不同。没有债务的国度不过是道地的乌托邦罢了。

现在我们再来讨论一下怎样管理和改进贷款的方法。权衡以

上分析的诸点利弊,我们认为,以下两点有调整的必要:

第一,一方面要将高利贷的利齿磨钝,使它咬人不要太厉害。

第二,另一方面又要广开渠道,使有钱者乐于把贷款借给商人,以便推动贸易事业的发展。为此,即要注意,如果利率过低,那么贷得起款的人就多,商人就不容易借到钱了。

同时我们又要注意,由于贸易有利可图,所以商人比较能承担高利率,一般人则不大负担得起。为此可以设置两类贷款,实行两种利率。一种是自由而公开的,另一种是受控制的,只在特定的地区和范围内实行。例如只借予有执照的商人。

具体地说,应当使普通利率控制在 5% 以下。这种贷款应当受到国家的保证,由政府自由贷款。这种贷款可以解决急需用钱者的困难。例如,它可以鼓励地价的上涨。因为土地和其他产业的年增利率在 6% 左右,这种低利贷款,将可以鼓励人们的产业投资。而另一方面,假如产业的利润率高于 5% 以上,那么投资者就会乐于将资金投到产业而不用来放债了。

政府应当特许一些人,允许他们以高利率借贷于大商业。但是,以下几点应予注意:这种利率的高也要有限度,至少不要高于商业的最高利润率。此外,不应该允许银行或其他专设金融机构从事这种高利贷工作。这并非由于我不喜欢银行,而是因为银行业往往施设骗局①。对那些被特许从事此项贷款者,国家应当特设一种征税制度。但税率又不要高过他们所得的利润。这些放贷者只应当集中和限制在几个重点商业城市中,以免一般人受他们的损害。

也许有人会对我的建议提出异议说:国家不应该把过去只

---

① 培根时代银行业尚不发达,且无信用,所以培根有此看法。

能在暗中进行的放贷活动变成合法的经营。那么我的回答是，公开承认和予以管理的办法，要比让它暗中发展却得不到约束好得多！

(何 新 译)

论园艺

全能的造物主是园艺的创始者。而庭院雅趣,也是人类最高尚的娱乐之一,是陶冶性情的最好方式。如果没有园林,即便有高墙深院,雕梁画栋,也只见人事的雕琢,而不见天然的情趣。

文明的起点,开始于城堡的兴建。但高级的文明,必然伴随着优美的园林。

我认为在园林艺术中,一定要建造随时令开放的花圃,使四季都有鲜花。还必须有四季常青的植物——冬青、忍冬、常青藤、月桂、松柏、长春花,还有各种果木——桔、柠檬、香橙等等。在一月至二月,要适时栽种核桃,还有水仙、百合与白头翁。三月要种紫罗兰、小雏菊、桃李和玫瑰。四月栽种樱草、百合、迷竹香、牡丹、忍冬、樱桃花、梅和丁香。五月至六月种石竹,各种玫瑰、草莓、无花果、覆盆子和百合草。七月种芸香、早梨和苹果、桃子。十月至十一月采收枸杞、西洋李和橡子。不过,我这只是就伦敦的气候而说的。读者应该因地制宜,使你的园林四季常春。

当阵阵轻风吹过花丛,送来阵阵浓郁的芬芳,这种感觉之美妙正如天上的仙乐。所以欣赏花草比采摘花朵更美妙。为此就必须了解,各种花朵不同的香性。浅红和深红的月季,香味不易发散。月桂也是一样。所以即使你去嗅它,也感觉不到香味。香薄荷的花也是如此。最香的花是紫罗兰,尤其是白色双瓣的那种,它每年开花两次,一次在四月,一次在八月。其次是香蔷薇。还有杨梅在叶子枯萎的时候,也会发散出宜人的香气。有些藤类,如葡萄花也很好闻。此外还有紫罗兰属的花。以及菩提花和忍冬草。豆类的花,虽然更适合种在田野,但它们也有香气。

  花园的面积,不应当比三十英亩更小。可以分为三个区域:入口是草坪区,接着是灌木林区,最后是花圃。园中应当辟出行走的小道。我设计的草坪面积占四英亩,灌木区六英亩,园圃十二英亩。其他地面四英亩。草坪同样可以使人赏心悦目。它应当经常修剪整齐,中间开出一条散步的蹊径通向花园。路的上面,可以架起木棚,以免夏日的暴晒。花园中是否必须修建花坛呢?这一点我认为并不那么重要。花园的主园最好采用正方形,四面环以篱垣。篱垣上可以建精致的木制拱门。拱门上可以再装修一些美丽的饰物——如五颜六色的玻璃。

  围墙内土地的布置,每个人可以独出心裁。我的意见不过只是参考。但不管怎样设计,首先不要过于雕琢。园的中央可以修一座小山,高度在三十英尺左右。园中还应造几间休息的客房。对于园中的喷池,要特别精心设计。以下一点尤其要注意到,就是水塘容易寄生蚊蝇。

  我认为喷泉的设计可以考虑如下两种:一种是喷池,一种是石砌的清池。在第一种池中,可以装饰现在很流行的那种铜像。水应当是活水,以免日久腐臭。后一种水池,池底可以用石块砌出精致的图案。不要用来养鱼,也不要有泥沙。最重要的水必须是活水。

  至于喷泉的形式和喷水的样式,那是无关大局的。

  对灌木林区的设计也不能忽视。我认为风格不妨粗犷。我不主张多种大树,而要多栽丛林。里面还可以种野藤和有香花的灌木。形态要自然和多样。地面不妨略有起伏。但是对这里的植物也要经常修整,不要听其自然生长。至于园中的空地,可以作为小路,要幽静,要遮阳,并且还应当避风,以利主人散步。路上可以铺细石,但不要任其自生杂草,以免晨露湿人鞋袜。沿路边应当栽种果树。还可以沿途堆几座假山,使登上山就能俯瞰全园和田野。

园中应当有一两条精致的道路。沿路也要栽好看的花树,并且使树枝遮挡成荫。还应当修几座凉亭,供人行走参观时小坐。园中的设计不要过于堵塞,要开阔、明快。

我认为不一定专门开辟养鸟区。而且最忌讳鸟粪遍地,污秽袭人。

以上就是我认为比较理想的园林设计。这些论述有的出于我的想象,有些出于我的规划,不可能完美无缺,而只是一个粗放的轮廓。

建造这样一座园林是费钱的,但对于贵族这点开销并不算大。以往他们只是听取一些工匠的意见。花了同样的费用,却没有理想的整体方案。虽富贵而庸俗,这恰恰是园林艺术的大忌。

(何　新　译)

论读书

读书可以作为消遣,可以作为装饰,也可以增长才干。

孤独寂寞时,阅读可以消遣。高谈阔论时,知识可供装饰。处世行事时,正确运用知识意味着才干。懂得事务因果的人是幸运的。有实际经验的人虽能够处理个别性的事务,但若要综观整体,运筹全局,却唯有学识方能办到。

读书太慢会弛惰,为装潢而读书是欺人,只按照书本办事是呆子。

求知可以改进人性,而经验又可以改进知识本身。人的天性犹如野生的花草,求知学习好比修剪移栽。学问虽能指引方向,但往往流于浅泛,必须依靠经验才能扎下根基。

狡诈者轻鄙学问,愚鲁者羡慕学问,聪明者则运用学问。知识本身并没有告诉人怎样运用它,运用的智慧在于书本之外。这是技艺,不体验就学不到。

读书的目的是为了认识事物原理。为挑剔辩驳去读书是无聊的。但也不可过于迷信书本。求知的目的不是为了吹嘘炫耀,而应该是为了寻找真理,启迪智慧。

书籍好比食品,有些只需浅尝,有些可以吞咽。只有少数需要仔细咀嚼,慢慢品味。所以,有的书只要读其中一部分;有的书只需知其中梗概；而对少数好书,则要通读,细读,反复读。

有的书可以请人代读,然后看他的笔记摘要就行了。但这只应限于不太重要的议论和质量粗劣的书。否则一本书将像已被蒸馏过的水,变得淡而无味了。

读书使人充实,讨论使人机敏,写作则能使人精确。

因此,如果有人不读书又想冒充博学多知,他就必须很狡黠,才能掩饰无知。如果一个人懒于动笔,他的记忆力就必须强而可靠。如果一个人要孤独探索,他的头脑就必须格外锐利。

读史使人明智,读诗使人聪慧,演算使人精密,哲理使人深刻,道德使人高尚,逻辑修辞使人善辩。总之,"知识能塑造人的性格"。

不仅如此,精神上的各种缺陷,都可以通过求知来改善——正如身体上的缺陷,可以通过适当的运动来改善一样。例如打球有利于腰背,射箭可扩胸利肺,散步则有助于消化,骑术使人反应敏捷,等等。同样,一个思维不集中的人,他可以研究数学,因为数学稍不仔细就会出错。缺乏分析判断力的人,他可以研习形而上学,因为这门学问最讲究繁琐辩证。不善于推理的人,可以研习法律案例,如此等等。这种种心灵上的缺陷,都可以通过求知来治疗。

(何 新 译)

论变迁

所罗门说:"阳光之下本无新奇的事物。"柏拉图也认为,一切知识不过都是旧知的回忆。所罗门恰好也有相似的见解,他认为,"所有被认为新奇的事物,都只是由于已被人们遗忘了而已。"

照此说来,那条地狱中的"忘川",似乎也同样流动在人世中。但又有一位不甚知名的占星家却说过:"除了两种永恒之物,世上没有一事是永恒的。"他所说两种事物就是:

第一,天上的恒星。第二,行星的运行轨道。实际上,地上的万物常变不息,永无休止。最终无不被一张大尸衣席卷而去。那张尸衣,就是地震与洪水。至于火灾与旱灾,却似乎并不能完全毁灭人类。但一场巨大的洪水与地震,却完全可以毁灭一切。

如果我们仔细研究西印度群岛的历史,就会发现它们的历史似乎还很短。而很可能的是,他们正是地震或洪水劫后的残生者。有位埃及僧人曾告诉梭伦:"大西洋中曾有一个巨大海岛在一次地震后被海水吞没了。"尽管地震在那个地区似乎并不多。但另一方面,美洲的河流却流势浩大,旧大陆上的大河与之相比也不过只是小溪。那里的山峰也比我们的高得多,例如安第斯山就是如此。假如没有这些高山,当地那些居民可能到今天早已被淹没在那些洪水中了。

马基雅弗利则认为,宗教教派间的斗争,也可以使人们忘却历史。但我看这种狂热却很难持久。例如主教一换,宗教方针就也可能随之而变了。

天体的变迁本文是不该讨论的。也许当宇宙各种星球经历了柏拉图所谓的"周期"之后,一切发生过的事物就还会重演一次,当然这种重演是广义的,倒未必是指一定要发生曾出现过的一切。

彗星的周期是明显的,它对人间事物到底有何种力量? 天文学家们至今只是关心它的运行方式,却很少注意它们给人类带来的结果。此外,也往往忽略了各种彗星的分类。

我曾听说荷兰人有一种奇特的信念,认为每隔三十五年,便会有同样的年成和气候出现。如霜、雪、大雨、大旱、暖冬、凉夏等等。我之所以特意提到这一点,是因为我好像确实观察到这种情况。

现在让我来谈谈人世间的演变吧。其中最重要的事应当属于宗教。因为宗教是人类灵魂的支配者。真正的宗教必然具有坚如磐石的基础。而各种异教则只是漂浮于时间海洋中的泡沫。至于新的宗教需要什么条件才能兴起,我也想谈谈我的浅见。

当人们对于现有的教义意见分歧时,当主教及宗教领袖的生活腐败、行为不检时,当一个时代既愚昧而又野蛮时,那么只要有人倡导,就可能建立一种新的宗教。……但假如没有以下两点,这种情况就永远无需担心。第一是出现了对权威的蔑视;第二是人们放纵无忌。

至于思想上的异端邪说,虽然可以败坏人的心灵,却难以结成大的力量,除非借助于政治上的支持者。新宗教的创立,往往需要借助三种形式:一是利用"奇迹";二是利用宣传;三是利用武力。殉教杀身的行为,也属于奇迹之内。因为这种行为往往是表示一种超人的精神力量。虔诚的修炼,也同样应包括于奇迹中。

防止异端兴起的最好方法,是改革旧宗教已有的弊端。对于枝节之争,则应力求妥协。处理方法应当灵活,尽量避免迫害和流血。对于异端的首领,与其压迫他们,不如招抚他们。

……

内战常是国家破碎的原因。因为统一的力量已不存在,国内不同的民族就可能寻求独立。

罗马帝国灭亡时如此,查理曼帝国也如此,西班牙帝国早晚也会如此。一个称霸于世的国家,迟早会灭亡。一个人口太多的国家,也是如此。

人口压力如果大到本国养活不了的程度,就不得不移民于外部。和平的方式不行,就只好采用武力。

关于战争的武器,在不同的时代也大为不同。印度人很早就发明了火炮。而据说中国人在几千年前已发明火药。这种武器的发明,使人们可以远距离作战,从而减少危险。因为对武器的要求是,既要灵巧轻便,又要有大的杀伤力。

至于作战的战术,最初人们依靠的是战士的数量;后来开始重视技巧和策略,包括运用地形、埋伏与迂回等等。

当一个国家初创之时,往往重视武力。及至基础稳固,就转而重视教育与学术。而在成熟的时代,将特别重视工业和贸易。学术也有儿童时代,那时它才萌芽而且往往是幼稚的;在少年时代,它是旺盛但是浅薄的,此后才能进行灿烂辉煌的成年期;等鼎盛时代一过,就不可避免地进入中年时代的衰微和枯萎。

以上我们展望了变迁转动的历史之轮。这是足以令人眩晕的。至于验证这些理论的史事,本文就不想一一引证了。

(何 新 译)

《伟大的复兴》序

知识的状况既不景气，也没有很大的进展。必须给人类的理智开辟一条与向来完全不同的道路，并且给它提供别的一些帮助，以便人的心灵能够在事物的本性上行使它所固有的权威。

我觉得人们不管对于他们所积累起来的东西[①]，或者对于他们的力量，都没有正确的了解，而是对于前者估计过高，对于后者估计过低。因此，或者由于对他们所具有的技艺的价值作了过分的估价，他们便不再进一步去追求；或者由于对他们自己的力量估价太低，他们便把他们的力量花费在细小的事情上面去，而总不反映它适当地用来试图解决主要的问题。这些就好像放在知识道路上的命运之柱；因为人们既不企图也不希望鼓励自己向前深入。由于我们对自己所积累起来的东西的看法乃是缺乏的主要原因，而满足于现状使人忽略为将来做准备，因此就在我们开始工作的时候，把我们对于我们现有的发明的过度推崇和赞美坦白地、直截了当地剥除掉，并且适当地教人有警惕，不要夸张这些发明，对它们要求过高，这就不但是一件有用的事，而且是绝对必要的事了。

只要让一个人仔细看一看那些浩如烟海的各种各样的科学技

[①] 指已有的科学技术而言。

术书籍,他就会看到,到处都在不断重复同样的东西,虽然在处理的方法上有所不同,但在实质上却没有新的东西,因为我们所有的全部贮藏,乍看去虽然显得是很多的,但是一加考察,却证明是很贫乏的,至于讲到它的价值和功用,我们就必须坦白承认,我们主要从希腊人得来的那种智慧只不过像知识的童年,具有儿童的特性而已:它能够谈说,但它不能够生产;因为它只富于争辩,而没有实际效果。因此,现存的学术状况看来就好像斯居拉①寓言中表现的那种生活。斯居拉具有一个处女的头脸,但是她的子宫却四面挂着她不能够摆脱的狂吠的妖怪。因为同样地,我们所熟悉的科学也有某些堂皇悦人的一般论点,但是当它们一旦接触到作为生产部分的特殊事物时,当它们应当生产果实和作品时,就引起了争辩和嚣嚣辩论,而这些就是事情的终结和它们所能产生的全部结果。我们也要注意到,如果这类科学中间真有点生命的话,那么许多年代以来的这种情形就绝对不会发生;这就是它们差不多停止不动,没有得到任何对于人类有价值的增加,以致不仅曾经说过的还是重复在说,而且曾经是问题的也还是问题,这种问题不仅没有通过讨论得到解决,而且只是更加固定和成为问题了。一切学派的传统和继承还是律师和学者的继承,而不是发明家和那些把发明出来的东西加以进一步改善的人的继承。在机械技术中,我们所看到的情形就不是这样。相反地,由于它们中间有着一些生命的气息,因此它们是在不断生长着和变得更加完善。在最初发明出来的时候,它们一般是粗陋的、笨重的和不雅观的;后来它们便得到了新的力量和比较合适的安排与构造,但是在人们还没有达到他们所能够达到的最后完善以前,他们却放弃了对于这些

---

① 古希腊神话中的一个女神。

技艺的研究和探讨,而转到别的东西上面去了。相反地,哲学的理论科学就如同神像一样,受到崇拜和赞礼,但却不会移动或前进。不特如此,它们有时在创立者手里最得到繁荣,以后便衰落下去,因为人们一旦放弃了自己的判断,并且(像那些他们称为"行脚议员"的议员①一样)同意支持某个人的意见,从这时起,他们便不能使科学本身扩大,而陷于粉饰某些个别作家和增加他们的党羽的下贱工作。我们不应当说,各种科学已经逐渐生长以至于最后达到了它们的完备程度,并且已经像这样(它们的进程即已完成)在少数作家的著作中固定下来了;我们也不应当说,现在已经没有余地来发明更好的东西,所有余留下来的就只是装饰和培养那些已经发明出来的东西了。如果是这样,倒是不错哩! 但是事实上这种对科学的据有,不过是产生于少数人的自信和其余的人的懒散中。因为也许在科学的某些部分得到了辛勤的培植和处理之后,就会出现某个性情勇敢、以善于取得人所喜好的方法和捷径著名的人,在表面上把这些东西归结成为一种技艺,但是事实上却只是把别人所完成的一切都破坏了。然而这却是后来的人所喜欢的,因为它把工作弄得简便而容易,使这些人可以省得去从事他们所厌倦和不能忍耐的进一步研究。如果有人把这种一般的默认和同意看成是一种有分量的论证,看成是一种时间的判断,那么我可以告诉他,他所依据的推理是极端错误和没有力量的。因为,第一,我们不可能知道科学技术在各个时代与各个地方所发现和公布出来的一切,我们更不可能知道秘密从事的和变动的一切;所以不管是时间的生产或者是时间的流产,都没有载入我们的记录。第二,就是同意本身和它继续存在的时间,也并不是一种很有价值的考

---

① 罗马时期的一种议员,参加辩论而无投票权,只能向别的议员表示同意。

虑。因为不管国家政体的形式有多少种,在科学上却只有一种政体形式,而这种政体形式在过去总是、在将来也总要是通俗的。我们知道,最能得到人民偏爱的学说,乃是那些富于争辩性或者似是而非和空洞的学说。这种学说,我可以说,只能骗取人的同意或者迎合人的同意。因此,每个时代中的绝顶聪明才智之士无疑地都被迫离开他们自己的途径,超乎俗人之上的能人智士,为了名誉的缘故,也都甘心向时间与群众的判断屈服。因此,假如有某些比较高级的思想在什么地方出现的话,它们立刻就会被俗见之风吹掉。可见时间就像一条河流,它给我们带下来轻的和膨胀了的东西,但是那些重而坚固的东西都沉没下去了。不但如此,就是那些作家们,虽然篡夺了一种科学里面的独裁权,并且自信不移地以制定法律为己任,但是当他们随时反求诸己的时候,他们却来抱怨自然这真理的隐藏所的微妙,抱怨事物的隐晦,原因的纷乱,以及人心的脆弱,但是在这里他们绝没有自己表现得比较谦逊一些,因为他们所要责备的,毋宁是人和自然的共同情况,而不是他们自己。于是凡是一种技艺所不能得到的东西,他们便根据那种技艺本身的权威来断定是不可能得到的,但是当一种技艺成为自己的问题的裁判者时,它如何能被判定有罪呢?所以这只不过是使愚昧免于耻辱的一种办法罢了。对于那些已经产生出来并且被接受下来的东西来说,它们的情况就是这样:工作贫乏,问题滋多,在扩大这一点上则缓慢无力;整个看来带有一种完善的表面现象,但是各部分则是空洞贫乏的;在选择上很投合人的喜好,然而就是对于主张它们的那些人来说也是不能满意的;因此被用各种各样的手法来加以掩护和阐发。即使有人决心自己来进行试验,把自己的力量贡献给推进科学领域的工作,他们也还是没有胆量使自己完全从一般人所接受的意见中解放出来,或者从根源上去寻求他们的知识;

他们只是认为,只要他们给现存的科学总量加上点他们自己的东西,他们便算完成了某种伟大的事业:他们很审慎地自己认为,由于进行了这种增加,他们便能够肯定他们的自由,同时他们却借同意其余的人来保持谦下的美名。但是这些很受到称赞的平庸与中道,却由于屈服于习俗意见而变成了科学的极大障碍。因为要同时称赞一个作家而又超过他,乃是不大可能的;知识就像水一样,不会升到高过它所从落下的水平。因此这种人虽然修改了某些东西,但是进步很小,虽然改进了知识的情况,但是并没有推广它的范围。的确也曾经有一些人比较勇敢地进行工作,把知识当作一件公开的事情,充分发挥他们的天才,因此,能够推倒和推翻以前的意见来给他们自己和他们自己的意见打开一条出路;但是他们所有的作为仍然没有把事情推进多少,因为他们的目的并不是要在实质上和价值上扩大哲学和技艺,而只是要改变学说和把意见的王国转移到他们自己的手上,这样所得到的东西的确是很少,因为虽然他们的错误和另外的人的错误是相反的,但是错误的原因在二者都是一样的。如果有人既不受别人的意见的束缚,也不受自己意见的束缚,而只是酷爱自由,因此希望和别人一样努力从事探求,这些人虽然在动机上是很真诚的,但是在努力上则是脆弱的。因为他们只满足于遵循概然的道理,而被卷入辩论的漩涡中跟着打转,他们在混乱地寻求自由中放松了严格的研究。没有一个人根据必要尽量在经验和自然事物上面打住。的确,也有一些人曾经把自己投入经验的波浪之中,并且几乎变成了匠师。但是这些人仍然是在他们的实验上追求一种散漫的研究,而没有任何有规则的操作系统。此外,他们大都给自己提出某些琐屑的任务,把作出某种个别的发现看成一种伟大的事件,这种进程在目的上是很可怜的,而同时在设计上也是很拙劣的。因为没有人能够正确地和成功地在事物本身中来研究事物的性质;不管他如何努力改变他的实验,他决不能达到一个休息的处所,而仍然发现还要向外寻求某种东西。另外还有一件应当记着的事情,就是一切实验上的努力开始于给自己提出某些要来完成的确定工作,并且用过早和不合时宜的热情来追求它们。我说,它所寻求的是果实的实验,而不是光明的实验,因为它并没有模仿神圣的程序,这种程序在它第一天的工作里面只创造光明,并且给这种工作规定了一个整天;在这一天中,它并不进行物质的生产工作,只在以后的日子里才来进行这个工作。至于那些把逻辑放在第一位的人,假定科学的最可靠的帮助要在逻辑里面去寻求,这些人的确真正很好地看到了,人的理智听其自然的行径是不可靠的;但是这种治疗对于病症来说则是根本过于微弱无力了,而且它本身也并不是没有毛病的。因为一般人所接受的逻辑,虽然用于日常事物和以论辩及意见为根据的那些技艺是很适当的,但是却不足以应付自然的微妙;因此在献身于它所不能驾驭的事情上,它所作出来的与其说是给真理开辟道路,毋宁说是确立和传播错误。

因此,整个说来,在科学方面,人们无论在对于别人的信任上,或在他们自己的努力上,似乎一向都不是很幸福的。特别是因为现在所知道的论证和实验都不是很可靠的。但是在人的理智的眼睛看来,宇宙的构成就像一座迷宫一样;在各方面都呈现出来这样许多道路上的模糊不清,这样一些事物与符号的假象,这样一些轮廓不规则而且纠缠不清的自然性质,而且人们还得要依靠时明时暗的不确定的感觉之光,通过经验和特殊事物的树林来寻求道路;同时,那些自命为领导的人们自己(据说)也是糊涂的,并且增加了错误和彷徨歧途的人的数目。在这种困难的情况下,无论是人的判断的自然力量,或者甚至于任何偶然的幸运,都不会提供任何成功的机会。无论人的才智如何优越,无论如何重复偶然的实验,都不能克服这种困难。我们的步履必须有一个线索来领导,而从第一次感官知觉开始,整个道路就必须建筑在一个稳固的设计上。但是人们不要认为我的意思是说,在这许多年代里,经过许多这样巨大的努力,一点东西都没有做出来。我们没有理由对于已经作出来的许多发现感觉羞耻,而且毫无疑问古人在一切涉及智慧和抽象思考的事情上都证明了他们自己是奇人。但是在以前的时代,当人们只是根据观察星体来航行的时候,他们的确能够沿着旧大陆的海岸航行,或者横渡狭小的地中海。但是在大洋能够航行和新世界能够发现之前,用来作为更确实可靠的指导的罗盘必须先发现出来;同样,一向在技术和科学上所作出来的发明,都是一种可以通过实践、思考、观察、论证而作出来的,因为它们是接近感官的,并且就是直接处在普通概念下面的;但是在我们能够达到自然的比较深远和隐蔽的部分之前,把一种比较完善的对于人的心灵的使用和应用介绍进来就是必要的了。

至少在我自己这方面,为了服从于对真理的永恒之爱,我已经把自己投到不确定和困难寂寞的道路上去,并且仗着神圣的帮助决心来反抗意见的冲击和攻打,反抗我自己私人的内心的踌躇和犹豫,反抗自然的乌烟瘴气,以及到处翱翔的幻影;希望最后能够给现代和后代提供更可靠和更稳当的指导。如果我在这里作出了某些进步,那么这条道路的对我打开,并不是通过什么别的办法,而只是由于人的精神的真正与适当的谦下罢了。因为所有那些在我之前从事于技术发明的人,只是在事实、例证和经验上面看一两眼,便直截了当地进而把他们自己的精灵召唤出来,以给予他们神示,好像发明只不过是一种思想的练习而已。相反地,我却纯然地和经常地停留在自然事物当中,只把我的理智从它们适当地抽出来，恰好足够让自然物体的影像和光线像它们在视觉上那样汇合于一点。由此可见，智慧的力量和优越在这个问题上并不起多大的作用，我在发明上所采取的这种谦逊态度，我同样用之于教授。因为我并不企图用在反驳上取胜的办法，或者用诉诸古代、自充权威的办法，或者甚至于用隐晦的幌子来把我的这些发明加上任何威严；而如果一个人总是想给他自己的名字加上光彩而不想使别人的心灵得到光亮，这种事情是很容易做出来的。我并没有企图过(我说)也并不企图要来强迫或陷溺人的判断，我只是把他们带到事物本身和事物的谐和上面去，以便使他们能够自己看见他们所有的是什么，他们所能争辩的是什么，他们所能增加和贡献于共同财富的是什么。对于我来说，如果我在什么事情上曾经过于小心或者太不清醒、太不注意，或者如果我曾经半途而废，使研究不能完成，但是我却是这样把这些东西赤裸裸地、公开地提供出来，以便使我的错误可以在整个知识受到它们传染以前就被看出来而加以消除了，同时别人也很容易继续进行我的工作。通过这些办法，我以为我已经在经验能力与理性能力之间永远建立了一个真正合法的婚姻，两者的不和睦与不幸的离异，曾经使人类家庭的一切事务陷于混乱。

……

(任　华　译)

思维方式的巨大变革[①]

有些人自认把自然界的法则作为已被搜寻出来和已被了解明白的东西来加以规定,无论是出于简单化的保证的口吻,或者是出于职业化的矫饰的说法,都会给哲学以及各门科学带来很大的损害。因为,他们这样做固然能够成功地引得人们相信,却也同样有效地压熄了和停止了人们的探讨;而破坏和截断他人努力这一点的害处是多于他们自己努力所获得的好处的。另一方面,亦有些人采取了相反的途径,断言绝对没有任何事物是可解的——无论他们得到这种见解是由于对古代诡辩家的憎恨,或者是由于心灵的游移无准,甚至是由于对学问的专心——他们这样无疑是推进了理性对知的要求,而这正是不可鄙薄之处;但是他们却既非从真的原则出发,也没有归到正确的结论,热情和矫气又把他们带领得过远了。较古的希腊人(他们的著作已轶)则本着较好的判断在这两个极端——一个极端是对一切事物都擅敢论断,另一个极端是对任何事物都不敢希望了解——之间采取了折中的立场。他们虽然经常痛苦地抱怨着探讨之不易,事物之难知,有如不耐性的马匹用力咬其衔铁,可是他们仍

[①] 选自《新工具》,许宝骙译,标题为编者所加。以下各篇均如此。

毫不放松尾追他们的对象，竭力与自然相搏；他们认为（似乎是这样）事物究竟是否可解这个问题不是辩论所能解决的，只有靠试验才能解决。可是他们，由于一味信赖自己理解的力量，也不曾应用什么规矩绳墨，而是把一切事物都诉诸艰苦的思维，诉诸心灵的不断动作和运用。

　　至于我的方法，做起来虽然困难，说明却很容易。它是这样的：我提议建立一列通到准确性的循序升进的阶梯。感官的证验，在某种校正过程的帮助和防护之下，我是要保留使用的。至于那继感官活动而起的心灵动作，大部分我都加以排斥；我要直接以简单的感官知觉为起点，另外开拓一条新的准确的通路，让心灵循以行进。这一点的必要性显然早被那些重视逻辑①的人们所感动；他们之重视逻辑就表明他们是在为理解力寻求帮助，就表明他们对于心灵的那种自然的和自发的过程没有信心。但是，当心灵经过日常生活中的交接和行事已被一些不健全的学说所占据，已被一些虚妄的想象所围困的时候，这个药方就嫌来得太迟，不能有所补救了。因此，逻辑一术，既是（如我所说）来救已晚，既是已经无法把事情改正，就不但没有发现真理的效果，反而把一些错误固定起来。现在我们要想恢复一种健全和健康的情况，只剩有一条途径——这就是，把理解力的全部动作另作一番开始，对心灵本身从一起始就不任其自流，而要步步加以引导；而且这事还要做得像机器所做的一样。譬如，在机械力的事物方面，如果人们赤手从事而不借助于工具的力量，同样，在智力的事物方面，如果人们也一

---

① 拉丁文原本中把 dialectica 和 logica 两个名词有时交替使用，有时分别使用，而英文本一律译作 logie。按：dialectica 是古希腊学者们以对话问难的办法追出矛盾，求得真理，克服论敌的一种方术（为别于后来的名同而实异的"辩证法"起见，拟译为"问难术"），三段论式的逻辑是和它有联系但也有不同的。

无凭借而仅靠赤裸裸的理解力去进行工作,那么,纵使他们联合起来尽其最大的努力,他们所能力试和所能成就的东西恐怕总是很有限的。现在(且在这个例子上稍停来深入透视一下)我们设想在一座巨大的方塔为了要表彰武功或其他伟绩而需移往他处,而人们竟赤手空拳来从事工作,试问一个清醒的旁观者要不要认为他们是疯了呢?假如他们更去招请较多的人手,以为那样就能把事情办妥,试问这位旁观者岂不要认为他们是疯得更厉害了么?假如他们又进而有所挑选,屏去老弱而专用精壮有力的人手,试问这位旁观者能不认为他们更是疯到空前的程度了么?最后,假如他们还不满足于这种办法而决计求助于体育运动的方术,叫所有人手都按照运动方术的规则把手臂筋肉抹上油、搽上药,前来办事,试问这位旁观者岂不要喊叫出来,说他们只是在用尽苦心来表示自己疯得有方法、疯得有计划么?而人们在智力的事情方面亦正是这样来进行的——也正是同样作发疯的努力,也正是同样求无用的并力。他们也是希望从人数和合作中,或者从个人智慧的卓越和敏锐中,得出伟大的事物;是的,他们也还曾力图使用逻辑来加强理解力,正如用运动方术之加强筋肉。但是他们的一切这些勤苦和努力,在一个真正的判断说来,只不过是始终使用着赤裸裸的智力罢了。实则,每一巨大的工作,如果没有工具和机器而只用人的双手去做,无论是每人用力或者是大家合力,都显然是不可能的。

在提出这些前提之后,我还有两件事情要提醒人们不要忽视。第一点,当我想到要减少反对和愤慨,我看到可幸的结果是,古人们所应有的荣誉和尊崇并未由我而有所触动或有所降减;而我是既能实现我的计划又能收到谦抑的效果的。假如我是宣称与古人走同一道路,而我却要产出较好的事物,那么,在我和古人之间就必然会在智慧的能力或卓越性方面发生一种比较和竞赛(无论用什么技巧的词令也是不可避免的)。虽说这也并没有什么不合法或什么新奇之处(如果古人对于什么事物有了错误的了解和错误的论定,我又为什么不可使用大家所共有的自由来和它立异呢?)但是这一争论,不论怎样正当和可恕,以我的力量来自量,终将是不相匹敌的争论。但是,由于我的目的只是要为理解力开拓一条新路,而这条新路乃是古人所未曾试行、所未曾知道的,那么事情就完全不同了。在这里,门户派别的热气是没有了;我只是作为一个指路的向导而出现,而这又是一个权威很小的职务,依赖于某种幸运者多,依赖于能力和卓越性者少。这一点是仅关于人的方面的,就说到这里。至于我所要提醒人们的另一点,则是关于事情本身的。

希望大家记住,无论对于现在盛行的那种哲学,或者对于从前已经提出或今后可能提出的更为正确和更为完备的哲学,我都是绝不愿有所干涉的。因为我并不反对使用这种已被公认的哲学或其他类似的哲学来供争论的题材,来供谈话的装饰,来供教授讲学之用,以至来供生活职业之用。不仅如此,我还进一步公开宣布,我所要提出的哲学是无甚可用于那些用途的。它不是摆在途中的。它不是能够在过路时猝然拾起的。它不求合于先人的概念,以谄媚人们的理解。除了它的效用和效果可以共见外,它也不会降低到适于一般俗人的了解。

因此,就让知识中有双流两派吧(这会是对两者都有好处的);同样,也让哲学家中有两族或两支吧——两者不是敌对或相反的,而是借相互服务而结合在一起的。简言之,有一种培养知识的方法,另有一种发明知识的方法,我们就听其并存吧。

谁认为前一种知识比较可取,不论是由于他们心情急躁,或者是由于他们萦心业务，或者是由于他们缺乏智力来收蓄那另一种知识（多数人的情况必然是这样），我都愿意他们能够满其所欲，得其所求。但是如果另外有人不满足于停留在和仅仅使用那已经发现的知识，而渴欲进一步有所钻掘；渴欲不是在辩论中征服论敌而是在行动中征服自然；渴欲寻求不是那美妙的、或然的揣测而是准确的、可以论证的知识；那么，我就要邀请他们全体都作为知识的真正的儿子来和我联合起来，使我们经过罪人所踏到的自然的外院，最后还能找到一条道路来进入它的内室。现在，为使我的意思更加清楚并以命名的办法来使事物变得熟习起见，我把上述两种方法或两条道路之一叫作人心的冒测①，而另一个则叫作对自然的解释。

此外，我还有一项请求。在我自己这方面，我已决定小心和努力，不仅要使我所提出的东西是真实的，而且还要把它们表达得在不论具有怎样奇怪成见和奇怪障碍的人心之前都不粗硬，都不难受。但对另一方面，我也不能说没有理由（特别是在这样一个伟大的学术和知识的复兴工作当中）要求人们给我一种优遇作为报答，而这就是：假如有人要对我的那些思考形成一种意见和判断，不论是出于他们自己的观察，或者是出于一大堆的权威，又或者是出于一些论证的形式（这些形式现在已经取得了像法律一样的强制力），我总请他不要希望能够于顺路一过之中来做这事；请他要把事情彻底考察一番；请他要把我所描写、所规划的道路亲身小试一下；请他要让自己的思想对经验所见证的自然的精微熟习起来；还请他要以适度的耐心和应有的迟缓把

---

① 拉丁文为 anticipatio；英译文为 anticipation；培根使用这字，有其独具的意义，通常译作"预测"或"推测"，似不切当；此处译者试译为"冒测"，以供商榷。

自己心上根深蒂固的腐坏习惯加以改正。当这一切都已做到而他开始成为他自己的主人时,那就请他(假如他愿意)使用他自己的判断吧。

(许宝骙 译)

知识就是力量

一

人作为自然界的臣相①和解释者,他所能做、所能懂的只是如他在事实中或思想中对自然进程所已观察到的那样多,也仅仅那样多:在此以外,他是既无所知,亦不能有所作为。

二

赤手做工,不能产生多大效果;理解力如听其自理,也是一样。事功是要靠工具和助力来做出的。这对于理解力和对于手是同样的需要。手用的工具不外是供以动力或加以引导,同样,心用的工具也不外是对理解力提供启示或示以警告。

三

人类知识和人类权力归于一;因为凡不知原因时即不能产生

---

① 拉丁文 naturae minister,英译文作 servant of nature;英译本原注指出:据该伦(Galen,2世纪希腊名医)在其著作中所屡次引述,希波克拉特(Hippocratos,公元前5世纪希腊名医,号称"医学之父")曾称医生为 naturae minister。这句话似乎是说医生有"参赞造化"的作用,培根袭用此词来说明人在自然中的地位,似乎亦有此意,若译为"臣仆"或"仆从",似未尽达,故译作"臣相",试供商榷。

结果。要支配自然就需服从自然；而凡在思辨中为原因者在动作中则为法则。

四

说到这里，只有再就心目中这个目标的卓越性略谈几句了。这些话若在早先说出，或许被看作空疏的愿望；现在希望既经鼓起，不公正的成见既经消除，再说这些话也许就有较重的分量。再说，假如我自己业已把一切做完，而没有机缘再邀请别人来帮助和参加这个工作，那么即到现在我也仍要避免说这些话，以免人们会认为我是在宣布自己的功罪。但是由于我要促进别人的努力和燃起他们的热情，那么我就该使人们留心到某些事情，这却是适宜的。

五

首先要说，引进著名的发现，这在人类一切活动中应该高居首位，这是历代前人所作的评判。历代对于发明家们都酬以神圣的尊荣；而对于功在国家的人们（如城国和帝国的创建者、立法者、拯救国家于长期祸患的人、铲除暴君者，以及类此等人）则至高不过谥以英雄的尊号。人们如正确地把二者加以比较，无疑会看出古人的这个评判是公正的。因为发现之利可被及整个人类，而民事之功则仅及于个别地方；后者持续不过几代，而前者则永垂千秋；此外，国政方面的改革罕能不经暴力与混乱而告实现，而发现则本身便带有福祉，其嘉惠人类也不会对任何人引起伤害与痛苦。

再说，发现可以算是重新创造，可以算是模仿上帝的工作，正如诗人说得好：

> 脆弱的初民不知道耕稼，
> 雅典人首先播种真伟大，
> 从此生长出油油的田禾，
> 再造了我们下界的生活。①

说到这里，可以指出所罗门（Solomon）确有值得称道之处。

虽然他在统治帝国方面，在金银财富方面，在丰功伟业方面，在朝廷家室方面，在舰队武备方面，以及在名耀海内敬在人心等等一切方面莫不显示其伟大有力，可是他都不把这些引为光荣，却只说道："上帝的光荣在于藏物，国君的光荣则在于把它搜出。"②

六

其次一点，让人们想一想在欧洲最文明的区域和新印度最野蛮的地方之间，人们生活是怎样大不相同，他们就会感到"人是人的上帝"③这句话乃是有道理的，不仅从人们所得到的帮助和福利说来是这样，从生活情况的比较说来也是这样。而这个差别却是从何而来呢？这无关于土壤、无关于气候、也无关于人种，这个差别只在方术。

七

再次，我们还该注意到发现的力量、效能和后果。这几点是再明显不过地表现在古人所不知、较近才发现、而起源却还暧昧不彰

---

① 卢克吕夏斯（Lucretius），公元前约95至前31年，罗马诗人，作了一首题为 De Rerum Natura 的哲学训言诗，凡六卷，倡无神论和唯物论；这里所引的几句见于第6卷1至3行。
② 见圣经、箴言第25章第2节。
③ 克钦注明，这是引用开希里阿斯（Caecilius）的一句箴言，可是培根把它的原意扩展了。

的三种发明上,那就是印刷、火药和磁石。这三种发明已经在世界范围内把事物的全部面貌和情况都改变了:第一种是在学术方面,第二种是在战事方面,第三种是在航行方面;并由此又引起难以数计的变化来;竟至任何帝国、任何教派、任何星辰对人类事务的力量和影响都仿佛无过于这些机械性的发现了。

八

进一步讲,我们不妨把人类野心的三个种类也可说是三个等级来区分一下。第一,是要在本国之内扩张自己的权力,这种野心是鄙陋的和堕落的。第二,是要在人群之间扩张自己国家的权力和领土,这种野心虽有较多尊严,却非较少贪欲。第三,如果有人力图面对宇宙来建立并扩张人类本身的权力和领域,那么这种野心(假如可以称作野心的话)无疑是比前两种较为健全和较为高贵的。而说到人类要对万物建立自己的帝国,那就全靠方术和科学了。因为我们若不服从自然,我们就不能支配自然。

九

再说,既然人们把某种个别的发现尚且看得比那种泽及人类的德政还要重大,那么,若有一种发现能用为工具而便于发现其他一切事物,这又是何等更高的事啊!还要以光为喻来说明(完全说真的),光使我们能够行路,能够读书,能够钻研方术,能够相互辨认,其功用诚然是无限的,可是人们之见到光,这一点本身却比它的那一切功用都更为卓越和更为美好。同样,我们对事物进行思辨这件事本身也是比各种发明的一切果实都要更有价值,只要我们的思辨是如实的,没有迷信,没有欺骗,没有错误,也没有混乱。

十

　　最后再谈一点,若有人以方术和科学会被滥用到邪恶、奢侈等等的目的为理由来加以反对,请人们也不要为这种说法所动。因为若是那样说,则对人世一切美德如智慧、勇气、力量、美丽、财富、光本身以及其他等等也莫不可同样加以反对了。我们只管让人类恢复那种由神所遗赠、为其所固有的对于自然的权利,并赋予一种权力;至于如何运用,自有健全的理性和真正的宗教来加以管理。

(许宝骙　译)

科学的任务在于发现规律

一

要在一个所与物体上产生和添入一种或多种新的性质,这是人类权力的工作和目标。对于一个所与性质要发现其法式,或真正的种属区别性,或引生性质的性质,或发射之源(这些乃是与那事物最相近似的形容词),这是人类知识的工作和目标①。附属于这两种首要工作之下,另有两种次要的、较低的工作:属于前者的,是要尽可能范围把具体的物体转化;属于后者的,是要就每一产生和每一运动来发现那从明显的能生因和明显的质料因行进到所引生的法式的隐秘过程,同样在静止不动的物体则是要发现其隐秘结构。

二

人类知识现时处于何等恶劣的情况,这甚至从一般公认的准则中也可看出。人们说:"真正的知识是凭原因而得的知识。"②这是对的。人们又把原因分为四种:即质料因、法式因、能生因和目

---

① 本卷整个说来就是就发现性质的法式这个目标来进行讨论的。
② 克钦指出,亚里士多德曾说:"我们对于一个事物,只有知道了它的原因时,才能说对它有了科学的知识。"见 Posterior Analytics 一书第 1 卷第 2 章。

的因,这亦并无不当①。但且看这四种原因,目的因除对涉及人类活动的科学外,只有败坏科学而不会对科学有所推进。法式因的发现则是人们所感绝望的。能生因和质料因二者(照现在这样被当作远隔的原因而不联系到它们进向法式的隐秘过程来加以查究和予以接受)又是微弱、肤浅,很少有助甚至完全无助于真正的、能动的科学。还请不要忘记我在前文曾说到法式产生存在这种意见乃是人心本身的一个错误,我并曾加以纠正②。在自然当中固然实在只有一个一个的物体,依照固定的法则作着个别的单纯活动,此外便一无所有③,可是在哲学当中,正是这个法则自身以及对于它的查究、发现和解释就成为知识的基础也成为动作的基础。我所说的法式,意思就指这法则,连同其各个条款④在内;我所以采用此名,则是因为它沿用已久成为熟习之故。

三

一个人如果仅只对某几种东西认识到其性质(如白或热)的原因,他的知识就算是不完全的;如果他只能对某几种质体加添一种效果(在能够有所感受而发生这种效果的质体上),他的权力也同样算是不完全的。要知道,假如一个人的知识是局限于能生因和质料因(二者都是不稳定的原因,都只是仅在某些情节上会引出法式的转运工具或原因),他固然也可能就预经选定的、相互有几分类似的某些质体方面做到一些新的发现,但是他没有接触到事物

---

① 克钦指出:这些亦就是亚里士多德所提出的四种原因,参看他所著 Meta—physica 一书第 2 卷第 2 章。
② 克钦指出,所谓法式产生存在之说是指柏拉图的理念说(或译理型说)。
③ 这几句话充分表明了培根的唯物论的立场。
④ 拉丁本原文为 Paragraphos,英译文为 clauses。克钦指出,所谓法则的条款,特别是所谓法式的条款,殊难明其所指。

的更深一层的界线。可是如果有谁认识到法式,那么他就把握住若干最不相像的质体中的性质的统一性,从而就能把那迄今从未做出的事物,就能把那永也不会因自然之变化、实验之努力,以至机缘之耦合而得实现的事物,就能把那从来也不会临到人们思想的事物,侦察并揭露出来。由此可见,法式的发现能使人在思辨方面获得真理,在动作方面获得自由。

四

虽然通向人类权力和通向人类知识的两条路途是紧相邻接,并且几乎合而为一,但是鉴于人们向有沉于抽象这种根深蒂固的有害的习惯,比较妥当的做法还是从那些与实践有关系的基础来建立和提高科学,还是让行动的部分自身作为印模来印出和决定出它的模本,即思辨的部分。于是我们就必须想到,如果一个人想在一个所与物体上产出和添入一种什么性质,他所最愿意得到的是怎样一种规则、指导或引导;我们也还要用最简单的、最不艰深的语言把这些表述出来。譬如说,如果有人(注意到物质的法则)想在银子上面添入金子的颜色或是增加一些重量,或者想在不透明的石头上面添入透明的性质,或者想对玻璃添入韧性,或者想对一些非植物的质体加上植物性质——如果有人想这样,我说我们必须想一想他所最想要的是怎样一种规则或指导。第一点,他无疑是愿意被指引到这样一种事物,在结果上不致把他欺骗,在尝试中不致使他失败。第二点,他必定愿意得到这样一种规则,不致把他束缚于某些手段和某些特定的动作方式。因为他可能既没有那些手段,也不能很方便地取得它们。因为亦可能在他能力所及之内另有其他手段和其他方法(在所规定者外)去产出所要求的性质,而一为规则的狭隘性所拘束,他就将被摈在那些手段和方法之外而不能把它们利用。第三点,他必定要求指给他这样一些事物,不像计议中所要做的事物那样困难,而是比较接近于实践的。

这样说来,对于动作的一种真正而完善的指导规则就应当具有三点:它应当是确实的、自由的、倾向或引向行动的。而这和发现真正法式却正是一回事。首先,所谓一个性质的法式乃是这样:法式一经给出,性质就无讹地随之而至。这就是说,性质在,法式就必在;法式本义就普遍地包含性质在内;法式经常地附着于性质本身。其次,所谓法式又是这样:法式一经取消,性质就无讹地随之而灭。这就是说,性质不在,法式就必不在;法式本义就包含性质的不在在内;性质不在,法式就别无所附。最后,真正的法式又是这样:它以那附着于较多性质之内的,在事物自然秩序中比法式本身较为易明的某种存在为本源,而从其中绎出所与性质。这样说来,要在知识上求得一个真正而完善的原理,其指导条规就应当是:要于所与性质之外发现另一性质,须是能和所与性质相互掉转,却又须是一个更普遍的性质的一种限定,须是真实的类的一种限定。现在我们可以看出,上述两条指示——一是属于行动方面的,一是属于思辨方面的——乃是同一回事:凡在动作方面最有用的,在知识方面就是最真的。

五

关于物体转化的规律或原理分为两种。第一种是把一个物体作为若干单纯性质的队伍或集合体来对待的。例如金子,有下述许多性质汇合在一起。它在颜色方面是黄的;有一定的重量;可以拉薄或展长到某种程度;不能蒸发,在火的动作下不失其质体;可以化为具有某种程度的流动性的液体;只有用特殊的手段才能加以分剖和熔解;以及其他等等性质。由此可见,这种原理是从若干单纯性质的若干法式来演出事物的。人们只要知道了黄色、重量、可展性、固定性、流动性、分解性以及其他等等性质的法式，并且知道了怎样把这些性质加添进去的方法以及它们的等级和形态，他们自然就要注意把它们集合在某一物体上，从而就会把那个物体转化成为黄金。关于物体转化的另一种动作就是这样。要产出多种单纯性质，其原则是和产出某一种单纯性质一样的；不过所要求产出的愈多，在动作中就愈感到缚手缚脚，因为要在自然踏惯的通常途径之外把这许多本来不便于聚在一起的性质硬凑合为一体，这原是很困难的。但须指出，这种动作的方式（着眼于复合物体中的若干单纯性质）乃是从自然当中经常的、永恒的和普遍的东西出发，开拓出通向人类权力的广阔道路，为人类思想（就现状而论）所不易领会到或预想到的广阔道路。

（许宝骙 译）

论四种假象

一

现在劫持着人类理解力并在其中扎下深根的假象和错误的概念，不仅围困着人们的心灵以致真理不得其门而入，而且即在得到门径以后，它们也还要在科学刚刚更新之际聚拢一起来搅扰我们，除非人们预先得到危险警告而尽力增强自己以防御它们的猛攻。①

---

① 弗勒在注中说："培根的最著名的、无疑亦是《新工具》全书中最重要部分之一的假象学说于本条开始。"这里要指出的是，培根所举的诸种假象，其较早的形式（从《Advancement of Learning》一书中所举可见）乃相当于族类假象、洞穴假象和市场假象三种，而"这一学说所经历的一个实质变化则为剧场假象之随后加入"。这个假象学说遍见于 Va Lerius Terminus、Advancement of Learning、Temporis partus Masculus、Partis Secundae Delineatio、Distributio Operis 和 De Aug—mentis 等书，而以在《新工具》中所论最为完整。

人们常说，这假象学说在此以前早经培根的那位伟大的同姓者即罗杰·培根（Ro—ger, Bacon）提出过，他在 Opus Majus 一书中曾指出人心的障碍（offendicula）有四种，就是引用不够格的权威、习惯、俗见和掩饰无知并炫示表面知识。但是爱理斯（R.Ellis）对这点作了正确的辩驳。他说，一则 Opus Maius 这书当时还仅有手稿，培根恐怕不会看到；二则这位培根所说的"假象"与那位培根所说的"障碍"二者之间并无多大相应合之处。人们之所以想到前者系袭自后者，或许是因为有见于二者所共有的四分法；但我们看到，"假象"在这学说的原始形式下，却是仅有三种而并没有四种。

二

围困人们心灵的假象共有四类。① 为区分明晰起见,我各给以定名:第一类叫作族类的假象,第二类叫作洞穴的假象,第三类叫作市场的假象,第四类叫作剧场的假象。②

三

以真正的归纳法来形成概念和原理,这无疑乃是排除和肃清假象的对症良药。而首先指出这些假象,这亦有很大的效用;因为论述"假象"的学说之对于"解释自然"正和驳斥"诡辩"的学说之对于"普通逻辑"③是一样的。

四

族类假象植基于人性本身中,也即植基于人这一族或这一类中。若断言人的感官是事物的量尺,这是一句错误的话。正相反,

---

① 弗勒指出,培根原先曾把这四种假象分为两组,这在《新工具》1卷61条开头处还留有痕迹。在介绍剧场假象时,他在那里写道:"剧场假象不是固有的,亦不是隐秘地渗入理解力之中,而是由各种哲学体系的'剧本'和走入岔道的论证规律所公然印入人心而为人心接受进去的。"从这句话可以看出,四种假象曾分为固有的和外来的两组,前者包括前三种假象,后者则就是剧场假象一种。这种分法在 *Distributio Opers* 一书中曾见采用。还可参看 *Partis Secundae Delineatio* 一书中的说法[见爱理斯和斯佩丁(J.Spedding)所编《培根哲学论著全集》第3卷第548页]。在《新工具》当中,这个更高一层的分法却不见了。这是因为,诚如斯佩丁所说,"当培根要把这些假象分别地一一加以描述时,他就觉到,把市场假象划入固有的一组则有逻辑上的矛盾,若把它划入外来的一组又有实际上的不便;于是便决定根本放弃这个对分法而把四种假象通列起来了。"

② 弗勒指出,这在 *Valerius Terminus* 一书中叫作"宫殿的假象"。

③ 拉丁本原文为 dialectica。

不论感官或者心灵的一切觉知总是依个人的量尺而不是依宇宙的量尺;①而人类理解力则正如一面凹凸镜,它接受光线既不规则,于是就因在反映事物时掺入了它自己的性质而使得事物的性质变形和褪色。

五

洞穴②假象是各个人的假象。因为每一个人(除普遍人性所共有的错误外)都各有其自己的洞穴,使自然之光曲折和变色。这个洞穴的形成,或是由于这人自己固有的独特的本性;或是由于他所受的教育和与别人的交往;或是由于他阅读一些书籍而对其权威性发生崇敬和赞美;又或者是由于各种感印,这些感印又是依人心之不同(如有的人是"心怀成见"和"胸有成竹",有的人则是"漠然无所动于中")而作用各异的;以及类此等等。这样,人的元精③(照各

---

① 本句中的两个"量尺",在拉丁本原文均为 analogia;2 卷 40 条末句有相同的话,原文亦均为 analogia。而英文本在这里则译作 according to the measure of,在那里则译作 with reference to。这样,同一原文的两处译文就有分歧,两句之间意义就有不同;而就本句来说则与原文就有出入,并且还和上句中的"量尺"(拉丁本原文为 mensuram)混淆起来,以致本条整个意义不明。按:analogy 一字,在这里也和在 34 条当中一样,是用其一般的意义,即"参照""比照"之意。据此,故本句应照拉丁本原文以及 2 卷 40 条正确的英译文改译为"不论感官或者心灵的一切觉知总是参照着人而不是参照着宇宙"。这样,才合于原本,前后诸条之间才无歧义,而本条意义亦可得澄清。

② 弗勒指出,这个譬喻系袭自柏拉图所讲的洞穴的神话,见 Republic 一书第 7 卷开头的一段。但是如汉弥尔顿(W.Hamilton)所指出,柏拉图的原喻实相当于族类假象而无当于本条所述的这类假象。

③ 元精这一概念在 1 卷 50 条以及 2 卷 7 条和 40 条中屡见讲到,尤其在后两条中有些颇为怪诞的说法。这学说是这样的:一切有生的和无生的物体之中都包有元精;渗透于可触分子,它是完全触不到的,亦没有任何重量,只借动作或作用来显示它自己;活的物体之中更有两种元精:一种是粗重的,就像其他质体中所有的那样,另一种是动物元精或有生命力的元精,为肉体与灵魂之间交通的媒介,为生命现象的基础。培根深信此说,但并没有说出根据。克钦指出,这是(转下页)

个不同的人所秉受而得的样子)实际上是一种易变多扰的东西,又似为机运所统治着。因此,赫拉克利特(Herakleitus)①曾经说得好,人们之追求科学总是求诸他们自己的小天地,而不是求诸公共的大天地。

六

另有一类假象是由人们相互间的交接和联系所形成,我称之为市场的假象,取人们在市场中有往来交接之意。人们是靠谈话来联系的;而所利用的文字则是依照一般俗人的了解。因此,选用文字之失当害意就惊人地障碍着理解力。有学问的人在某些事物中所惯用以防护自己的定义或注解也丝毫不能把事情纠正。而文字仍公然强制和统辖着理解力,弄得一切混乱,并把人们岔引到无数空洞的争论和无谓的幻想上去。

七

最后,还有一类假象是从哲学的各种各样的教条以及一些错误的论证法则移植到人们心中的。我称这些为剧场的假象;②因为在我看来,一切公认的学说体系只不过是许多舞台戏剧,表现着

(接上页)学院派的用语和学说,而培根由于既看到自然过程中有些事物未得说明,又提不出什么较好的见解,于是就乐意依从了他们。爱理斯说,作为培根的寿命论的基础的这一概念,似乎是和揣想生理学的开端同一时代的产物。弗勒则说,这一学说或许是直接袭自帕拉塞萨(Paracelsus,公元1493至1541年,瑞士医学家和炼金家),亦或许是一般地袭自当时的物理哲学;他还指出,这种学说亦可视为原始的物神崇拜思想的一种残存。

① 古代唯物主义哲学家,伊弗所(Ephesus)人,公元前约536年至前470年。他认为"世界是包括一切的整体,它并不是由任何神或任何人所造成的,它过去、现在和将来都是按规律燃烧着、按规律熄灭着的永恒活火"。

② 弗勒指出,这在 *Teinporis Partus Masculus* 一书中叫作剧幕的假象。

人们自己依照虚构的布景的式样而创造出来的一些世界。我所说的还不仅限于现在时兴的一些体系,亦不限于古代的各种哲学和宗派;有见于许多大不相同的错误却往往出于大部分相同的原因,我看以后还会有更多的同类的剧本编制出来,并以同样人工造作的方式排演出来。我所指的又还不限于那些完整的体系,科学当中许多由于传统、轻信和疏忽而被公认的原则和原理也是一样的。

关于上述各类假象,我还必须更扩大地和更确切地加以论列,以使理解力可以得到恰当的警告。

八

关于几类假象及其辅翼,概如上述。我们必须以坚定的和严肃的决心把所有这些东西都弃尽屏绝,使理解力得到彻底的解放和涤洗;因为建立在科学之上的人国的大门和天国的大门无甚两样。那就是说,没有人会走得进去,除非像一个小孩一样。①

(许宝骙 译)

---

① 克钦指出,"非像赤子一样就走不进天国的大门"这句话出自《马太福音》第 18 章第 3 节。

扰乱人类理解力的因素

一

人类理解力不是干燥的光,①而是受到意志和各种情绪的灌浸的;由此就出来了一些可以称为"如人所愿"的科学。大凡人对于他所愿其为真的东西,就比较容易去相信它。因此,他排拒困难的事物,由于不耐心于研究;他排拒清明的事物,因为它们对希望有所局限;他排拒自然中较深的事物,由于迷信;他排拒经验的光亮,由于自大和骄傲,唯恐自己的心灵看来似为琐屑无常的事物所占据;他排拒未为一般所相信的事物②,由于要顺从流俗的意见。总之,情绪是有着无数的而且有时觉察不到的途径来沾染理解力的。

二

人类理解力的最大障碍和扰乱却还是来自感官的迟钝性、不称职以及欺骗性;这表现在那打动感官的事物竟能压倒那不直接打动感官的事物,纵然后者更为重要。由于这样,所以思考一般总

---

① 弗勒指出,这一用语是借自赫拉克利特,他有一句常被称引的名言说,"最聪明的心乃是一种干燥的光"。

② 拉丁本原文是 paradoxa,应据以改译为"他排拒似非而是的事物"。

是随视觉所止而告停止,竟至对看不见的事物就很少有所观察或完全无所观察。由于这样,可触物体中所包含的元精的全部动作就隐蔽在那里而为人们所不察。由于这样,较粗质体的分子中的一切较隐微的结构变化(普通称为变化,实际则是通过一些极小空间的位置移动)也就同样为人所不察。可是恰是上述这两种事物,人们如不把它们搜到并揭示出来,则在自然当中,就产生事功这一点来说,便不能有什么巨大成就。同是由于这样,还有普通空气以及稀于空气的一切物体(那是很多的)的根本性质亦是人们所几乎不知的。感官本身就是一种虚弱而多误的东西;那些放大或加锐感官的工具也不能多所施为;一种比较真正的对自然的解释只有靠恰当而适用的事例和实验才能做到,因为在那里,感官的裁断只触及实验,而实验则是触及自然中的要点和事物本身的。

（许宝骙　译）

论语词含义上的混乱

一

市场假象是四类假象当中最麻烦的一个。它们是通过文字和名称的联盟而爬入理解力之中的。人们相信自己的理性管制着文字,但同样真实的是文字亦起反作用于理解力;而正是这一点就使得哲学和科学成为诡辩性的和毫不活跃的。且说文字,它一般地既是照着流俗的能力而构制和应用的,所以它所遵循的区分线也总是那对流俗理解力最为浅显的。而每当一种具有较大敏锐性或观察较为认真的理解力要来改动那些界线以合于自然的真正的区划时,文字就拦在路中来抗拒这种改变。因此我们常见学者们的崇高而正式的讨论往往以争辩文字和名称而告结束;按照数学家们的习惯和智慧,从这些东西来开始讨论本是更为慎重的,所以就要用定义的办法把它们纳入秩序。可是在处理自然的和物质的事物时,即有定义也医治不了这个毛病;因为定义本身也是文字所组成,而那些文字又生出别的文字。这就仍有必要回到个别的事例上来,回到那些成系列有秩序的事例上来。关于这一点,等我讨论到形成概念和原理的方法与方案时,我立刻就会谈到。

二

　　文字所加于理解力的假象有两种。有些是实际并不存在的事物的名称（正如由于观察不足就把一些事物置而不名一样，由于荒诞的假象也会产生一些"有其名而无其实"的名称出来）；有些虽是存在着的事物的名称，但却是含义混乱，定义不当，又是急率而不合规则地从实在方面抽得的。属于前一种的有"幸运"、"元始推动者"①、"行星的轨圈"②、"火之元素"以及导源于虚妄学说的其他类似的虚构。这一种的假象是比较容易驱除的，因为要排掉它们，只需坚定地拒绝那些学说并把它们报废就成了。

　　至于后一种，即由错误和拙劣的抽象而发生的那一种，则是错综纠结，并且扎根很深。请以"潮湿的"这样一个词为例，试看它所指称的几个事物彼此间有多少一致之处，就会看到"潮湿的"一词乃只是这样一个符号，被人们松散地和混乱地使用着，来指称一大堆无法归结到任何一个恒常意义的活动。它可以指称一种容易把自己散布于任何其他物体周围的东西；也可以指称一种本身不定而且不能凝固的东西；也可以指称一种易向各方缩退的东西；也可以指称一种容易把自己分开和抛散的东西；又可以指称一种容易把自己联结和集合起来的东西；它还可以指称一种易于流动并易被开动的东西；还可以指称一种易于贴附他物而把它浸湿的东西；

---

　　① 克钦引《新工具说明》中的解释说：徒勒梅（Claudius Ptolemy）的天文学体系设想，有一个至大无外的圈子或空球，把一切圈子也即行星和恒星的各个轨圈都包收在内，它自己带动着所有这些圈子每二十四小时绕行地球一周；它就叫作"原始推动者"。

　　② 克钦注释说：据设想，这些轨圈乃是实在的晶样的圈子，众星都安置在里边；在行星的那些圈子外边还有一个圈子，所有的恒星都系在上面，弥尔顿（John Milton）有诗道："那些恒星，固定在它们那飞行的轨圈中。"见《失乐园》第 5 卷 176 行。

也还可以指称一种易于做成液体或本系固体而易于溶化的东西。这样，当你来使用这个词的时候，如用这一个意义，则火焰可以说是潮湿的；如用另一个意义，则空气可以说不是潮湿的；如再换用一个意义，则微尘可以说是潮湿的；如另换用一个意义，则玻璃亦可说是潮湿的。在这里，我们就很容易看出，原来这个概念只是从水和一般普通液体抽象而得，并未经过什么适当验证的。

不过文字中的歪曲性和错误性是有若干不同程度的。错误最少的一类之一是些实体的名称，特别是那最低一种的并经很好地演绎而得的名称（如"白垩"和"泥"这概念就是妥当的，"地"这概念就是不妥当的）；错误较多的一类是关于活动的字眼，例如"生成"、"坏灭"、"改变"等等；至于错误最甚的则是关于属性（作为感官的直接对象的属性除外）的字眼，如"重"、"轻"、"稀"、"浓"之类。不过在所有这些情形当中，总有一些概念必然比另一些概念略好一点，这个差别是与人类感官所接触事物的丰富程度的不同成比例的。

（许宝骙　译）

真理是时间的女儿

一

可以看出，有的心极端地崇古，有的心则如饥如渴地爱新；求其秉性有当，允执厥中，既不吹求古人之所制定，也不鄙薄近人之所倡导，那是很少的了。这种情形是要转为有大害于科学和哲学的；因为，这种对于古和新的矫情实是一种党人的情调，算不得什么判断；并且真理也不能求之于什么年代的降福——那是不经久的东西，而只能求之于自然和经验的光亮——这才是永恒的。因此，我们必须誓绝这些党争，必须小心勿让智力为它们所促而贸然有所赞同。

二

一般意见认为，关于亚里士多德的哲学无论如何总是有着很大程度的一致同意了。因为在它一经发表之后，旧哲学家们的体系即告衰亡，而其后也没有更好的东西出现；这样，它就像是规建得非常之好以致能收前后两代于扈从之班。对于这种见解，我要有所答复。首先，一般所谓随亚氏著作问世而旧体系即告消亡之说根本就是一个错的观念；事实是此后很久，甚至直到西塞罗（Cicero）时代以及其后若干年，旧哲学家们的著作还是依然无恙的。① 只是到了以后,当野蛮人泛滥到罗马帝国使人类学术遭到沉溺之祸的时候,亚里士多德和柏拉图的体系乃像几块较空、较轻的船板飘浮于时间的浪头而独获保存下来。至于说到众皆同意一层,如果我们更敏锐地深查一下,则人们也是受了欺蒙的。因为真正的同意乃是各种自由的判断通过恰当的考验而归于一致。而人们对于亚里士多德的哲学的同意却绝大多数是出于先入为主的判断和依于他人的权威;所以这只是一种苟从与附和,而说不上是同意。再说,即使那是一种真正的和广泛的同意,我们也不应把同意当作可靠的和坚固的证实,相反,它事实上只是一种强有力的臆断。而在一切测断当中,尤以在知识问题上(神学除外,政治也除外,因为那里有投票权)②而以同意为根据的测断为最坏。因为,如我以前所说,凡能取悦于众的东西只是那打动想象力或以普通概念的锁链来束缚理解力的东西。因此,我们正可恰当地把弗雄(Phocion)关于道德问题的话语移用于知识问题上来说:人们如果得到群众的赞同和喝彩,就应当立刻检查自己可能已经犯了什么错误。③ 这样看来,这个迹象可以说是最为不利的一个了。

以上七节所论是从现行哲学和科学的根源、果实、进步、创始人的自供以及一般人对它们的同意等等几点来看它们的迹象,表

---

① 克钦指证说,不仅培根所喜爱的较早的希腊哲学家们的著作存在无恙,就是斯多阿学派和伊壁鸠鲁学派的著作也存在无恙,还有新柏拉图派的著作亦是这样。

② 培根的意思不是说,在神学问题和政治问题上多数票就一定正确有效;他只是说,从事情的性质来看,在那些问题上,以同意作为论据这一点,比在纯粹学术问题上更有分量。(关于在神学问题上进行投票这一点,克钦指出,培根无疑是指某些教会会议靠参加者投票来对教义问题和纪律问题做出决定这种情况而言,甚至像尼斯会议〔Council of Nice〕就是用多数表决来肯定真正信条以反对阿吕亚斯主义〔Arianism〕的。)

③ 弗雄是古时雅典的一位将军和政治家,反对雅典的民主制。这里所引述的这句话出于波鲁塔克(Plutarch)所著《伟人列传》中的弗雄传。

明它们的真理性和健全情况都不是良好的。①

三

人们之所以在科学方面停顿不前,还由于他们像中了蛊术一样被崇古的观念,被哲学中所谓伟大人物的权威,和被普遍同意这三点所禁制住了。关于最后一点,我在前面已经讲过。

说到所谓古,人们对它所怀抱的见解是很粗疏而且无当于这字眼本身的。因为只有世界的老迈年龄才算是真正的古,而这种高龄正为我们自己的时代所享有,并不属于古人所生活过的世界早期;那早期对于我们说来虽是较老,从世界自身说来却是较幼的。② 我们向老年人而不向青年人求教有关人类事物的更多的知识和较成熟的判断,因为老年人经验丰富,所见所闻所思想的事物都是多而且博,这是很对的;同样,我们也有理由希望从我们的这个年代——只要它知道自己的力量并愿奋发表现出来——得到远多于从古代所能得到的东西,因为它正是这个世界的较高年龄,其中已堆积和贮藏着许多实验和观察。

四

在我们的时代,由于人们经常的远航和远游,自然中可能对哲

---

① 这几句话在原本(克钦注本)和英译本都是接排在上句之后,并未分节;这样分节,是译者根据文义和结构,为醒目起见,擅自处理的。

② 这点见解在培根虽非引述而来,也或许并非袭自前人,但在培根以前或同时的一些作家中确有不少所见略同的说法。其中可指称的,有吉尔伯忒、伽利略、堪帕奈拉(Campanella)所著 *Apologia pro Galileo* 一书和勃鲁诺(Giordano Bruno)所著 *Cenadi Cenere* 一书。至于以历史早期为世界的幼年之说,更见于伊斯德拉(Esdras)的著作第 2 卷;又,1546 年出版的开斯曼(Casmann)所著 *Problemata Marina* 一书中也有此说。(克钦又指出,塞涅卡〔Seneca〕亦有较晚时期才真是较老年龄的想法,曾为罗杰·培根在 *Opus Majus* 一书中所称引。)

真理是时间的女儿 | 153

学引进新光亮的许多事物已经摆明和发现出来,这一点也不能是毫无所谓的。很明确,在我们这时代,当物质的地球的方域——就是说,大地、海洋以及星宿等方域——业经大开和敞启,而我们智力的地球若仍自封于旧日一些发现的狭窄界限之内,那实在是很可羞的了。

至于说到权威一层,人们若如此折服于作家却否认时间的权利,这只表明他智力薄弱;因为时间乃是众作家的作家,甚且是一切权威的作家。有人把真理称作时间之女,①而不说是权威之女,这是很对的。

这样看来,人们的力量既经这样被古老、权威和同意这三种蛊术所禁制,他们于是就变得虚萎无力(像中了魔魇的人一样),不能追伴事物的性质,这也就不足诧异了。②

（许宝骙　译）

---

① 见吉里阿斯(Aulus Gellius)所著 *Noctes Atticoe* 一书第12卷第11章。
② 这里的分节,是译者擅自处理的。

值得存在就值得知道

一

在我的自然史和实验当中，人们还会看到许多琐屑的、普遍都知道的事物，还会看到许多卑贱的、低级的事物；最后亦还会看到许多过于隐微和仅属揣想的，而且看来是一无用处的事物：所有这些事物都会打消和打断人们的兴趣。

先说所谓普通常见的事物。人们应当常常想着，他们一向所习惯的做法不外是把罕见事物的原因归溯到常见的事物，至于对常见的事物则从来不问其原因，而径认实然为当然。由于这样，所以他们对于冷、热、软、硬、稀、浓、光、液体、固体、重量、生气、无生气、相似、不相似、天体运转、机体组织以及类此等等，便都不去查究它们的原因，而是在认定它们为自明的事物之下，据以对比较不常出现的其他事物进行争辩和判断。

但是在我，由于我清醒地知道，若不首先恰当地考察和找出常见事物的原因，以及那些原因的原因，就不能对罕见的或非凡的事物做出什么判断，更不能揭示出任何新的事物，所以我必然不得不把一些最常见的事物收纳在我的自然史当中。不仅如此，依我判断，哲学一向所遭受的最大阻碍正就是这样一点：人们都不留心注意于熟知习见的事物，只是于过路中把它们接受下来而完全不究问其原因；至于对有关未知事物之求知还不如对既知事物之更常注意。

二

再说那些所谓卑贱的或甚至污秽的事物，即那些如朴林尼(Pliny)所说须先道歉然后才好出口的事物①。这也必须容纳在自然史当中，正不亚于那最华美最贵重的事物。而自然史也并不因此而蒙玷污，犹如太阳既照宫殿也照阴沟，而并未染到污垢。至于我自己，我并不是要建立一座万神殿或金字塔以资人矜夸，而是要在人类理解中照着客观世界的模型来给神圣的庙宇奠定一个基础。因此，我就依照那个模型。凡值得存在的东西就值得知道，因为知识乃是存在的表象；而卑贱事物和华贵事物则同样存在。并且，正如某些腐烂的质体——例如麝鹿和香猫——有时会产生最甜的香味，同样，从卑贱可鄙的事例中有时也会发出最好的光亮和消息。关于这点，说到这里已足够了，已太多了；因为这类的吹求本不过是妇人孺子之见而已。

（许宝骙　译）

---

① 朴林尼,(23—29),罗马博物学家；维苏维亚(Vesuvius)火山爆发时,趋往观察,为烟气窒息而死；他博览群书,汇集前人对自然界观察研究的记载,成《自然史》一书。此处引句即出于该书第1卷。

论智力发展的障碍

一

剧场假象不是固有的，也不是隐秘地渗入理解力之中，而是由各种哲学体系的"剧本"和走入岔道的论证规律所公然印入人心而为人心接受进去的。若企图在这事情上进行辩驳，那是与我以前说过的话相违了——我曾说过：我和他们之间既在原则上和论证上都无一致之处，那就没有辩论之余地。而这样却也很好，因为这样便不致对古人的荣誉有所触动。古人们并未遭受任何样的贬抑，因为他们和我之间的问题乃仅是取径的问题。常言说得好，在正路上行走的跛子会越过那跑在错路上的快腿。不但如此，一个人在错路上跑时，愈是活跃，愈是迅捷，就迷失得愈远。

我所建议的关于科学发现的途程，殊少有赖于智慧的锐度和强度，却倒是把一切智慧和理解力都置于几乎同一水平上的。譬如要画一条直线或一个正圆形，若是只用自己的手去做，那就大有赖于手的坚稳和熟练；而如果借助于尺和规去做，则手的关系就很小或甚至没有了；关于我的计划，情形也正是这样。但是，虽说针对某种特定对象的驳斥实属无益，关于那些哲学体系的宗派和大系我却仍须有所论列；我亦要论到那足以表明它们是不健全的某些表面迹象；最后我还要论列所以发生这样重大的立言失当和所以发生这样持久而普遍一致的错误的一些原因。这样，可使对于真理的接近较少困难，并可使人类理解力会比较甘愿地去涤洗自身和驱除假象。

二

剧场假象，或学说体系的假象，是很多的，而且是能够抑或者将要更多起来的。迄今多少年代以来，若不是人心久忙于宗教和神学；若不是政府，特别是君主政府，一向在反对这种新异的东西，甚至连仅仅是思考的东西也反对，以致在这方面辛苦从事的人们都有命运上的危险和损害，不仅得不到报酬，甚且还遭受鄙视和嫉视；——若不是有这些情形，那么无疑早就会生出许多其他哲学宗派，有如各家争鸣灿烂一时的古代希腊一样。正如在天体的现象方面人们可以构出许多假设，同样（并且更甚）在哲学的现象方面当然亦会有多种多样的教条被建立起来。在这个哲学剧场的戏文中，你会看到和在诗人剧场所见到的同样情况，就是，为舞台演出而编制的故事要比历史上的真实故事更为紧凑，更为雅致，和更为合于人们所愿有的样子。

一般说来，人们在为哲学采取材料时，不是从少数事物中取得很多，就是从多数事物中取得很少；这样，无论从哪一方面说，哲学总是建筑在一个过于狭窄的实验史和自然史的基础上，而以过于微少的实例为权威来做出断定。唯理派的哲学家们只从经验中攫取多种多样的普通事例，既未适当地加以核实，又不认真地加以考量，就一任智慧的沉思和激动来办理一切其余的事情。

另有一类哲学家，在辛勤地和仔细地对于少数实验下了苦功之后，便由那里大胆冒进去抽引和构造出各种体系，而硬把一切其他事实扭成怪状来合于那些体系。

还有第三类的哲学家，出于信仰和敬神之心，把自己的哲学与神学和传说糅合起来；其中有些人的虚妄竟歪邪到这种地步，以致要在精灵神怪当中去寻找科学的起源。

这样看来，诸种错误的这株母树，即这个错误的哲学，可以分为三种：就是诡辩的、经验的和迷信的。

三

第一类中最显著的例子要推亚里士多德。他以他的逻辑①败坏了自然哲学：他以各种范畴范铸出世界；他用二级概念的字眼强对人类心灵这最高贵的实体赋予一个属类；②他以现实对潜能的严峻区分来代行浓化和稀化二者的任务（就是去做成物体体积较大或较小，也即占据空间较多或较少）；③他断言单个物体各有其独特的和固有的运动，而如果它们参加在什么别的运动之中，则必是由于一个外因；此外他还把无数其他武断的限制强加于事物

---

① 拉丁本原文为 dialectica。
② 克钦指出，这或许是指亚里士多德在 De Anima 一书第2卷第1章第7节和第11节中对心灵所下的定义而言。按：那个定义是说，"心灵乃是自然有机物体中的潜在心灵的现实化"；这样一来，就把心灵分为现实的和潜在的两个属类，亦就是对心灵多赋予了后者一个属类。而所谓"现实"和"潜在"则是二级概念的字眼。按经院派的逻辑的术语说，凡关于具体事物的性质、类别以及具体事物与具体事物之间的关系的概念，叫作初级概念（first intention）；凡关于初级概念的性质、类别以及初级概念与初级概念之间的关系的概念，则叫作二级概念（second intention）——例如"现实"对"潜在"就正是指称这类关系的字眼。
③ 弗勒指出，这似乎是指亚里士多德在 Physica 一书第4卷第5章中的一种说法而言。按：爱欧尼亚学派的安那克西曼尼斯（Anaximenes）曾首先提出浓化与稀化来说明某些元素的相互转化，例如水是浓化了的空气，空气是稀化了的水。亚里士多德有鉴于此，认为二者是互为潜能和现实，于是就把浓化和稀化这两个性质转为现实对潜能这一对概念。培根对这一点的指责似乎是说：浓化和稀化是物质的性质，有着自己的任务，就是去做成物体体积较大或较小，亦即占据空间较多或较少，这些正是自然哲学所应观察和研究的；而在亚里士多德的物理学中却把它们化为逻辑的字眼，这是亚里士多德以他的逻辑败坏自然哲学的又一点。

的性质。总之,他之急切于就文字来对问题提供答案并肯定一些正面的东西,实远过于他对事物的内在真理的注意;这是他的哲学的一个缺点,和希腊人当中其他著名的体系一比就最看得明白。如安那撒格拉斯(Anaxagoras)的同质分子遍在说①、刘开帕斯和德谟克利塔斯的原子说、②帕米尼底斯(Parmenides)的天地说、③安庇多克里斯(Empedocles)的爱憎说,④以及赫拉克利特所主张的物体皆可融解为无所差别的火质而复重铸为各种固体的学说等等,——他们都有些自然哲学家的意味,都有些属于事物性质、属于经验和属于物体的味道;而在亚里士多德的物理学中,则除逻辑的字眼之外便几乎别无所闻;而这些字眼,他在他的形而上学当中,在这一更庄严的名称之下,以居然较像一个实在论者而不大像

---

① 古希腊哲学家(前约430)。他的学说,要点如下:一切东西都由与它同质的分子(homaeomera)所构成,例如骨的分子同于骨,血的分子同于血,这叫作"种子";和安庇多克里斯所讲的火、空气、土、水四种元素各为一个"根子"不同,"种子"是每一个都包含着这四种元素;因此,"在一个世界里的东西不是可以像用一把斧子般把它们分开或切断的",每一东西当中都有其他东西的"部分"在内;至于"种子"与"种子"之间以及东西与东西之间的不同,则是因为它们彼此间相互含有的"部分"多少不同:这就是安那撒格拉斯的同质分子遍在说。

② 关于这两位哲学家,他们的原子论要点如下:一切物体都由一些小到知觉不到的、不可分的、坚固不变的分子即原子所构成;这些原子在质上没有差别,差别只在形状、方位和排列,在这些方面的千差万别的花样就形成物体的千差万别的属性;这些原子,通过虚空,游荡于无限的空间之中,一切东西之生成乃是它们运动和偶然凑拢的结果。

③ 古希腊哲学家(前第6至前第5世纪),伊里阿学派领袖。亚里士多德在《Metaphysica》一书第1卷第5章曾有如下的叙述:帕米尼底斯既然宣称除存在外别无不存在的东西存在,所以他就认为存在必然为一,而别无其他东西存在;可是他又被迫随循眼见的事实,假认在法式上为一的东西在我们感觉上则多于一,于是他就举出两个原因亦即两个原理,那就是热和冷,亦即火和土;并把前者列于存在,把后者列于不存在。培根所说帕米尼底斯的天地说(coelum et terra),或许是据此而言。

④ 古希腊哲学家(前490—前约430)。他提出土、水、空气和火为四大元素的学说,认为一切东西都由这四者混合而成;而爱和憎则为运动的原因,从而亦为这些元素所以混合的原因。

一个唯名论者的姿态,还又把它们玩弄了一番。在他的关于动物的著作①和问题集以及其他论著当中,诚然常常涉及实验,但这事实亦不值得我们予以任何高估。因为他是先行达到他的结论的;他并不是照他所应做的那样,为要构建他的论断和原理而先就商于经验;而是首先依照自己的意愿规定了问题,然后再诉诸经验,却又把经验弯折得合于他的同意票,像牵一个俘虏那样牵着它游行。这样说来,在这一条罪状上,他甚至是比他的近代追随者——经院学者们——之根本抛弃经验还要犯罪更大的。

四

经验派哲学所产生的教条却比诡辩派或唯理派还要奇形怪状。因为它的基础不是得自普通概念之光亮(这种光亮虽然微弱和浮浅,却不论怎样是普遍的,并且这种概念的形成是参照到许多事物的),而只是得自少数实验之狭暗。因此这样一种哲学,在那些日日忙于这些实验而其想象力又被它们所沾染的人们看来是可然的,并且只能是准确的;而在一切其他的人看来则是虚妄的和不可信的。关于这方面,在炼金家及其教条当中有着显而易见的例子,虽然在这些时候除在吉尔伯忒的哲学当中再难在别处找到这种例子了。对于这一类的哲学,有一点警告是不可少的:我已先见到,假如人们果真为我的忠告所动,竟认真地投身于实验而与诡辩的学说宣告永别,但随即跟着理解力的不成熟的躁进而跳跃或飞翔到普遍的东西和事物的原则,那么这类哲学所孕的莫大危险是很可顾虑的。对于这个毛病,我们甚至在此刻就该准备来防

---

① 在生物学方面,亚里士多德有 *Historia Animalium*、*De Partibus Animalium*、*De Motu et De Incessu Animalium*、*De Generatione Animalium* 等著作。

止它。

五

迷信以及神学之糅入哲学,这对哲学的败坏作用则远更广泛,而且有着最大的危害,不论对于整个体系或者对于体系的各个部分都是一样的。因为人类理解力之易为想象的势力所侵袭正不亚于其易为普通概念的势力所侵袭。那类好争的、诡辩的哲学是用陷阱来困缚理解力;而这类哲学,由于它是幻想的、浮夸的和半诗意的,则是多以谄媚来把理解力引入迷途。因为人在理解方面固有野心,而在意志方面的野心也复不弱,特别在意气昂扬的人更是如此。

关于这类哲学,在古希腊人当中有两个例子:毕达哥拉斯(Pythagoras)[①]是一个刺眼的例子,他是把他的哲学和一种较粗糙的、较笨重的迷信联结在一起的;另一个是柏拉图(Plato)及其学派,[②]则是更为危险和较为隐微的。在其他哲学的部分当中,同

[①] 古希腊哲学家(约公元前 572 至前 497 年);曾在意大利南部克鲁顿(Kroton)地方聚徒结社,既是宗教团体,又是学术宗派,称为"毕达哥拉斯之徒"(Pythagoreans),大盛于公元前第 6 世纪后 50 年,至第 4 世纪末叶渐熄。

培根指责他以迷信或宗教糅入哲学,又称他为神秘主义者,他把宗教上的洁净观念引入生活和学术;除奉行某些戒食和某些仪式外,并认定以药物洁净肉体,以音乐洁净灵魂。他主张轮回说或再生说。他的数理哲学亦带有神秘主义:认为奇数与偶数的对立同于式式与质料的对立,认为"一"同于理性,"二"同于灵魂。

[②] 古希腊哲学家(前 428—前 348),雅典(Athens)人;20 岁从学于苏格拉底(Socrates);30 岁出游,学到苏格拉底以前一些学派的哲学知识;40 岁返雅典,创立学园(Academy),聚徒讲学,亚里士多德即其弟子之一。

培根指责柏拉图的哲学有迷信和宗教成分,具体地说,是指他的忆往说(doctrine of Reminiscence,见 Meno 和 Phaedo 两篇对话);但主要的是一般地指他的绝对理念说(doctrine of absolute Ideas)。培根还说过,柏拉图以自然神学败坏了自然哲学,这话可资参证。

至公元第 3 世纪新柏拉图主义更发展了柏拉图思想的神秘的一面。

样也表现出这个情形,如人们引进了抽象的法式,引进了目的性原因和第一性原因,而在最多数情节上却删除了中间性原因,以及类此的情况。在这一点上,我们应当加以最大的警惕。因为要尊奉错误为神明,那是最大不过的祸患;而虚妄之易成为崇敬的对象,却正是理解力的感疫性的一个弱点。而且现代一些人们①正以极度的轻浮而深溺于这种虚妄,竟至企图从《创世记》第一章上,从《约伯记》上,以及从圣书的其他部分上建立一个自然哲学的体系,这乃是"在活人中找死人"。② 正是这一点也使得对于这种体系的禁止和压制成为更加重要,因为从这种不健康的人神糅合中,不仅会产生荒诞的哲学,而且还要产生邪门的宗教。因此,我们要平心静气,仅把那属于信仰的东西交给信仰,那才是很恰当的。③

(许宝骙 译)

---

① 克钦指出,这或许是指弗洛德(Robert Fludd,1574—1637,医生和通神学者)而言;他著有《摩西哲学》一书,就是根据《创世记》头几章建立起一个物理学概略。还有赫钦逊(John Hutchinson,1674—1737,一个神学狂热者,著有《关于宗教的一些思想》一书,从圣经引绎出一切宗教和哲学),亦属这一流人物。

② 此成语出自《路迦福音》第 24 章第 5 节。培根在 De Augmentis Scientiarum 一书第 9 卷中曾再次引用(按:照上文读来,似乎应说是"在死人中找活人"才对)。

③ 克钦指出,这是暗指《马太福音》第 22 章第 21 节。弗勒提示说:"我们必须记住,这种情操,在我们今天已经成为老生常谈,在培根的时代却是新奇,几乎讲不通的。"

现有逻辑的缺陷

一

正如现有的科学不能帮助我们找出新事功,现有的逻辑亦不能帮助我们找出新科学。

二

现在所使用的逻辑,与其说是帮助着追求真理,毋宁说是帮助着把建筑在流行概念上面的许多错误固定下来并巩固起来。所以它是害多于益。

三

三段论式不是应用于科学的第一性原理,[①]应用于中间性原理又属徒劳;这都是由于它本不足以匹对自然的精微之故。所以它是只就命题迫人同意,而不抓住事物本身。

四

三段论式为命题所组成,命题为字所组成,而字则是概念的符

---

① 弗勒指出,这相当于亚里士多德所说的"最后原理";他经常申言,这种"最后原理"既是三段论所从以出发的最后大前提,所以它本身是不容更用三段论式来证明的。

号。所以假如概念本身(这是这事情的根子)是混乱的以及是过于草率地从事实抽出来的,那么其上层建筑物就不可能坚固。所以我们的唯一希望乃在一个真正的归纳法。

五

我们的许多概念,无论是逻辑的或是物理的,都并不健全。"本体""属性""能动""受动"及"本质"自身,都不是健全的概念;其他如"轻""重""浓""稀""湿""燥""生成""坏灭""吸引""排拒""元素""物质""法式"以及诸如此类的概念,就更加不健全了。它们都是凭空构想的,都是界说得不当的。

六

我们的另一些属于较狭一种的概念,如"人""狗""鸽"等等,以及另一些属于感官直接知觉的概念,如"冷""热""黑""白"等等,其实质性不致把我们引入迷误;但即便是这些概念有时仍不免因物质的流动变易和事物彼此掺和之故而发生混乱。至于迄今为人们所采用的一切其他概念,那就仅是些漫想,不是用适当的方法从事物抽出而形成起来的。

七

这种任意性和漫想性,在原理的构成中也不减于在概念的形成中;甚至即在那些确借普通归纳法①而获得的原理中也不例外;不过总以在使用三段论式所绎出的原理以及较低级的命题中更多

---

① 弗勒指出,这是指那种仅凭简单枚举的归纳法,有别于培根自己所要用以代之的科学的归纳法。

得多。

八

科学当中迄今所做到的一些发现是邻于流俗概念,很少钻过表面。为要钻入自然的内部和深处,必须使概念和原理都是通过一条更为确实和更有保障的道路从事物引申而得;必须替智力的动作引进一个更好和更准确的方法。

九

钻求和发现真理,只有亦只能有两条道路。一条道路是从感官和特殊的东西飞越到最普遍的原理,其真理性即被视为已定而不可动摇,而由这些原则进而去判断,进而去发现一些中级的公理。这是现在流行的方法。另一条道路是从感官和特殊的东西引出一些原理,经由逐步而无间断的上升,直至最后才达到最普通的原理。这是正确的方法,但迄今还未试行过。

（许宝骙　译）

假象的堡垒

邪恶的论证可以说是假象的堡垒和防线。我们在逻辑中现有的论证不外是把世界做成人类思想的奴隶，而人类思想又成为文字的奴隶。实在说来，论证实际上就是哲学和科学本身。因为论证是怎样，视其树立得是好是坏，随之而来的思辨和哲学体系也就怎样。现在，在从感官和对象到原理和结论的整个过程中，我们所使用的论证都是欺骗性的和不称职的。这个过程包含着四个部分，也就有着同数的错误。第一点，感官的印象本身就是错误的，这是因为感官既不得用，又欺骗我们。不过，感官的缺陷是要予以弥补的，它的欺骗是要加以纠正的。第二点，从感官的印象来抽取概念，这做得很恶劣，以致概念都是不明确的，都是混乱的，而实则它们应当是明确而有清楚界限的。第三点，现在的归纳法是无当的，它是以简单的枚举来推断科学的原则，而不是照它所当做的那样使用排除法和性质分解法（或分离法）。最后，第四点，那种用以发现和证明的方法，即首先树起最普遍的原则而后据以考校和证明中间原理的那种方法，实乃一切错误之母，全部科学之祟。关于这些事情，我现在只是略略提及，等到进行了人心的补过和洗涤以后，进而要提出关于解释自然的真正道路的时候，我还要更详细地加以论说。

（许宝骙　译）

推动科学发展的几个要素

一

在学校中、学园中、大学中,以及类似的为集中学人和培植学术而设的各种团体中,一切习惯、制度都是与科学的进步背道而驰的。在那里,讲演和实习都排定得如此严整,致使任何人都难在这常经以外去思想或揣想什么事物。若有一二人竟有勇气来使用一点判断的自由,那他们须是全由自己独任其事,不能得到有人相伴之益。而如果他们对此也能忍受下去,他们又会觉得自己的这种努力和气魄对于自己的前程却是不小的障碍。因为在这些地方,一般人的研究只是局限于也可说是禁锢于某些作家的著作,而任何人如对他们稍持异议,就会径直被指控为倡乱者和革新家。其实,在国事和方术之间分明是有很大区别的;由新运动而来的危险与由新见解而来的危险根本不是一回事。在国事方面,即使是旨在改善的变革也是不被信任的,因为这总会搅动那业经确立的东西;因为这一方面的事情是依靠于权威、同意、信誉和意见,而不依靠于论证。而方术和科学则应如矿穴一样,从四面八方听到新事功和新进步的喧声。可是,这事情尽管在正当理性上说来是如此,在实践上做的却并非这样。上述关于管理和管制学术各点,对于科学的进步是加上了一道严厉的限制。

二

进一步说,即使嫉视消除了,只要人们在科学园地中的努力和劳动得不到报酬,那仍是大大阻遏科学的成长的。现在的情况是耕耘科学和酬报科学两事不落在同一人身上。科学的成长是出于伟大的才智之士,对科学的奖品和报酬则握在一般人民或大人物之手,而他们除极少数外是连中等学问都没有的。并且,这类的进步不止得不到奖品和实在的利益,就是连舆论赞扬都博不到。因为这种事情高于人们的一般水平,为他们所不能接受,而反要被舆论的狂风所压倒、所扑灭。这样说来,一个事物不被人尊崇就不会兴旺,这是没有什么可怪的。

三

但是,对于科学的进展以及对于科学当中新事业和新职务的承担方面的远远甚于上述诸点的最大障碍还在于这一点,就是人们对那些事感到绝望并认为不可能。聪明的和严肃的人们在这些事情方面往往是全无信心,他们总是想到自然之难知,生命之短促,感官之富于欺骗性,判断之微弱无力,实验之难于进行,以及类此等等;从而就认为在世界悠悠运转的时间和年代当中,科学自有其来潮和退潮,一时生长和繁荣,一时又枯萎和衰落,而在达到某一点和某一情况时就不能再进一步。因此,假如有人所信或所许有过于此,他们就认为这是出于无羁勒的和未成熟的心灵,并且认为这类尝试总是开始时顺利,走下去困难,而终于陷入混乱。现在,正因这些思想是自然地投合于持重而善判断的人们,所以我们就更须好好地注意,切不可被那种对于最美最精的对象的爱好之情所吸引,以致松弛了或减低了我们判断的严肃性;我们必须勤谨地考察究竟有何足资鼓励我们的东西现出曙光以及出现在哪一部位;我们并须撇开那些飘风般的、比较轻浮的希望来彻底筛检那些提供较大稳定性和较大恒常性的希望。不仅如此,我们还必须效法那种老成谋国的智虑,其规则就是对于人事不予信赖,并就比较不利之处去作估计。

于是我就必须论到希望一事,特别因为我不是许愿大家,既不愿强制也不愿困缚人们的判断,而要拉着手引导他们兴高采烈地行进。虽然说,要鼓动人们的希望心最有力的办法是把他们带到特殊的东西上去,特别是带到我在"发现表"中所类编和排列出的那些特殊的东西(一部分见于《复兴论》的第二部,大部分见于其第四部)①上去,因为这已不仅仅是就事物的许愿而径是事物自身。但为"事缓则圆"起见,我仍将按照我的计划先为人们作心理准备,而在这项准备当中,灌注希望乃是一个非常重要的部分。因为若不灌注希望,则其余一切只将反倒令人忧愁(由于给予人们一种看法,比他们现所保有的看法把事物看得更糟和更加轻蔑,并使得他们更加彻底地感到和知道他们自己处境的不快),而不会引起人们的活跃或激发他们的努力去从事于尝试。因此,我合当把我的一些构想宣布和提示出来,这足以表明我们有理由对这种事情怀抱希望。这正和哥伦布(Columbus)的做法一样,他在进行横渡大西洋的惊人壮游以前就先说明他所以坚信必能于已知地域以外发现新陆地和新大洲的种种理由,这些理由起初虽遭拒绝,其后终为经验所证实,并且成为许多伟大业绩的前因和端始。

---

① 克钦注明,据培根自己在 Distributio Operis 中所说,所谓《复兴论》的第 2 部就是本书《新工具》;所谓第 4 部则是第 2 部的特定应用,其中搜集了许多为进行探究之用的例,就像本书第二卷第一三条中所列关于"热"的那些事例。

四

  其次,还要提到一点极其重要的情由作为关于希望的一个论据。这论据是就过去的错误和迄今所踏过的道路着想而得出的。从前曾有人对于一个管理不智的政府提出检讨,说得是对极了:"凡就着过去说来是最坏的事情,对于将来说来都应当看做是最好的事情。因为,假如你确已做尽你的职务所要求的一切,而事情仍然并不见好,那么,连可能进一步改善的希望在你都是没有的了。但现在是,你的许多不幸之事并非由于环境的力量所使然,而系出于你自己的错误,那么,你就可以希望,一经消除或改正了这些错误,便会做出一番大革新来"。① 同样,在发现和培养科学方面,人们在这样漫长的岁月历程中,假如是已经走了正确的道路而还未能有所进展,那么,向前进展仍属可能之说无疑可算是大胆而轻率的。但如果是道路根本就走错了,而人们的劳力是花费在不当的对象上的,那么,这说明困难并非起于事物本身——那就不在我们的权力之内——而系出于人的理解力以及理解力的使用和应用——这却是大有补救和医治之余地的。因此,把这些错误指陈出来,这会有很大的用处。因为,这同一原因在过去所造成的障碍有多少,对将来给希望所提供的论据也就有多少。关于这些错误,虽然我在前面已经提到一部分,我认为,在这里还应当用简单明白的话语再把它们表述一番。

(许宝骙 译)

---

① 克钦注明,这段话出于德谟辛尼斯(Demosthenes,古希腊大演说家,公元前385至公元前322年,对企图征服雅典的马其顿国王菲列普进行了长期的揭露和谴责,著有极其出色的《三大演讲》——译者)《反菲列普演词》第三讲。

实验和理性的结合

一

历来处理科学的人,不是实验家,就是教条者。实验家像蚂蚁,只会采集和使用;推论家像蜘蛛,只凭自己的材料来织成丝网。而蜜蜂却是采取中道的,它在庭园里和田野里从花朵中采集材料,而用自己的能力加以变化和消化。哲学的真正任务就正是这样,它既非完全或主要依靠心的能力,也非只把从自然历史和机械实验收来的材料原封不动、囫囵吞枣地累置在记忆当中,而是把它们变化过和消化过而放置在理解力之中。这样看来,要把这两种机能,即实验的和理性的这两种机能,更紧密地和更精纯地结合起来(这是迄今还未做到的),我们就可以有很多的希望。

二

那些哲学体系还有一种任性无度的情形表现在给予同意或拒予同意。这亦是应当对理解力提出警告的;因为这种任性无度,由于它阻塞了揭示假象并加以剔除的道路,似乎多多少少助使假象确立起来并长存下去。

这种逾度的情况有两种:第一种表现在这样一派人,他们轻于有所决定,因而使各种科学都成为武断的和钦定的;另一种表现在另一派人,他们否认我们能够了解什么东西,从而倡导了一种漫无所向也终于所达的探究。在这两种之中,前者压制了理解力,后者削弱了理解力。亚里士多德的哲学,在以敌意的痛驳毁灭了一切其余的哲学(如阿图曼诸王对待其弟兄那样)之后,就在所有各点上都立下了法则;这样做了以后,他又进而个人抬出一些自己所提示的新问题,并又同样地予以解决。这样做来,就再没有什么东西不是确定的,不是已经决定的了。这种做法至今还左右着他的继承者并在他们当中使用着。

另一方面,柏拉图学派却倡导了不可解论。① 这派最初是讥嘲和鄙视那些较老的诡辩家们,如蒲鲁台高拉斯(Protagoras)②、喜庇亚斯(Hippias)③和其余等人,认为他们最可耻不过之处乃在于对任何事物都抱怀疑态度。但新学园派却正以此做成一个教条,并当作一种主义来加以主张④。虽然他们说他们绝没有像比罗(Pyrrho)⑤及其皈依者那样破坏任何研究,而倒承认,固然没有一个事物可视为真理来加以主张,却也有些事物可视为可然来加

---

① 原文在第 1 卷 37 条和这里都使用了 acatalepsia 一字,据克钦指出,培根在 Advancement of Learning 一书中,自己把这字译为 incomprehensibleness。按:培根使用这字,是指这样一种学说:认为自然事物不可理解,特别认为感觉知识不确定又靠不住。柏拉图的理念说就否认感官世界中能有什么确定的东西,能有什么真正的知识,所以培根说他倡导了这个学说。这与后来康德(Kant)所讲的以自在事物根本为人类认识所不能及的"彼岸"那种"不可知论"还有不同,所以试译为"不可解论"。
② 古希腊诡辩派大师(前约 480—前 410);他有一句名言,说"人为万物之尺度"。
③ 古希腊诡辩家之一,以博学多能著称,创有一套记忆术。
④ 新学园派发展为怀疑主义和折衷主义,大盛于公元前第 3、第 2 两世纪,其主要代表为阿斯西老斯(Arcesilaus)和卡尼底斯(Carneades)。
⑤ 古希腊哲学家(前约 365—前 275);彻底的怀疑论者,认为事物的真实性质是不可能知道的。因此对一切事情都只可存疑而不应判断。这样讲来,当然任何研究都被破坏了。

以追求;虽然他们的这种办法比那种强制的论断看来像是比较持平;但是,尽管这样,只要人心一经绝望于寻求真理,那么它对一切事物的关注就会变得较淡;结果是人们就岔到快意的争辩和谈论上去,就像是飘荡于由对象到对象之间,而不去在一条严重审究的途程上坚持前进了。实则,如我在开始就说并一贯力主的,人类的感官和理解力纵然较弱,也不应剥夺掉它们的权威,而应当供给它们以助力。

三

最好的论证当然就是经验,只要它不逾越实际的实验。因为我们如搬用经验于认为类似的其他情节,除非经由一种正当的、有秩序的过程,便不免是谬误的事。可是现在人们做实验的办法却是盲目的和蠢笨的①。他们是漫步歧出而没有规定的途程,又是仅仅领教于一些偶然自来的事物,因而他们虽是环游甚广,所遇甚多,而进步却少;他们有时是满怀希望,有时又心烦意乱,而永远觉得前面总有点什么东西尚待寻求。就一般情况来看,人们之做试验总是粗心大意,仿佛是在游戏;只把已知的实验略加变化,而一当事物无所反应,就感到烦倦而放弃所图。即使有些人是较为严肃地、诚恳地和辛勤地投身于实验,他们也只是注其劳力于做出某一个实验,如吉尔伯忒之于磁石,化学家之于黄金,都属此例。这种前进的途程实是企图既小,设计也拙的。因为一个事物的性质若仅就那个事物本身去查究,那是不会成功的;我们的探讨必须放

---

① 克钦提示说,这里指出人们做实验时常有的四个毛病:一、缺少一种选择定向的方法(这要靠一些享有优先权的事例来救济);二、用力薄弱,做实验没有足够的多样变化;三、仅仅追求一种实验或一个题目,而忽略一切其他;四、急于得到实践上的应用。

大,才能成为更普通的。

即使人们有时亦图从他们的实验中抽致某种科学或学说,他们却又几乎永是以过度的躁进和违时的急切歪向实践方面。这尚非仅从实践的效用和结果着想,而亦是由于急欲从某种新事功的形迹中使自己获得一种保证,知道值得继续前进;亦是由于他们急欲在世界面前露点头角,从而使人们对他们所从事的业务提高信任。这样,他们就和亚塔兰塔(Atalanta)一样,跑上岔道去拾金苹果,同时就打乱了自己的途程,致使胜利从手中跑掉[①]。在经验的真正的途程中,在把经验推进至产生新事功的过程中,我们必须以神的智慧和秩序作我们的模范。且看上帝在创世的第一天仅只创造了光,把整整一天的工夫都用于这一工作,并未造出什么物质的实体。同样,我们从各种经验中也应当首先努力发现真正的原因和原理。应当首先追求"光"的实验,而不追求"果"的实验。因为各种原理如经正确地发现出来和建立起来,便会供给实践以工具,不是一件又一件的,而是累累成堆的,并且后面还带着成行成队的事功。关于经验的一些途径,其被阻与受困一如判断之被阻与受困的一些途径,我在后面还要讲到;这里只是把通常的实验研究作为一种坏的论证来提一下罢了。现在,依照手中问题的顺序,我还须就另外两点有所阐说:一点是前文刚刚提到的迹象。(表明现在通行的思辨和哲学体系是情况恶劣的一些迹象)另一点是那种初看似觉奇怪难信的情况所以存在的原因。指出迹象就能酝酿人

---

① 克钦指出,这个譬喻是培根所喜爱的。在 *Advancement of Learning* 和 *Filum Labyrinthi* 两书中亦曾说到。按:这故事是这样的:亚塔兰塔是希腊一位美丽的公主,以捷足著称。凡求婚者,竞走能胜则许嫁,败则死。最后,有名喜普门尼(Hippomenes)者冒险应赛,他怀有爱神供给的金苹果数枚,投之路旁诱她岔出拾取。她第一次拾取后仍能领先;经再三诱扰,终于在竞走进程中落后,遂为求婚者所得。

们的同意;说明原因则能免除人们的惊奇:这两件事都大有助于从理解力当中根绝假象的工作,使这工作较为容易并较为温和一些。

四

正如人们已把科学的目的和目标摆错了,同样,即令他们把目标摆对了,他们所选取的走向那里的道路又是完全错误而走不通的。谁要正确地把情况想一下,就会看到这样一件很可诧异的事:从来竟不曾有一个人认真地从事于借一种布置井然的实验程序径直从感官出发来替人类理解力开辟一条道路;而竟把一切不是委弃于传说的迷雾,就是委弃于争论的漩涡,再不然就是委弃于机会的波动以及模糊而杂乱的经验的迷宫。现在,让任何人沉静地和辛勤地考查一下人们在对事物进行查究和发现时所惯走的是什么道路,他必定会看出,首先是一个极其简单而质朴的发现方法。一个最通常的方法,它不外是这样:当人们从事于发现什么事物时,他首先要找出和看一看别人以前对这事物所曾发表过的一切说法,然后自己就开始沉思,以其智慧的激荡和活动来吁请,亦可说是来召唤他自己的元精来给以神示。这种方法是完全没有基础的,是只建筑在一些意见上面而为意见所左右的。

其次,又或许有人把逻辑①召进来替他做这发现。但逻辑除在名称上外是与这事无关的。因为逻辑的发明并不在发现出方术所由以构成的一些原则和主要的原理,而只在发现出看来是协合于那些原则和原理的一些事物。假如你是更好奇一些,更苛求一些和更好事一些,硬要去追问逻辑是怎样检定和发明原则或始基

---

① 本节中的"逻辑",在原书中均为 dialectica。

的原理,则它的答复是众所皆知的:它只是把你推到你对于每一个方术的原则所不得不有的信任上去。

最后还剩下单纯经验这一条道路。这种经验,如果是自行出现的,就叫作偶遇;如果是着意去寻求的,就叫作实验。但这种经验只不过是如常言所说的脱籍之帚,只不过是一种暗中摸索,一如处在黑暗中的人摸触其周围一切以冀碰得一条出路;而其实他不如等到天明,或点起一支蜡烛,然后再走要好得多。真正的经验的方法则恰与此相反,它是首先点起蜡烛,然后借蜡烛为手段来照明道路;这就是说,它首先从适当地整列过和类编过的经验出发,① 而不是从随心硬凑的经验或者漫无定向的经验出发,由此抽获原理,然后再由业经确立的原理进至新的实验;这甚至像神谕在其所创造的总体上的动作一样,那可不是没有秩序和方法的。这样看来,人们既经根本误入歧途,不是把经验完全弃置不顾,就是迷失于经验之中而在迷宫里来回乱走,那么,科学途程之至今还未得整地遵行也就无足深怪了。而一个安排妥当的方法呢,那就能够以一条无阻断的路途通过经验的丛林引达到原理的旷地。

五

还有一种见解或虚骄之气,虽系屹立已久但确很虚妄而有害,也无端地加强了上述的毛病。这就是:人们认为,若与那种局于感官、限于物质的一些实验和特殊的东西保持长久而密切的接触,就有损于人心的尊严;特别是因为那些东西要搜求是费力的,要沉思是不值的,要讲述是粗俗讨厌的,要实践是不够狂放的,而其数

---

① 随心硬凑的经验,原文为 praepostera,克钦注释说,这是说人心先定了主见,然后去找适合于它的事例。

目又是无限,其精微处又是过于纤细。这样,对于经验,且不说是予以放弃或处理不善,乃竟是以鄙视的态度而加以排斥;因而最后就走到了这样一种地步:真正的道路不只是被放弃了,而竟是被锁断和堵绝了。

(许宝骙　译)

解释自然和人的王国的箴言

1. 在一个物体上产生和加上一种新的性质或几种新的性质，乃是人的力量的工作和目的。发现一种性质的形式，或真正的属差①，或产生自然的自然②，或流射的源泉③（因为这些名词都是对于这件事情的最近似的描写），乃是人类知识的工作和目的。附属于这些主要工作的，是另外两种次要的工作。附属于前者的，是在可能范围之内改变具体的物体；附属于后者的，是在各种产生和运动的情况下发现潜伏的过程，这种过程的进行，是从明显的动力因和明显的物质因达到所产生出来的形式，并以同样的方式发现静止不动的物体的潜伏结构。

2. 现在人的知识究竟是处在怎样一种恶劣的情况下，即使从一般所接受的原则来看，也是很显然的。认为"真正的知识是根据原因得到的知识"，乃是一种正确的看法；而原因也并不是不适当地分为四种：物质因、形式因、动力因和目的因。但是在这些原因

---

① "真正的属差"指本质或本质属性。——译者
② "产生自然的自然"与"被自然产生的自然"相对待，是当时习用的名词。由于把自然看成自己的原因，因此可以从原因与结果两方面来看自然：作为原因，便是"产生自然的自然"；作为结果，便是"被自然产生的自然"。——译者
③ "流射的源泉"指发出性质的本源，也用来表示形式。——译者

中,目的因,除掉涉及人的行动的那些之外,并不能推进科学,而只足以破坏科学。形式因的发现也是令人失望的。动力因和物质因(正像一般所研究和接受的,把它们作为遥远原因而不涉及导致形式的潜伏过程)只是轻微的、表面的,并且如果对于真正积极的科学有点什么贡献的话,这种贡献也是微不足道的。我也没有忘记,在前面一段中,我曾经指出形式产生存在这种看法是人心的一种错误,并且加以纠正。因为在自然中真正存在的东西,虽然除掉个别物体按照一定的规律进行纯粹个体的活动之外,没有什么别的,但是在哲学里面,就是这种规律以及对于这种规律的研究、发现和解释构成知识与活动的基础。而当我说到形式的时候,我的意思指的也就是这种规律及其所包含的部分①,这个名词是我宁愿采取的,因为它已经成为大家所习用和熟知的名词了。

3. 如果一个人只知道某些东西中某种性质(如血或热)的原因,则他的知识是不完善的;如果他只能在某些能够接受这种结果的实体上加上一种结果,则他的力量也同样是不完全的。一个人的知识如果只限于动力因和物质因(这些乃是不稳定的原因,只是在某些情形之下传达形式的媒介或原因),则他可以对在某种程度上相似的并且事先选择好的实体作出新的发现;但是他并没有接触到事物的更深的边界。但是熟悉形式的人就能够在极不相同的实体中抓住自然的统一性;因此也就能够发现从来没有发现过的东西,发现不管是自然的变化、实验上的努力以及偶然的原因本身都不能使它们实现的东西,发现人从来没有想到过的东西。因此由于形式的发现,我们就可以在思想上得到真理而在行动上得到自由。

----

① 这种规律所包含的部分大致是指培根所说的"简单性质"。——译者

4. 虽然达到人的力量的道路和达到人的知识的道路是紧挨着的，而且几乎是一样的，但是由于人们有喜欢停留在抽象事物上的恶劣积习，所以比较稳健的办法是从那些与实践有关系的基础上开始把各种科学建立起来，并且把实用的部分本身当作印章，来给与之相应的思辨部分盖印，来决定这个部分。因此，我们必须考虑，如果一个人要想在某种物体上面产生或加上某种性质，那么他最希望得到的是什么样的规则，什么样的指导或引导，并且用最简单明了的语言把这种东西表示出来。举例来说，如果一个人想把黄金的颜色加到银子上去，或者使它增加重量（根据物质的规律），或者想把透明性加到不透明的石头上去，或者把坚韧性加到玻璃上去，或者把植物性加到某种不是植物的实体上去——我说，我们必须考虑，如果他想这样做的话，他最希望得到的是什么样的规则和指导。首先，他必然是希望被引导到某种不会在结果上欺骗他或者在试验中使他失败的东西上去。其次，他必然是希望得到这样一种规则，这种规则不致使他固着在某些手段或特殊的操作方式上面。因为也许他并没有这些手段，或者也不容易得到这些手段。如果有别的手段和方法可以产生所需要的性质（在规定的那个之外），这些手段和方法也许是他所能得到的；但是他仍然会被规则的狭隘性所排斥，而不能从这些手段和方法得到好处。第三，他还希望知道有某种东西并不像他所要去做的事情那样困难，而是更接近于实践的。

可见，一个真正完善的操作规则所需要的指导必须是确实的，自由的，并且是可以导致行动的。而这和真正的形式的发现就是一回事情。因为一种性质的形式就是这样：有了一定的形式，一定的性质就必然跟着出现。因此，当这个性质存在着的时候，这个形式总是存在着的，它普遍地蕴涵这个性质，而且经常是这个性质所固有的。同样,这种形式也是这样:如果被取走了,这个性质也就必然跟着消失,因此,如果这个性质不存在,它总是不存在的,总是蕴涵这个性质的不存在,并且决不为别的东西所固有。最后,真正的形式乃是这样的:它把所要的性质从更多的性质所固有的某种存在源泉里面推导出来,这种存在的源泉在事物的自然秩序上是比这个形式本身更容易认识的。因此,一个真正完善的知识的公理所需要的指导和规条,就是要发现可以和一定的性质互相转换的另一种性质,同时这另一种性质还是一种更普遍的性质的限制,如同一种真正实在的种①的限制一样。可以看到,这两种指导,一种是行动的,另一种是思辨的,乃是同一的东西;而凡在操作上是最有用的,在知识上也是最真实的。

5. 改变物体的规则或公理有两种,第一种是把一个物体看成一团或一组简单的性质。例如,在金子里面,下面的这些性质会合在一起:它的颜色是黄的,它具有一定的重量,具有一定程度的展性或韧性,它是不容易改变的,火的作用不能使它的实质受到损失,使它变成具有一定程度流动性的流体,可以用特殊的方法把它分开和使它溶解,此外还有其他在金子中会合的性质。因此,这种公理把事物从简单性质的形式中推导出来。因为一个人如果知道黄色、重量、韧性、固定性、流动性、溶解性等等的形式和诱导它们的方法,如果知道它们的各种程度和形态,就会设法使它们在某种物体里面结合起来,从而可以使那个物体转化为黄金。这种操作是属于第一种行动的。因为产生某一简单性质的原则和产生许多这种性质的原则是一样的。所不同的只是:如果需要产生更多的性质,则一个人就会更加束缚和固着在操作上。因为要把这样许

---

① "真正实在的种"也就是指更普遍的性质。——译者

多除掉在自然所走惯的通常道路上便不容易会合在一起的性质结合为一,乃是很困难的事情。但是必须指出来,这种操作方式(对于简单的虽然是在复合物体中的性质来说)乃是从自然中的永恒普遍的东西出发的,它给人的力量开辟了广阔的道路,而这(就事物的现状论)是人的思想很难了解或预料到的。

第二种公理是关于发现潜伏过程的。这种公理不是从简单性质出发,而是从在自然的通常进程中见到的复合物体出发。例如:我们研究黄金或任何其他金属或石头从什么开端,通过什么方法和过程,从它的最初溶液和原始材料一直到成为完善的矿物产生出来。……

6. 但是我所说的潜伏过程,并不是像现在心中已经有了偏见的人们所容易设想到的那种东西。因为我所了解的这种过程并不是在看得见的物体中进行的过程的某种度量或征象或继续的步骤。而是大部分感觉不到的一种完全连续的过程。

举例来说,在一切物体的产生和转变中,我们必须研究什么东西失掉了和跑掉了,什么东西依旧存在,增加了什么东西,什么东西膨胀了,什么东西紧缩了,什么东西联合起来了,什么东西分开了,什么东西在继续,什么东西被割断了,什么东西在推进,什么东西在阻碍,什么东西占了优势,什么东西放弃了地位,以及许许多多的特殊情形。

再则,不仅在物体的产生和转变中要确定这些点,而且在其他一切变化和运动中,也同样应当研究什么东西在先发生,什么东西后来出现,什么快些,什么慢些,什么产生运动,什么支配运动,以及类似之点。但是所有这些对于现在的科学来说(这些科学都是极其粗陋而且毫无用处的)都还是不知道的,没有处理过的。既然每个自然的作用都有赖于无限小的东西,或者至少是小得不能引

解释自然和人的王国的箴言 | 183

起感觉的东西,因此如果一个人不能够适当地了解和注意到这些东西,他便不能够希望控制或改变自然。

7. 研究和发现物体中的潜伏结构,也和发现潜伏过程及形式一样是新的东西,因为直到现在我们还只是在自然的外庭徘徊,我们也并没有给自己准备一条进到它的内室里面去的道路。但是没有人能够赋予一个物体以一种新的性质,或者成功地或适当地把它转变成一个新的物体,除非他已经得到了关于要这样来改变或转变的物体所应有的知识。否则他就会跑进一种方法里面去,这种方法如果不是毫无用处的,至少也是很困难的,错误的,不适合他所操作的物体的性质。因此,必须给这件事情开辟和铺设一条道路,也是很显然的。

诚然,在解剖有机体(如人体与动物解剖)上面,我们已经付出了一些气力,并且收到了好的效果,这似乎是一件微妙的事情,也是对于自然的一种很好的考察。但是这种解剖是隶属于视觉与感觉的,而且只是在有机体中有其地位。此外,比起真正解剖一般认为具有一致结构的物体的潜伏结构来,它还是一件明显而容易的事情。特别是对于具有一种特殊性质的东西及它们的部分,如铁、石头等来说,更是这样。对于植物和动物中结构一致的部分,如根、叶、花、肉、血、骨等来说,也是这样。但是即使在这种东西里面,人的勤劳也并不是完全没有。因为这正是用蒸馏和其他分析方法(这种分析可以把一个复合物体的各个相同部分结合在一起而使其复杂结构显露出来)来分解结构一致的物体所要达到的目的。这也是有用的,并且导致我们所寻求的目标。不过它的结果常常是错误的,因为许多事实上是由火和热及其他的分解方法所产生和加上的新东西被认为只是分解的结果,并且是先已潜在于复合物体中的。无论如何,这只是发现复合物体中的真正结构工作的一小部分；这种结构乃是一种更加微妙和更加精确得多的东西，对于这种东西来说，火的作用与其说是把它表明出来和使它变得明显了，不如说是把它弄得混乱了。

因此，物体的分解和解析，确乎不能用火来实现，而要用在实验帮助下的推理和真正的归纳来实现，要通过和其他物体的比较，以及还原到结合或混合在复合体中的单纯性质和它们的形式来实现。一句话，如果我们想要发现物体的真正组织和结构，我们必须要从火神过渡到文艺之神。这些结构和组织乃是事物中一切隐秘的和所谓专有的性质与品质所依据的；而一切有力的改变和转变的规则也是从它们引申出来的。……

8. 不过我们也不能因此采用原子学说。这种学说蕴涵着关于真空的假设和物质不变的假设（二者都是错误的假设）；我们只能采取实际存在的真正分子。再则，我们也没有任何理由认为这种研究是微妙的而感到惊异，好像它是不能够弄清楚似的。相反地，愈是接近简单性质，一切事物就愈变得容易和明显。因为事情已经从复杂变成简单，从不可通约变成可以通约，从不尽根变成有理量，从无限和不清楚变成有限而确定，如同字母系统中的单个字母和音乐中的音符一样。如果我们对于自然的研究从物理学开始而终结于数学，这是会收到好的效果的，再则，我们用不着害怕大的数目和小的分数，因为在处理数目的时候，很容易把一千规定为或设想为一，或者把一个整数的千分之一规定为或设想为一个整数本身。

9. 从上面所说的两种公理，可以得到一种对于哲学与科学的适当分类；我在一种意义上是按照我自己的看法来使用这些习用的名词的（这些名词是最能够表示事物的），这样，关于形式的研究就构成形而上学，因为形式乃是（至少照理性看来，和就它们的主要规律来说）永恒的和不变的。对于动力因、物质、潜伏过程与潜伏结构的研究（所有这些都只涉及自然的通常过程，而不涉及它们永恒的基本规律）则构成物理学。附属于这两种的又有两种实践上的分类：附属于物理学的是机械学；附属于形而上学的就是我所谓（在一种比较纯粹的意义之下的）魔术；其所以称为魔术，乃是因为它的活动方式很广，它的控制自然的力量较大。

10. 我们既然已经把知识的目标这样确立起来了，我们就要进一步来讨论各种规条，并且要用最直截了当的方法和依据明显的秩序来进行。我对于解释自然所提供的指导包括两大类：其一是怎样从经验导出和形成公理；另一是怎样把新的实验从公理推导出来和引申出来。前者又可以分为三种辅助：对于感官的辅助、对于记忆的辅助和对于心灵或理性的辅助。

首先我们必须准备一部充足、完善的自然和实验的历史，这是一切的基础。因为我们不是要来想象或假想，而是要来发现自然所作的是什么或者可以使它作什么。

但是自然及实验的历史是极其纷纭错综的，如果不在适当的秩序中来加以安排和考察，便会使理智混乱和迷惑。因此我们必须根据这样一种方法和秩序来作出"例证表和例证的安排"，以便使理智能够处理它们。

即使这一点已经完成了，但是理智如果听其自然及听其自发的运动，而没有指导和领导，仍然是没有力量和不适宜于形成公理的。因此，第三步我们必须应用归纳，真正而适当的归纳。这种归纳正是解释的钥匙。但是我必须先来谈谈这最后的一点，然后再回到别的辅助上去。

11. 对于形式的研究是这样进行的：给定了一个性质，我们必须首先把一切已知的虽然在质料上很不相同而在这个性质上是一致的例证收集起来，摆到理智的面前。这个收集必须以一种历史的方式作出来,而不要有过早的思辨或任何大量的玄思妙想。我们即以研究热的形式为例。①

这个表我称为"本质和具有表"。

12. 其次,我们必须给理智提供缺乏这种性质的例证;因为如像我们前面所说的,当给定的性质不在的时候,形式也应当不在,正如同当给定的性质存在的时候,这个形式也应当存在。但是要观察所有这些例证,是没有完结的。

因此,否定的例证应当附加在肯定的例证上面,而研究给定的性质的缺乏,也只应当在那些和有这种性质存在与会有这种性质出现于其中的例证最相近似的东西中间去进行。这个我称为"差异表"或"接近中的缺乏表"。②

13. 第三,我们必须给理智提供这样一些例证,在这些例证中,我们所探究的性质以多少不同的程度出现。要这样作,就要把它在同一物体中的增减加以比较,或者把它在不同的、经过互相比较的物体中的数量加以比较。因为既然一物的形式就是此物本身,而事物与形式的区别不过是表面的与实在的、外在的与内在的之间的区别,或者说,是一物对于人来说与一物对于宇宙来说之间的区别。所以我们必然得到的结论就是:一种性质决不能看成是真正的形式,除非当我们所研究的性质减少时它总跟着减少,而当这个性质增加时它也同样总是跟着增加。因此我称这个表为"程度表"或"比较表"。③

14. ············

15. 这三个表的功能和职司,我称为向理智提供例证。在提供

---

① 培根列举 28 条例证,如太阳光线的热、火焰、滚水、摩擦生热等等。
② 培根也举了 32 条缺乏热的例证及其说明。
③ 培根也作了一个关于热的"程度或比较表",包括 41 条。

了例证之后，归纳本身便要开始工作，因为问题是：根据对于所有这些例证和每个例证的考察来找出这样一种性质，这种性质总是和给定的性质同时存在或者同时不存在，也总是和它同时增加和减少；这种性质，也像我所说过的，乃是更普遍的性质的一个特例。如果人的心灵就像它听其自然总喜欢作的那样，一开始便以肯定的态度来进行这个工作，其结果必将是幻想、猜测以及界说不清的概念和每天都得要修改的公理，除非像经院哲学家一样，我们具有一种为错误的东西而斗争的精神；虽然这些无疑地也会由于在活动着的理智的能力和力量的好坏而有好坏的不同。当然，对于形式的给予者和制造者上帝来说，或者也可以对于天使和具有较高智慧的东西来说，他们在一开始思考的时候，就直接具有对于形式的肯定的知识，但是这肯定不是人所能作到的。人只能从否定的东西出发，最后在穷尽了排斥之后，才能够达到肯定的东西。

16. 因此我们必须把自然加以分解和分离，但所用的不是火，而是心灵，是一种神火。因此，真正归纳的首要工作（就形式的发现来说）乃是在于拒绝或排斥这样一些性质，这些性质是在有给定的性质存在的例证中找不到的，或者在给定的性质不存在的例证中找到的，或者是在这些例证中给定的性质减少而它们增加，或给定的性质增加而它们减少的；这样，在拒绝和排斥的工作适当完成之后，一切轻浮的意见便烟消云散，而最后余留下来的便是一个肯定的、坚固的、真实的和定义明确的形式。这点说起来是很快的，但是达到它的途径却是曲折复杂的。虽然是这样，凡是可以帮助我们达到它的任何一点，我都要努力不加以忽略。

17. 但是当我赋予形式以这样一个显著的作用的时候，我不能不经常提醒人们注意，不要把我所说的用到他们惯于设想的那些形式上去。

因为第一，我现在所说的并不是复合的形式。这种形式，正如我曾经指出过的，乃是按照宇宙的普通过程而形成的简单性质的组合，如狮子、老鹰、玫瑰、黄金的形式等。当我们讨论到潜伏过程和潜伏结构以及在它们出现于所谓实体或具体的自然中时来发现它们的时候，我们会要讨论到这些形式的。

但是即使对于简单性质来说，人们也不能把我所说的了解成为根本不能用物质来定义的或者没有明确定义的抽象的形式或观念。因为当我讲到形式的时候，我所指的不是别的，正是支配和构成简单性质的那些绝对现实的规律和规定性，如各种物质中的热、光、重量和能够接受这些性质的东西。因此，热的形式或光的形式和热的规律或光的规律乃是同一的东西。同时的确我从来也不使我自己离开事物本身以及它们的实际作用。因此，（例如）当我在研究热的形式时说到"拒绝稀薄性"或"稀薄性不属于热的形式"时，这就如同我说"能够把热加到一个密集的物体上"或说"能够把热从一个稀薄的物体取走或使其离开这个物体"是一样的。

如果有人认为我的形式也是具有某种抽象的性质的东西，因为它们把各种性质不同的东西混合起来，结合在一起（因为天体的热和火的热似乎是性质很不相同的；玫瑰等确定的红色和虹、蛋白石、金刚石表面的红色也是这样；又如各种不同的死、淹死、吊死、刺死、中风而死、消瘦而死也是这样。但是尽管如此，它们仍分别在热、红、死的性质上是一致的）；我说，如果有人持这种意见，那么可以使他相信，他的心灵是被习惯、被事物的粗疏现象和人的意见所俘虏了。因为毫无疑义，这些东西，不管彼此如何不同，在支配热、红和死的形式或规律上总是一致的，而人的力量，除掉通过对于这种形式的揭露和发现，是不可能从自然的普通过程中解放出来，扩大和提高到新的效力和新的活动方式上面去的。……

18. ……………
19. ……………
20. ……………

关于热的形式的第一次收获

应当指出来（从上面所说的可以明白看到），一物的形式一定要在此物所在的每一个例证和一切例证中找到；否则它就不会是形式。因为可以断言，不能有矛盾的例证。同时可以看到，形式在某些例证中要比在另一些例证中更加突出和明显；即是说，在那些形式的性质比较不受别的性质的拘束、阻挠和限制的例证中，形式是比较突出和显明的。这种例证我称为鲜明的或突出的例证。现在我们可以进而讨论关于热的形式的第一次收获。

在对于一切例证加以考察之后，可以见到热是一种性质的一种特殊情况，这种性质就是运动。……

当我说运动像是一种而热是它的一个属的时候，我的意思并不是说热产生运动或者运动产生热（虽然在某些情形之下二者都是对的），而是说，热本身、热的本质、精髓就只是运动而不是别的。……

感性的热乃是种相对的运动，相对于人，而不是相对于宇宙。这种热可以正确地定义为热作用于动物精神的结果。不但如此，它本身还是变化的，因为根据感官的情况不同，同一物体可以引起冷的感觉，也可以引起热的感觉。……

其次，我们决不可以把热的传导或热的传递性质（由于这种传导或传递性质，当一个热的物体被加到另一个物体上时，就会使这个物体变热）和热的形式混为一谈。因为热是一回事，加热又是一回事。热的产生是由于摩擦运动而无需任何在先的热，这就是一个把加热从热的形式排斥出去的例证。即使当一物的热是由于一个热的物体和它接近而产生的,这也不是从热的形式发生出来的,而是完全依赖于一种更高和更普遍的性质,即同化或自己增加的性质的,但这是一个需要单独研究的题目。

....

意义上的含混既经消除了,最后我可以来谈一下把运动加以限制而使其构成热的形式的那些真正的属差了。

第一种差别就是这样:热是一种膨胀的运动……

....

第二种差别是前一种的一种限制,即热是向周围膨胀的运动,但还有这样的条件,即物体同时具有一种向上的运动。

第三种属差是这样:热是一种膨胀运动,但并不是整个物体一致的运动,而是物体中较小的部分的运动,同时这种运动受到阻碍、排斥而被打回,以致使物体得到一种交替的运动,不断振动、努力和斗争,为回击所激动,从而产生火与热的凶猛。

....

(我现在所说的)这种属差也是冷的性质所共同的。因为在冷的东西中,收缩的运动被一种膨胀的反抗倾向所阻碍,正如同在热里面膨胀运动是被一种收缩的反抗倾向所阻碍一样。所以,不管一个物体的分子是向内作用或向外作用,其作用的方式总是一样的,虽然力量的程度很不相同;因为在我们的地面上并没有什么东西是极度冷的……

第四种属差乃是前一种的一种限制:这就是:前面的刺激运动或深入运动必须是某种迅速的而非迟钝的运动,必须由分子发出,这种分子诚然是很微小的,但也还不是最精细的,而是稍微大一点的。

....

解释自然和人的王国的箴言 | 191

现在从我们这个第一次收获可以得出结论说：热（即相对于宇宙而不只是相对于人的热）的形式或真正定义可以用下面的几句话表示：热是一种膨胀的、被约束的而在其斗争中作用于物体的较小分子之上的运动。但是这个膨胀要加上这样的限制，即：当热向各方面膨胀时，它同时有一种向上的倾向；而分子中间的斗争也要加以限制，即：这种斗争不是迟钝的，而是迅速和剧烈的。

....

（王太庆　译）

科学归纳法

一

有些人主张确实性是绝对不能获致的,这学说和我所采取的进行途径在其最初起步时也有一些一致之处;但这两个学说在结局上却远远地分开了,并且是相互反对的。主张那种学说的人们只是简单地断言,一切事物都是不可解的;而我固亦断言,若用现所通用的方法,则对自然中的事物确是不能了解多少。但是由此,他们却进至根本破除感官和理解力的权威;而我呢,则进而筹划要供给它们以帮助。

二

我们至今还不曾遇到一个心志坚定的人能毅然决然扫荡一切陈旧学说和普通概念,并以由此而致的公正平匀的理解力去对特殊的东西作崭新的考查。由于这样,所以像我们现在所有的人类知识还只是杂七杂八、编列未当的一堆,其中包含着许多轻信和偶然事项,也包含着我们一起始时所吸得的一些幼稚概念。

现在,如有年龄成熟、感官健全、心灵纯净的人投身于经验和特殊的东西而从头做起,则较好的希望是可以寄托在他身上的。在这一点上,我以和亚历山大大帝的命运相同的命运期许于我自己;希望人们不要在未听完以前遂以虚妄见责,因为我所想说的意思正是趋向于驱除一切虚妄的。关于亚历山大及其事业,伊斯金尼斯(Aeschines)曾说过这样的话:"当然,我们不过那'与草木同朽'的人们的生活;我们是为着这一目的而生的,就是要使后世之人可以来谈论我们的奇迹",这话意味着亚历山大所做的事在他看来是很神奇的。① 而在后一年代,李维亚斯(Titus Livius)对这事情又有较好和较深刻的见解,他实际是说,亚历山大"所做的不过只是鼓起勇气来蔑视那虚假的可畏现象罢了"②。我想,与此相似的论断也会由后世之人加到我自己身上,就是说:我并不曾做出什么伟大的事,只不过把被认为伟大的事认为较小一些罢了。同时,我还要说,如我所已经说过的,除非有科学的新生,希望是没有的。而所谓科学的新生则是把它从经验上有规则地提高起来并重新建造起来,这一工作,没有人(我想)会说是已经有人做过或想过的。

三

现在,说到经验的根据——因为我们总是要归到经验上来的——直到目前,我们不是还没有根据,就是只有极其薄弱的根据。还不曾有人做过搜索工作,去收集起一堆在数量上、种类上和确实性上,足够的、关于个别事物的观察,或者采用其他任何适当的方法来指教理解力。相反,有学问的人们,但亦是轻忽而又懒惰的人们,在建立或证实他们的哲学时,却采用了某些无稽的谣传,

---

① 伊斯金尼斯(前389—前314),希腊大演说家,与德谟辛尼斯为敌。当Ctesiphon提议以雅典名义授予后者以金冠时,伊斯金尼斯曾痛斥他为违法。他在这段演词中曾说到雅典力量之虚弱,并说到亚历山大之毁灭西比斯(Thebes)。

② 李维亚斯(前59—17),罗马著名历史家,著有《罗马史》。

含糊的流言,或者经验的一些假态,并赋予它们以合法证据的重量。譬如一个国家指挥百僚,处理庶政,不以大使和可靠使者的书札报告为凭,却以街谈巷议为据,现在在哲学当中处理对经验的关系时所采用的办法正是这样。现在在自然历史当中找不出一个事物是适当地查究过、证明过、算过、衡过或量过的。当然,凡在观察中是粗疏模糊的东西在指教时就一定是欺罔和无信的。有人或许认为我这话说得很怪,而且近于不公平的指责,因为他看到亚里士多德以如此伟大之身,得如此伟大君主财富之助,已经纂成一部如此精确的动物史;而继起的人们又以更大的辛勤,也以较少的矫饰,做了很多的补充;而且此外还有别人对于金属、植物以及化石也做出了富赡的历史和叙述。如果有人这样想,那么他似乎没有正确地领会到我们现在要干的是什么。须知,为作自然史而作的自然史与那种为对理解力提供消息以期建立哲学而集成的自然史是迥不相类的。二者之间有许多不同之处,而特别是这一点:即前者仅仅包含着各式各样的自然种属,而不包括着机械性方术的各种实验。而正如在生活事务方面,人的性情以及内心和情感的隐秘活动尚且是当他遇到麻烦时比在平时较易发现,同样,在自然方面,它的秘密就更加是在方术的扰动下比在其自流状态下较易暴露。这样说来,在作为自然哲学的基础的自然历史一旦在较好的计划上纂成之后,亦只有到了那个时候,我们是可以对自然哲学怀抱许多好希望的。

四

再说,即在极其丰富的机械性的实验当中,那种对于指教理解力方面最为有用的实验却是尤为稀少。因为机械学者由于不肯自苦于查究真理,总是把他的注意局限于那些对自己的特殊工作有关系的事物,既不提起他的心、也不伸出他的手去搞任何其他事物。但是,只有到了自然史当中已经接受、进而集合起多种多样的本身无用而专能帮助发现原因和原理的实验的时候①,我们才有良好的根据去希望知识的进一步发展。这一类的实验,我称它为光的实验,以别于另一类所谓的果的实验。

这一类的实验具有一种大可赞美的性质和情况,就是它们永远不会不中或失败。这是因为,人们应用它们时目的不在于产生什么特定的结果,而在于为某种结果发现其自然的原因,所以它们不论结局如何,都同样符合人们的目的,因为它们解决了问题。

五

但是,我们不仅要谋求并占有更大数量的实验,还要谋求并占有一种与迄今所行的实验不同种类的实验;还必须倡导一种完全不同的、足以促进和提高经验的方法、秩序和过程。因为经验当它循着自己的轨辙漫行时,如我在前面所说,只是一种暗中摸索,只足以淆惑人而不足以教导人。但是一旦它能照着确定的法则,守着有规则的秩序,并且中途不遭阻扰而向前行进时,那么,知识方面许多更好的事物是大有希望的。

六

但是,即使理解力或哲学进行工作时所需要的自然史方面的以及经验上的一堆材料已经准备在手,理解力若是一无装备而仅靠记忆去对付它们,那还是不能胜任的,正如一个人不能希望用记忆的力量来保持并掌握对天文历书的计算一样。可是在发明方面

---

① 克钦指出,像培根为发现"热"而搜集的若干事例,就是这种实验之一例。

的工作迄今始终是思维多于写作,经验是还不曾学会其文字的。而我们知道,发明的历程若非由文字记载保其持续推进,总是不能圆满的。一旦文字记载广被采用而经验变成能文会写时,就可以希望有较好的事物了。

七

再说,特殊的东西乃是数目极其庞大的一支军队,而且那支队伍又是如此星罗棋布,足以分散和惑乱我们的理解力,所以我们若只凭智力的一些小的接战、小的攻击以及一些间歇性的运动,那是没有多大希望的。要想有希望,必须借着那些适用的、排列很好的、也可说是富有生气的"发现表",把与探讨主题有关的一切特殊的东西都摆开而排起队来,并使我们的心就着那些"发现表"所提供的、经过适当整理和编列的各种补助材料而动作起来。

八

即使特殊的材料已经恰当有序地摆列在我们面前,我们还不应一下子就过渡到对于新的特殊东西或新的事功的查究和发现;或者,假如我们这样做了,无论如何亦不应停止在那里。虽然我不否认,一旦把一切方术的一切实验都集合起来,加以编列,并尽数塞入同一个人的知识和判断之中,那么,借着我上面所称作"能文会写"的经验,只需把一种方术的实验搬到另一些方术上去,就会发现出许多大有助于人类生活和情况的新事物——虽然我不否认这点,可是从这里仍不可能希望得到什么伟大的东西;只有从原理的新光亮当中——这种新原理一经在一种准确的方法和规律之下从那些特殊的东西中抽引出来,就转过来又指出通向新的特殊东西的道路——方能期待更伟大的事物。我们的这条路不是一道平线,而是有升有降的,首先上升到原理,然后降落到事功。

九

但我们却又不允许理解力由特殊的东西跳到和飞到一些遥远的、接近最高普遍性的原理上(如方术和事物的所谓第一性原则),并把它们当作不可动摇的真理而立足其上,复进而以它们为依据去证明和构成中级原理。这是过去一向的做法,理解力之被引上此途,不止是由于一种自然的冲动,亦是由于用惯了习于此途和老于此道的三段论式的论证。但我们实应遵循一个正当的上升阶梯,不打岔,不蹦等,一步一步,由特殊的东西进至较低的原理,然后再进至中级原理,一个比一个高,最后上升到最普遍的原理;这样,亦只有这样,我们才能对科学有好的希望。因为最低的原理与单纯的经验相差无几,最高的、最普遍的原理(指我们现在所有的)则又是概念的、抽象的、没有坚实性的。唯有中级公理却是真正的、坚实的和富有活力的,人们的事务和前程正是依靠着它们,也只有由它们而上,到最后才能有那真是最普遍的原理,这就不复是那种抽象的,而是被那些中间原理所切实规限出的最普遍的原理。

这样说来,对于理解力切不可赋以翅膀,倒要系以重物,以免它跳跃和飞翔。这是从来还没有做过的;而一旦这样做了,我们就可以对科学寄予较好的希望了。

十

在建立公理当中,我们必须规划一个有异于迄今所用的、另一

---

① 拉丁文为 notionalia,英译文为 notional。克钦指出,这是烦琐学派所喜用的一个字眼,这里的意思则只是说"居于人心的概念之中,而不是居于实存的事物之中"。

形式的归纳法,其应用不应仅在证明和发现一些所谓第一性原则,也应用于证明和发现较低的原理、中级的原理,实在说就是一切的原理。那种以简单的枚举来进行的归纳法是幼稚的,其结论是不稳定的,大有从相反事例遭到攻袭的危险;其论断一般是建立在为数过少的事实上面,而且是建立在仅仅近在手边的事实上面。对于发现和论证①科学方术真能得用的归纳法,必须以正当的排拒法和排除法来分析自然,有了足够数量的反面事例,然后再得出根据正面事例的结论。这种办法,除柏拉图一人而外——他是确曾在一定程度上把这种形式的归纳法应用于讨论定义和理念的②——至今还不曾有人实行过或者企图尝试过。但是为要对这种归纳法或论证作很好的和很适当的供应,以便利它的工作,我们应当准备许许多多迄今还没有人想到的事物,因此我们也就必须在此中比迄今在三段论式中作出更大的努力。我们还不要把这种归纳法仅仅用于发现原理,也要把它用于形成概念。正是这种归纳法才是我们的主要希望之所寄托。

十一

在用这样一种归纳法来建立原理时,我们还必须检查和核对一下这样建立起来的原理,是仅仅恰合于它所依据的那些特殊的东西,还是范围更大和更宽一些。若是较大和较宽,我们就还要考究它是否能够以对我们指明新的特殊东西作为附有担保品的担

---

① 拉丁文为demonstratio,英译文为demonstration。克钦指出:培根在这里把这一术语错用到指称相反的东西上去了,照以前的逻辑著作家们的用法,"论证"一词是严格地专用于演绎法的,由于培根根本否认演绎法为达致真理的有系统的方法,所以就把"论证"一词照近代的意义来使用,等于"严格证据"的同义语了。

② 这又是若干段文字之一,足以表明培根毫无自命为归纳法的创见者之意。

保,来证实那个放大和放宽。这样,我们才既不致拘执于已知的事物,也不致只是松弛地抓着空虚的影子和抽象的法式,而没有抓住坚实的和有其物质体现的事物。一旦这种过程见诸应用,我们就将终于看到坚实希望的曙光了。

十二

以上只是从消除或修正过去的错误一方面来解除绝望并鼓起希望。现在要再看看还有什么别的道路成为希望的根据。在这里,这样一个想法立刻就出现了:既然当人们还并非着意寻求有用的发现,而是另忙于其他事物的时候,仅仅出于偶然和机遇,尚且有许多有用的发现做了出来,那么,如果人们投身于追求它们并以此为其专业,又是本着方法和依着秩序而不是凭着间歇性的冲动去做,当然无人能够怀疑他们是会做出远远更多的发现的。虽然有一次两次人们也会于偶然中碰到苦求不得的事物,但是通体说来情况无疑是与此相反的。由此可见,要以较短的间歇得到远远较好而且较多的事物,应当期之于人们的理性和努力,期之于人们的指导有方和用志专一,而不应期之于偶然的机遇、动物的本能以及类此等等,——而以往的发明却竟是以这些为其根源的。

十三

希望的另一论据可以由这样一点抽得:有些已知的发明在其被发现前是很难进入任何人的头脑而为人所想到的;它们总是被认为不可能而遭搁置。因为人们凡在构想会出现什么时,总是把曾出现的东西摆在面前做样子;凡在预度新的东西时,总是出以先被旧的东西所盘踞、所染过的想象。形成意见的这种方法是很谬误的,因为从自然这一源泉所发出的水流并不是永远束在旧的槽道里面来流的。

举例来说，在发明大炮以前，假如有人从它的效果上来描述这东西，说有一种新的发明能在远距离外撼动以至摧毁最坚固的碉楼和城垣；人们听了，必定首先就想到炮弩和其他机械，想用一切方法，想用能撞击能发射的重物、轮盘和类似的机器来加倍想象它们的力量；至于说会有一股带火焰的疾风，猛然而暴烈地发出并爆炸起来，这个想法就很难进入任何人的想象或幻想；因为除地震和闪电而外，人们从来不曾见过与这东西直接相仿的事物，而地震和闪电则是自然的伟作和神奇，为人所不能模拟，于是这个想法就径直被人们排拒掉了。

同样，在发明蚕丝以前，假如有人说，有一种线发明出来了，可以供衣着和铺陈之用，比麻线和毛线都精得多，结实得多，也美观和柔软得多；人们一听，必会首先直接地想到某种丝状的植物，某种走兽的较精的毛，或是某些飞禽的羽片和锦毛；至于说是一个小小虫儿所作的茧，这种小虫又是如此之多，并且是一年一度重生起来，那无疑是他们从来也没有想过的。甚至，即使有人说到什么小虫，人们必定还要加以嘲笑，又认为他在梦想一种新的蜘蛛网呢。

同样再说一例，在发现磁石以前，假如有人说，某种工具业经发明，能够用来精确地观察和辨认天体的部位和方向；人们听了，一定是听其想象所至作出各式各样的构想，想到一些天文仪器的更精巧的构制；至于说能发现出一种东西，其运动悉合于天体但本身却非一个天体，而只是一种金属或石类的质体，则他们必断为是完全不可信的。上述三种东西以及类似的东西，自有世界以来多少年都是隐而不显，而其最后之被人发现亦非由于哲学和理性的方术，而是出于偶然和机遇；这是因为，如我在前面所说，它们与以前所知的任何东西是种类完全不同，相去非常之远，所以人们就没有一种预先存想的概念可能导致它们的发现。

这样看来,我们就有很多的根据来希望,在自然的胎宫中还贮有许多极其有用的秘密东西,与现在已知的任何东西都不贴近,也无可比拟,而完全处于人们想象的熟路之外,迄今尚未被发现出来。无疑,在此后若干年月的行进和运转当中,这些秘密迟早亦要同其他已经现出的东西一样自行显露出来;不过若是使用我们现在所论的方法,我们就能迅速地、痛快地、同时一齐地把它们引现出来和提前促成罢了。

十四

还有属于另一种类的发现尚待指出,它们证明着有许多高贵的发明可能就在我们脚边,而人们却踏过而无所见。尽管在火药、蚕丝、磁石、糖、纸以及类此等等的发现方面看来是有赖于事物自身的以及自然的某些性质,说到印刷这个方术方面,无论如何总没有什么不是显明易见的东西了。但是就在这里,由于人们没有见到:排版虽比手写较难,但二者却有一种区别,即一版排出可有无数印本,而手写则只能有一本;也或者又由于人们没有见到,墨水可以浓化到能印而不流(在字型朝天由上下印时更是如此);——我说,只是由于人们没有见到这些事情,就空过了这么久的悠悠岁月,而没有做出这一大有助于传播知识的最美妙的发明。

在这一种发明的进程中,人心方面有着这样一种别扭情况和不顺当的根性,开始是不信赖它自己,随后又蔑视它自己:起初不相信任何这类事物能被发现,既经发现以后则又不能理解何以人世与它迷失如此长久。正是这一情况本身大可取作希望的又一论据;这就是说,还在大量可以发明的东西剩留在那里,不仅可用那些尚待发现的做法,就是借助于上文所说的"能文会写的经验"来把那些已有的做法搬运、比较并应用一番,也能把它们推演而揭露出来。

十五

　　此外,我想人们还可从我本人这个例子得到一些希望。我说这话,并非出于自夸,乃是因为说来有用。如果有人沮丧失望,就请他看看我是怎样的。在与我同时的一切人当中,我是国务最忙的一个;①我的健康亦不很好(因此也就白丢了许多时间);在所说的这件事上我又完全是一个开荒者,既无他人的轨辙可循,也未得到任何人参加商讨;只是由于我坚决地走上真路,使我的心服从于事物,我想我尚且把这件事多少也推进了一些。那么,就请人们再想一想,当道路业经这样指明之后,在人们富有闲暇,加以共同劳作,加以屡代相承等等条件下,我们的希望又当如何,希望当然是更大的,因为这条道路原非一个人在一个时代所能走完(如同在推理方面所有的那种情形),而是需要把许多人的劳动和努力在最大效果下先行分工,然后再行集合起来(关于搜集经验尤其应当这样)。不要很多人都做相同的事,而要每个人各管一件事:只有到这时人们才会开始知道自己的力量。②

十六

　　最后,由新大陆向我们吹来的希望的风信③即使是较其实际

----

　　① 克钦说:培根在这里这样说到他自己,是完全正确的。他的前人和后人,有谁像他既这样深研洞察到科学的一切部门,而同时又那样活跃地投身于社会生活的事务呢?

　　② 克钦指出,这里有了近代所谓分工原则的萌芽。

　　③ 这是暗引 Peter Martyr Anghiera 所述哥伦布发现新大陆的故实:他当时观察到一年中某些时候有西风吹到葡萄牙海岸,遂据以得出结论说必有陆地在产生这些风。

为微弱而难于觉察，我们（假如我们的精神不是完全沮丧）也必须用一切办法来做一番尝试。须知不尝试的损失与不成功的损失两者之间是无比较可言的：不尝试是根本抛弃了取得巨大利益的机会，不成功则不过损失了人们小小的一点劳力。如实说来，从我所已论过以及置而未论的道理来想，我看我们是有着足够的甚至用不了的希望，不仅足以使勇者敢于尝试，并亦足以使心清智明的人发生信心。

十七

关于解除人们绝望心理——这是延缓和阻碍知识进步的最有力的原因之一，我现在已论述完毕。这就同时把我关于过去所有错误、懒惰与无知的迹象和原因所必须说的话亦作了一个结束；特别是因为有些不在通俗判断和通俗观察之列的比较隐微的原因，是必须归到前文所论人心假象一方面来看的。

至此，我的《复兴论》中的破坏部分也应该结束了。这个破坏部分包含着三个驳辩：第一，关于任其自流的人类天然理性的驳辩；第二，关于论证的驳辩；第三，关于学说也即关于公认的哲学体系和教义的驳辩。我进行这些驳辩所用的也是唯一能用的办法，乃是就着迹象以及原因的证据来立论；因为我既然在第一性原理以及在论证规律上都与他人毫无共同之处，我就根本没有展开他种驳辩的门径。

说到这里，已是进而讲论这方术本身和解释自然的规则的时候了；但还有些话须要说明在先。因为在这第一卷论述中我原是打算先为人心做好准备，以便它能理解并接受下卷所说的东西；而现在我既已刷洗、打扫和铲平了心的地面，那么剩下的事就是还要把心放在一个好的位置，亦可说是一个便利的方位上，去看我所要摆在它面前的东西了。要知道,在一件新的事情,不仅某些旧见解的强烈成见会对它造成伤害,对于所介绍的新事物若先存一种虚妄的预想或预期,这同样亦会造成伤害。因此,关于我所拟议的这些事情,我力图先给人们一些健全和正确的看法。虽然这好比是暂时先支子金(姑且这样说),而作为母金的那个事情本身则尚待下文分解。

十八

于是我首先要求人们,不要认为我愿意照着古代希腊人以及近代某些人如泰莱夏斯(Telesius)、柏取夏斯(Patricius)和塞维林纳斯(Severinas)①等人的样子,在哲学当中建立一个新的派别。因为我的意向既不在此,我亦不认为某人对于自然和对于事物的原则怀有某种抽象概念便会对人们的命运有多么大的关系。无疑,属于这一类的许多旧的学说总会复活,许多新的学说亦总会出现,正如关于天体就可假设许多学说,都很合于天文现象而彼此却各不相同。

至于在我这方面,我却不以任何这种揣想的同时也是无益的事情来给自己找麻烦。相反,我的目的是要试试能否就在事实本身当中来替人类的权力和伟大把基础打得更坚固些,把界限推得更宽广些。并且虽然我对于某些特殊题目在不完备的形式下握有

---

① Bernardino Telesio,1508—1588 年,意大利哲学家与自然科学家,文艺复兴中科学运动的倡导者之一;在那不勒斯(Naples)创立学园;其学着重经验的方法,又认为热和冷是物质中两个扩展着的、相互矛盾的力量,企图以此来解释一切物理现象;著有 De Narura Rerum juxta propria principia 一文。

Francesco patrizio,1529—1597 年,泰莱夏斯的弟子;曾发表 Nova de Universis Philosophia 一文,反对亚里士多德。

Marco Aurelio Severino,意大利医生;亦曾著论反对亚里士多德。

以上三人都是和培根差不多同时的人。

一些我以为比现所公认的要真实得多、准确得多,同时也实惠得多的结果(这些我都已收入《复兴论》的第五部分),但我仍没有整套的或普遍的学说可以提出。因为看来现在还没有到做这样一种尝试的时候。我也不能希望终我一生能把《复兴论》的第六部分完成(这一部分是命定要讲那从对于自然的合格解释中发现到的哲学的);我只要清醒地和有益地鞠躬尽力于中介性的职务,为后世播下一些较纯的真理种子,自己则尽到开创这伟大事业的责任,那我就认为是很够了。

十九

正如我不求创立一个学派,同样我也不许下什么有关特殊事功的奉献或诺言。人们诚然不免要想,我既然这样经常地提到事功,并且把什么事都归结到这一目的,那么我自己总应当认真地做出一些事功来。但是我的程序和方法,我业经屡次明白宣示亦愿再来宣示一次,却是这样的:我不是要从事功中引出事功,或从实验中引出实验(像一个经验家),而是要从事功和实验中引出原因和原理,然后再从那些原因和原理中引出新的事功和实验,像一个合格的自然解释者。并且,虽然在我的发现表(即《复兴论》的第四部分)当中,在特殊东西的举例(见第二部分所引证)当中,以及在我的关于历史的议论(在第三部分中有所发挥)当中,即使中智的读者也能随处见到许多高贵事功的征兆和轮廓;但是我仍公正地承认,我现在所备有的自然史,无论是由书本中搜集而来或是由我自己调查而来,实在还是既不足够丰富,也未经足够精确的验证,来供一种合格的解释之用的。

这样说来,如果有什么人对机械性的研究较为适宜,较有准备,也有聪明能够仅弄实验而猎获一些事功,那么就让他以一切方法尽其努力从我那历史和列表当中顺便搜集许多事物,应用它们来产生事功,这也足以充母金到期以前的子金之用。至于我自己,由于我的目标更有大于此者,所以我深以在这类事情上作非时的逗留和过早的打算为不当,认为那是像亚塔兰塔赛跑一样(如我所常说的)。我不能像那个孩子为追逐金苹果而跑上了岔道,我是要在这竞赛中倾一切赌注来博取方术对自然的胜利;我也不能犯急性病去刈割那尚未吐开的小草或谷穗,而是要等到适当的季节来得一场好收获。

二十

还有一点反对意见却必须较仔细地来看一看。有人说,这部自然史当中有许多事物对于普通理解力说来,实在说即对于那种习于现有体系的理解力说来,似乎是奇怪地且无益地过于精微了。关于这一点,我必须特别把前面说过的话重说一下,那就是说:我开始暂时是寻求光的实验,而不是寻求果的实验;我这样做时,我常常说过,乃是仿照上帝创世的榜样,那是在第一天仅只造出了光,把整整一天的工夫都用于这一件事,并没有在当天插进任何物质的工作。

这样说来,若认为那类事物无用,就等于说光是无用,只因它不是一个坚实的或物质的东西。实情是,经过很好考校和界定的关于朴素性质的知识正像光一样;它指明了通向自然作坊中一切秘密的门路,实际也含有并拖带着成群结队的事功在后面,它也给我们打开了最高贵的原理的源泉;可是它自己本身却并无多大用处。同样,字母系列中的各个字母若是分开,从其自身来说,也没有什么用处或意义,可是它们却是作文的材料和一切谈话的工具。又如东西的种子,它是有着很多潜在性德的,可是除非发展起来也没有什么用处。又如光这东西本身,其散乱的射线若不弄成辐辏在一点,也是不能传布它们的功用的。

若说反对思考中的精微,那么对于经院学者们又当怎么说呢?他们溺于精微到过甚的程度;他们的精微之处又是费在文字上面,或至少也是费在通俗概念(这与文字实是一回事)上面,而不是费在自然的事实上面;他们的这种精微又不仅在原始中为无用而且在后果上也无用;他们的这种精微又和我所说的那种不一样,并不是眼前诚然无用后效则属无穷的;——对于他们的这种精微,又当怎么说呢?人们应当明确这一点:争辩上的、议论上的一切精微若非到公理发现之后才来应用,那是违时的也是出乎常理之外的;应用精微的真正的、适当的或至少是主要的时机乃在对经验进行衡量并据以建立原理的时候;因为那另一种精微虽能抓攫自然,但绝不能把它握牢。人们关于机遇或幸运的一句话无疑可以真确地移用于自然,那就是说,它前额有一堆卷发,后头却是秃的。①

总之,关于鄙视自然史中收纳常见的事物、卑贱的事物、过于精微的事物和在原始情况中无用的事物这一层,我们大可把当年一个贫妇对一位高贵王子的答语来作喻解,当那王子把贫妇的请愿斥为冒渎尊严、不值一顾而加以拒绝时,她就说道:"那么你就别当国王好了"。② 毫无疑义,凡把那类事物认为琐细可鄙而不屑加

---

① 机遇前额有一堆卷发,后头却是秃的——克钦注明,这出于菲德拉斯所作题为"Occasio Depicta"的一则寓言,见其寓言集第 5 卷第 8 首(Phaedrus,罗马奥古斯塔时代的一位寓言作家,用诗的体裁写出 97 则,多数是根据《伊索寓言》改写),英谚有"要捉机遇,捉其前发"(take occasion by the forelock)一语,盖源于此(这寓言和这谚语是说:要捉机遇,须预作准备,迎头去捉,若落在后头,就无可把捉。而培根移用此意于解释自然,则是说:须适时地在掌握到实在的经验之后来建立公理,而不可违时地从空无所据的原理出发去进行争辩)。

② 这是马其顿国王菲列普的轶事,见 Plutarch 所著 Apophthegmata。

以注意的人是既不能赢得、更不能统治自然这个王国的。

二十一

有人又会想,我们怎么可以同时一举而把一切科学和所有作家都推在一边,而且还不借任何古人的帮助和支持而单靠我们自己的力量,这未免是奇怪也是鲁莽的事了。

我知道,假如我所选定的做法比较不是这样诚意的,那我大可很容易地替我这些提议找到权威,只需把它们归溯到希腊以前的远古(当时自然哲学许是比较更为发达,虽然由于还未经过希腊人这传声筒的扩大吹嘘而比较少有声息),或者甚至只需把它们一部分归溯到某些希腊学者,就可以替它们既找到支援又求得声誉,正如家世不明的人们援借宗谱来自称华族远裔一样。但我不是这样。我一切依靠事物的证据和真际,我拒绝一切形式的虚构和欺骗。并且我认为,我们当前所要做的发现之是否早为古人所知晓,是否随事物之变迁与年代之嬗递而迭有兴衰,这和我们当前的任务根本没有什么关系,正如新世界之是否那古人所熟知的雅特兰蒂斯(Atlantis)岛,①抑或现在才是第一次的发现,这也和人类没有什么关系。总之,新的发现必须求之于自然之光亮,而不能溯求于古代之黑暗。

至于说到我那种责难的广泛性,我们只要把事情认真思量一下,必然就会看到,这样的责难比那种局部性的责难不仅是较为确当的,而且也是较为客气的。因为各种错误如果不是根于始基的概念,则一定早有某些真实的发现来纠正虚妄的发现。正因各种错误是属于根本性的而不是属于判断虚谬以及粗心失察之类,所

---

① 克钦注明,见柏拉图对话集中的"Timaeus"篇。

以人们之没有获得本未企求的东西,没有达到本未树立的目标,也没有完成本未走上或本未坚持的途程,那是并无足怪的。

至于说我那种责难含有傲慢自夸之意,那我可以说明,假如一个人自称单凭手劲和目力就能比别人把一条直线画得较直,把一个圆形画得较正,那么他当然是在和别人挑起能力的较量;但如果他只说,他凭借尺和规的帮助能比那单凭手眼的人把一条直线或一个圆形画得较好,那就不能算怎样自夸。这一层说法,希望人们留意,还不仅适用于我自己这首次的、发轫的尝试,并且也适用于此后担起这项工作的一切人们。我这种发现科学的方法大能划齐人们的智慧,甚少有赖于个人的卓越性,因为在这里一切事情都是凭着最可靠的规则和论证来做的。这样说来,我在此中的贡献,我曾常说,与其归之于能力,毋宁归之于幸运;与其说是智慧的产物,毋宁说是时间的产物。无疑,在人们的思想方面也和在人们的工作和事业方面一样,机会多少也是有些关系的。

二十二

无疑,有人又想,我自己所设置的目标和鹄的(这又正是我反对别人的一点)并不是真确的,也不是最好的;因为思辨真理比一切事功的宏效伟绩都要更为崇高和更有价值;若长此急切地沉溺于经验、物质以及个别事物的波动变异,则无异把心灵撤离抽象智慧之澄静天界,①而把它拖曳在地面或竟是把它降入扰攘混乱的阴府。对于这话,我很同意;并且他们所指为如何如何可取的那一

---

① 克钦指出,这是暗指柏拉图式的亦是亚里士多德式的一种想法,参看亚里士多德所著 *Nicomachean Ethics* 第 10 卷第 7 章。

点实在正是我所要做的事。我正是要在人类理解中建造一个世界的真实模型,如实然那样,而不是如各人自己的理性所愿望的那样;而要这样做,就非辛勤地把世界解剖一番不成了。我还要说人们在哲学体系中凭幻想创造出来的那些愚蠢的、杜撰的世界影像都必须抛入风中,使其消散净尽。我们应当知道在人心假象和神意理念之间(如前文所说)有着何等巨大的区别。前者不过是一种任意的抽象;后者则是造物者自己打在创造上的章记,以真确而精细的线条划印在物质中的章记。这样说来,真理和功用在这里乃是一事①:各种事功自身,作为真理的证物,其价值尤大于增进人生的安乐。

二十三

还有些人会想,我所正在做着的事不过是前人已经做过的事。这就是说,古人们也曾采取我现在所采取的途程;因此也就是说,我在经过一切这些骚动和挣扎之后,最后也不免要达到古代早曾盛行过的许多体系之中的某一体系。他们说,古人们在开始思考之初,也曾备有大堆丰富的事例和特殊的东西;把它们分条列目地汇成长编;据以完成他们的哲学体系和各种方术;并在把事情弄明白之后就将那些体系和方术发表出来,——可是这时却仅在几个地方插入少数的举例以当证明和解说之用,至于要把全部札记、注解、细目和资料长编一齐刊出,古人们认为那是肤浅而且亦不方便的。他们说,这种做法正和建筑工人的办法一样:房屋造成之后,台架和梯子就撤去不见了;古人们无疑是这样做的。对于这一点

---

① 拉丁本原文在这里用的是 ipsissimoe rcs,照字面看,实不能译作"乃是一事",不过原译者认定培根的意思必是这样。

反对意见(或毋宁说是一种疑虑),我要指出,只要人们还没有十分忘记我在上文所说过的话,谁都会很容易地予以答复。古人们所惯用以从事探讨和发现的方式是他们自己所明白承认的,在其著作的浮面上就可看到。这个方式简单地就是这样:他们从少数例子和特殊的东西(加上一些普通概念,或许还加上一部分最流行的公认的意见)一下子就飞到最普遍的结论或科学的第一性原则,并把它们当作定而不移的真理,进而以中间命题为手段从它们引出并证明一些较低的结论,而从这些较低的结论当中来构建方术。在此以后,假如又有与他们的教条相违反的新的特殊东西和例子被提出而引起讨论,他们不是对自己的规律做一些区划或解释而把它们巧妙地融入他们的体系之中,就是干脆把它们作为例外而粗暴地加以排除;①至于对那些不相违反的特殊东西,他们则努力要用合于他们那些原则的原因来做解释。但要知道,这种自然史和经验不是我们所需要的,远远不是我们所需要的;并且还要知道,那种飞到具有最高普遍性的东西的做法把一切都毁光了。

二十四

还有人想,我既这样禁止人们在未经正当地通过中间阶梯来达到具有最高普遍性的东西以前,不得把什么原则视为业经确立而加以宣布和予以制定,我便是主张将判断悬搁起来,而这就走到希腊人所说的不可解论,即不承认人心有了解真理的能力。关于

---

① 克钦举例阐论说,关于对待所谓例外现象的正确态度,可举天文学者们对天王星问题的处理为例:他们看到天王星的扰乱情况,这看来是足以作为反证来推翻有关行星运动的法则的;他们并没有把这一事实解释掉,而是去追求它的原因,由此又发现了海王星。又如,归纳起来的叫人不得不承认引力这条法则的例证是太强有力了,实在不能因一个看来似乎相反的事例就把它推翻的。

这一点，我要说明，我所思所陈的实际上不是不知论，而是利知论；不是不承认理解的能力，而是供以装备俾真确地进行理解。因为我并不取消感官的权威，而是要给它以帮助；我并不轻视理解力，而是要管理它。我们应知所须知，而尚以所知为不周，若以所知为已周，而却不知所须知，那就差得多了。

二十五

还有一点，与其说是反对，不如说是疑问。人们问，我提倡这种方法，是只说自然哲学应当照此进行呢，还是说其他各种科学以及逻辑、伦理学、政治学等亦都应当照此进行呢？我回答说，我前面所讲当然是指着所有这些而言的。正如那种以三段论式来统治的普通逻辑不仅被及自然科学而且被及一切科学，同样我这种依归纳法来进行的逻辑也是通贯一切的。我不独在冷、热、光、植物以及类此方面制成历史和发现表，关于愤怒、恐惧、羞耻以及类此等等；关于政治方面的事情；关于精神动作如记忆、分合①、判断和其他等等，我亦都同样制成历史和发现表。可是要知道，在把历史准备好并排列妥当之后，由于我的解释方法不限于涉及心的活动或思论（如普通逻辑那样）而且还涉及事物的性质，所以我要对人心提供一种规则和指导，使它在每一情节都能恰当地把自己投在事物的性质上。因此，我在有关解释的学说中又提出许多不同的条规，以便人们依其探讨主题的性质和情况来略略变化其发明方法。

---

① 这里所谓分合（composition and division），爱理斯说，或许是谓综合和分析（synthesis and analysis）；弗勒则指出，这是循用亚里士多德的术语，意谓肯定和否定（affirmation and negation）。

二十六

还有一点其实连怀疑都不该发生，那就是问我是否要把现行哲学、方术和科学全都推倒并加以摧毁。我回答说，远非如此；我是最高兴看到它们被使用，被培植，并受到尊崇的。若说现在时兴的各种技术不该继续去作争论的材料，不该继续去作谈话的装饰品，不该继续去供教授先生们或生意人士们方便之用，总之是说不该继续像通用货币那样凭大家同意而流行于人们之间，那是毫无理由的。不仅如此，我还直率地宣告，我现在所倡导的东西很少适合于那样一些目的，因为它除在效果上和事功上外是不能降低到为一般人所领会的。我这样宣称我对于公认的科学的好感和善意究竟是多么诚恳，这从我所发表的著作特别是几卷《进学论》（Advancement of Learning）当中可以充分看到，所以我就不图再以文字作进一步的证明了。可是同时我亦提出经常的和明白的警告说，要凭现在通用的方法，那是既不能在学说方面和科学的思辨部分方面做出什么巨大进步，也不能把它们实现为什么宏伟事功的。

二十七

现在已到我来陈述这解释自然的方术本身的时候了。在这一方术当中，虽然我觉得我已经提出了真确的亦是最有用的条规，可是我却既不说它是绝对必要的（好像没有它就什么事都不能做的样子），也不说它是尽善尽美的。因为我认为，人们只要手边备有一部正确的自然史和经验史而辛勤地致力于此；只要能够恪遵下述两条规则：——第一，要把公认的意见和概念都撇在旁边；第二，暂时不要萦心于最高普遍性以及仅差一级的次高普遍性——

那么,他们就能不借任何方术而单凭心所固有的真纯力量来走入我这种解释的方式。因为所谓解释,原不过是心无障碍时所作的真实的和自然的活动罢了。不过若说,有我的条规则诸事较有准备亦较有把握,这却是真的。

我亦不说我的那些条规是再不容有所改进的了。恰恰相反,我既是不单就心本身的机能来论心,而且要就其与事物的联系来论,那么我当然就必须主张:发现的方术是会随着发现之前进而前进的。

二十八

我们既经这样树立了知识的目标,我们就要前进到各项条规,而这又要以最直接最明显的次序来进行。先要说明,我对于解释自然的指导含有两个类别的分别:一部是指导人们怎样从经验来抽出和形成原理;另一部是指导人们怎样从原理又来演出和推出新的实验。① 前者又要分为三种服役:一是服役于感官,二是服役于记忆,三是服役于心或理性。

首先,我们必须备妥一部自然和实验的历史,要充分还要好。这是一切的基础;因为我们不是要去想象或假定,而是要去发现,自然在做什么或我们可以叫它去做什么。

但自然和实验的历史是如此纷纭繁杂,除非我们按适当的秩序加以整列再提到人们面前,它会反而淆乱和分散理解力。因此我们第二步又必须按某种方法和秩序把事例制成表式和排成行列,以使理解力能够对付它们。

---

① 由这里可见培根并非只注重归纳法而忽略演绎法;也可测知培根所想的演绎法不是抽象的,而是根据从经验抽出和形成的原理来演出和推出新的实验——只是他从未把后者加以阐论罢了。

即使这个做到了,若把理解力置之不睬,任其自发地运动,而不加以指导和防护,那它仍不足也不宜去形成原理。于是第三步我们还必须使用归纳法,真正的和合格的归纳法,这才是解释自然的真正钥匙。这一步虽居最后,我却必须把它提到前头来谈,然后再回过头去讲其他两种服役。

(许宝骙　译)

哲学与科学的划分[1]

一

要在一个所与物体上产生和添入一种或多种新的性质,这是人类权力的工作和目标。对于一个所与性质要发现其法式,或真正的种属区别性,或引生性质的性质,或发射之源(这些乃是与那事物最相近似的形容词),这是人类知识的工作和目标[2]。附属于这两种首要工作之下,另有两种次要的、较低的工作:属于前者的,是要尽可能范围把具体的物体转化;属于后者的,是要就每一产生和每一运动来发现那从明显的能生因和明显的质料因行进到所引生的法式的隐秘过程[3],同样在静止不动的物体则是要发现其隐秘结构[4]。

二

人类知识现时处于何等恶劣的情况,这甚至从一般公认的准

---

[1] 选自《新工具》,标题为编者所加。
[2] 本卷整个说来就是就发现性质的法式这个目标来进行讨论的。——译者
[3] 详见二卷六条。——译者
[4] 详见二卷七条。——译者

则中也可看出。人们说,"真正的知识是凭原因而得的知识"①,这是对的。人们又把原因分为四种,即质料因、法式因、能生因和目的因,这亦并无不当②。但且看这四种原因,目的因除对涉及人类活动的科学外,只有败坏科学而不会对科学有所推进。法式因的发现则是人们所感绝望的。能生因和质料因二者(照现在这样被当作远隔的原因而不联系到它们进向法式的隐秘过程来加以查究和予以接受)又是微弱、肤浅,很少有助甚至完全无助于真正的、能动的科学。还请不要忘记我在前文曾说到法式产生存在这种意见乃是人心本身的一个错误,我并曾加以纠正③。在自然当中固然实在只有一个一个的物体,依照固定的法则作着个别的单纯活动,此外便一无所有④,可是在哲学当中,正是这个法则自身以及对于它的查究、发现和解释就成为知识的基础也成为动作的基础。我所说的法式,意思就指这法则,连同其各个条款⑤在内;我所以采用此名,则是因为它沿用已久成为熟习之故。

三

一个人如果仅只对某几种东西认识到其性质(如白或热)的原

---

① 克钦指出,亚里士多德曾说:"我们对于一个事物,只有知道了它的原因时,才能说对它有了科学的知识"。见"Posterior Analytics"一书第一卷第二章。——译者

② 克钦指出,这些亦就是亚里士多德所提出的四种原因,参看他所著"Metaphysica"一书第二卷第二章。——译者

③ 克钦指出,所谓法式产生存在之说是指柏拉图的理念说(或译理型说)。参看:一卷五一条有关的注。——译者

④ 这几句话(还有一卷一二〇条中的一些话)充分表明了培根的唯物论的立场。——译者

⑤ 拉丁文原文为 paragraphos,英译文为 clauses。克钦指出,所谓法则的条款,特别是所谓法式的条款,殊难明其所指;二卷二〇条在描述热的法式时把运动作为热的类属而给以若干点限制,也许这些限制就算是热的法式的条款。——译者

因,他的知识就算是不完全的;如果他只能对某几种质体加添一种效果(在能够有所感受而发生这种效果的质体上),他的权力也同样算是不完全的。要知道,假如一个人的知识是局限于能生因和质料因(两者都是不稳定的原因,都只是仅在某些情节上会引出法式的转运工具或原因),他固然也可能就预经选定的、相互有几分类似的某些质体方面做到一些新的发现,但是他没有接触到事物的更深一层的界线。可是如果有谁认识到法式,那么他就把握住若干最不相像的质体中的性质的统一性,从而就能把那迄今从未做出的事物,就能把那永也不会因自然之变化、实验之努力,以至机缘之耦合而得实现的事物,就能把那从来也不会临到人们思想的事物,侦察并揭露出来。由此可见,法式的发现能使人在思辨方面获得真理,在动作方面获得自由。

四

虽然通向人类权力和通向人类知识的两条路途是紧相邻接,并且几乎合而为一,但是鉴于人们向有耽于抽象这种根深蒂固的有害的习惯,比较妥当的做法还是从那些与实践有关系的基础来建立和提高科学,还是让行动的部分自身作为印模来印出和决定出它的模本,即思辨的部分。于是我们就必须想到,如果一个人想在一个所与物体上产出和添入一种什么性质,他所最愿意得到的是怎样一种规则、指导或引导;我们也还要用最简单的、最不艰深的语言把这些表述出来。譬如说,如果有人(注意到物质的法则)想在银子上面添入金子的颜色或是增加一些重量,或者想在不透明的石头上面添入透明的性质,或者想对玻璃添入韧性,或者想对一些非植物的质体加上植物性质——如果有人想这样,我说我们必须想一想他所最想要的是怎样一种规则或指导。第一点，他无疑是愿意被指引到这样一种事物，在结果上不致把他欺骗，在尝试中不致使他失败。第二点，他必定愿意得到这样一种规则，不致把他束缚于某些手段和某些特定的动作方式。因为他可能既没有那些手段，也不能很方便地取得它们。因为亦可能在他能力所及之内另有其他手段和其他方法（在所规定者外）去产出所要求的性质，而一为规则的狭隘性所拘束，他就将被摈在那些手段和方法之外而不能把它们利用。第三点，他必定要求指给他这样一些事物，不像计议中所要做的事物那样困难，而是比较接近于实践的。

这样说来，对于动作的一种真正而完善的指导规则就应当具有三点：它应当是确实的，自由的，倾向或引向行动的。而这和发现真正法式却正是一回事。首先，所谓一个性质的法式乃是这样：法式一经给出，性质就无讹地随之而至。这就是说，性质在，法式就必在；法式本义就普遍地包含性质在内；法式经常地附着于性质本身。其次，所谓法式又是这样：法式一经取消，性质就无讹地随之而灭。这就是说，性质不在，法式就必不在；法式本义就包含性质的不在在内；性质不在，法式就别无所附。最后，真正的法式又是这样：它以那附着于较多性质之内的，在事物自然秩序中比法式本身较为易明的某种存在为本源，而从其中绎出所与性质。这样说来，要在知识上求得一个真正而完善的原理，其指导条规就应当是：要于所与性质之外发现另一性质，须是能和所与性质相互掉转，却又须是一个更普遍的性质的一种限定，须是真实的类的一种限定。现在我们可以看出，上述两条指示——一是属于行动方面的，一是属于思辨方面的——乃是同一回事；凡在动作方面是最有用的，在知识方面就是最真的。

五

关于物体转化的规律或原理分为两种。第一种是把一个物体作为若干单纯性质的队伍或集合体来对待的。例如在金子,有下述许多性质汇合在一起。它在颜色方面是黄的;有一定的重量;可以拉薄或展长到某种程度;不能蒸发,在火的动作下不失其质体;可以化为具有某种程度的流动性的液体;只有用特殊的手段才能加以分剖和熔解;以及其他等等性质。由此可见,这种原理是从若干单纯性质的若干法式来演出事物的。人们只要知道了黄色、重量、可展性、固定性、流动性、分解性以及其他等等性质的法式,并且知道了怎样把这些性质加添进去的方法以及它们的等级和形态,他们自然就要注意把它们集合在某一物体上,从而就会把那个物体转化成为黄金。关于物体转化的第一种动作就是这样。要产出多种单纯性质,其原则是和产出某一种单纯性质一样的;不过所要求产出的愈多,在动作中就愈感到缚手缚脚,因为要在自然踏惯的通常途径之外把这许多本来不便于聚在一起的性质硬凑合为一体,这原是很困难的。但须指出,这种动作的方式(着眼于复合物体中的若干单纯性质)乃是从自然当中经常的、永恒的和普遍的东西出发,开拓出通向人类权力的广阔道路,为人类思想(就现状而论)所不易领会到或预想到的广阔道路。

关于物体转化的第二种原理是有关发现隐秘过程的,这便不是就着单纯性质来进行,而是就着复合物体(照我们在自然的通常进程中所见到的那样)来进行的。例如,我们要探究黄金或其他金属或石类是从何开始,是以何方法、经何过程而生成的,是怎样由最初的熔液状态和初形而进至完全的矿物的。同样,我们也可探究一些草木植物又是经何过程而生成的,是怎样经由不断的运动和自然的多方的、连续的努力而从最初在地中凝结的汁液或者是从种子而进至成形的植物的。同样，我们还可探究动物生成的发展过程，从交媾到出生的过程。此外，对于其他物体也都可作同样的探究。

这种查究不只限于物体的生成，还可施于自然的他种运动和动作。例如，我们要探究营养的全部历程和连续活动，由最初受食到完全消化的历程和活动。又如，我们要探究动物的自发运动，看它怎样从想象力上的最初感受经由元精的不断努力而进至肢体的屈伸和各种活动。再如，我们还可探究唇舌和其他器官的运动，看它是通过怎样一些变化而达到最后发出清晰的声音。上述这第二种的各项探究也是涉及若干具体的性质，也是涉及合成一个结构的若干性质，但这却是着意在自然的所谓特定的和特殊的习惯，而不是着意在自然的那些足以构成法式的基本的和普遍的法则。可是必须承认，这个计划和那个始基的计划相比，看来是较为便当，较为切近，也是提供着较多的希望的根据的。

同样，与思考部分相对应的整个动作部分，由于它是以自然的通常细事为出发点，所以它的动作也只能及于一些直接切近的事物，或至多能及于离开不远的事物。至于要对自然施加任何深刻的和根本的动作，那就完全依靠始基的原理。还有，关于人们只能有所知晓而无法施以动作的一些事物，譬如说关于天体（这是人们所不能施以动作，加以改变或使之转化的），我们要查究这事实自身或这事物的真际，正和关于原因和关于同意的知识一样，也必须求之于那些关于单纯性质的始基的和普遍的原理，例如关于自发旋转的性质的原理，关于吸力或磁力的性质的原理，以及关于其他比天体自身具有较普遍的法式的东西的性质的原理。因为人们如果不先了解自发旋转的性质，就不必希望去断定在逐日运转当中究竟是地在转动还是天在转动①。

六

但我所说的这个隐秘过程,与现在心有成见的人们所易想见的却迥非一事。我这里所谓隐秘过程,不是指着在物体过程中能够看到的某些度量,某些标志,或一个接一个的若干步骤而言;而是一个完全没有中断的过程,而且大部分又是感官所不能知觉到的。

举例来说,在物体的全部生成和转化当中,我们必须探究什么失去和跑掉了,什么保留下来,什么加添上去;什么扩张了,什么缩减了;什么合起来,什么分离开;什么继续着,什么割断了;什么是推动的,什么是阻碍的;什么占优势,什么退下去;以及其他各种各样的细节。

还有,不仅在物体的生成和转化当中要明确这几点,在一切其他变化和运动当中也要同样探究到什么先来,什么后到;什么较快,什么较慢;什么产生运动,什么管理运动;以及类此各点。可是在科学的现存状态下(其结构粗陋到极点,而且是一无用处),所有这些点都是人们所不知,也未加以处理的。这是因为人们有见于每一自然活动都是靠着无限小的或至少是小得打不动感官的事物,所以在适当地了解到和观察到它们以前就没有一个人能希望去管理或改变自然。

---

① 关于自发旋转运动的性质的问题,以及由此而联系到的地转还是天转的问题,培根在二卷三六条和四八条(论第十七种运动)中还有详细的论说。克钦指出,培根在这里和那里的说法都否定了考伯尼的体系,在我们今天看来显然是荒谬的;但是,尽管这样,我们必须回顾并记住,在当时,培根的这些见解却几乎是普遍公认的见解,而考伯尼的体系倒被认作只是一种假设;须知最后永久解决这个问题的法则和原理是直到牛顿发现万有引力的法则时才显现出来的。——译者

七

要查究和发现物体中的隐秘结构①也不亚于要发现隐秘过程和法式,同样是一件新的事情。因为直到现在,我们还只是逡巡于自然的外庭,还没有给自己准备下一条进入自然内室的道路。可是绝无人能够对一个所与物体赋予一个新的性质,或者能够成功地和恰当地把它转变成为一个新的物体,除非他已经获得关于所要这样加以改变和加以转化的物体的充分知识。否则他就会跑到一些纵非无用至少也是困难的、不对头的、不合于所搞物体的性质

---

① 拉丁文原文为 laten tis schematismi,英文译本作 latent configuration。培根使用这一名词,含义复杂,不够明确,有人把它简单理解为物体中分子的排列或相对位置,这无异把它说成完全像德谟克利塔斯的原子论,而这恰是培根所不同意的(参看二卷八条)。克钦在注释中说,人们很难同意培根以蒸馏法为对物体的隐秘结构进行查究的方法之一,因为蒸馏法属于化学范围,而化学的对象则是物体构成分子的质料而不是它们的结构或组合方式;这话是首先认定所谓隐秘结构为物体中分子的组合方式或排列样式,从而说蒸馏法之例为不合,似乎亦有失原义。按:培根在这里一则说蒸馏法之把复合物体的若干同质分子合在一起不失为解剖隐秘结构之一法,并且还怕这种单凭火炼的动作会弄乱物体的性质;再则说对于每一物体必须探究其中元精(尽管这一概念是十分陈旧和怪诞)和可触本质的各种情况;三则说物体的真正组织和结构是事物中一切隐秘的性质和所谓种属的性质与性德所依附,也是每一有力的变化和转化的规律所由出;四则说对体进行分剖和分解要用推理和真正的归纳法,并辅以实验,要用与其他物体相比较的办法,还要用把复合物体还原为若干单纯性质及其若干法式的办法;在下文第八条中又接着说,我们却不可由此就被引至原子论,而只应被引至那实在的分子,照它们实际存在着的样子:从这些说法中可以概见培根所谓隐秘结构的复杂含义,与简单的原子论是不同的。

克钦注释说,密尔在论述他的同异法时曾作了一些例解(见《逻辑》一书第三卷第八章第一节),可作为很好的事例来说明培根所谓发现隐秘结构并以此知识应用于隐秘结构。密尔提到了石英晶体的制造,其方法是以矽石微粒冲水,贮入小瓶,搁置几年;他还举出了郝尔(Sir James Hall)的人造云母,其方法是用极大压力把材料熔解后再使它冷却。这些就可说是把隐秘过程应用于隐秘结构。因为我们必须首先分析例如说石英晶体或云母的构成分子,然后把这个知识通过仿效自然过程的动作应用于创造隐秘结构。培根在"*New Atlantis*"一书中曾草画出一些动作,与上述这些是颇为相像的。——译者

的方法上去。因此,很明显,关于发现隐秘结构这一点,也必须打开和铺出一条道路。

诚然,在有机物体(如人和兽)的解剖上,人们已经很好地下了一些苦功,也已经收到了良好效果;这似乎是一件精微的事,也是对自然很好的钻研。可是这种解剖是限于视觉和感官,并且是只在有机物体中才有进行的余地。此外,这种解剖若与另一种解剖相比,那就还是浅显和容易的事情。有些想来在组织上是一致的物体;特别是具有种属特性①和具有部分的东西,如铁、石之类;还有植物和动物中的一致组织的各个部分,如根、叶、花、血、肉、骨之类;其隐秘结构的真正解剖便不是这样浅显和容易的了。但是即在后一种解剖当中,人类也不是完全无所努力;人们之应用蒸馏法和其他方式的分析法来对于组织一致的物体进行分解,想用把复合物体的若干同质分子合在一起的办法来把其复杂组织显露出来,其目的所在就正是这种解剖。这种解剖也是有用的,也足引至我们所寻求的目标。不过这种解剖在结果上常常是谬误的,因为,许多在事实上是新得出的、是由火和热以及其他方式的分解法②所添入的性质,却被认作只是分剖的结果,认为原来早就存在于复合物体之中。究竟说来,就着发现复合物体之中的真正结构这一

---

① 在培根的时代,人们只把若干某些东西认为属于自然种属,其他一切东西则被认为是元素性的;如红宝石就算具有种属特性,而一般的石头或岩石则只算土这一元素的变种。所谓"种属性德"则是由一个东西的种属特性所赋予的性德,超出一个东西所含元素的属性。

② 克钦评注说,关于火的应用,赞美的话是说也说不尽的。在帮助化学的发现方面,在改进有关生活的方术方面,火比任何其他手段都贡献得多。关于所谓"新得出的、由火和热的分解法所添入的性质",有一个事例是:人们相信有一种假想的名为燃素(phlogiston)的质体,据说它是绝对地轻,一经熔解就从铁当中跑掉了;而其实,铁之增重是由于氧气从空气中被吸收掉之故。所以,尽管不无理由提出警告,但培根之谴责火和热的使用还是错。火和热在实验上是最有价值的工具,虽然也和一切工具一样有它们的错处而需要加以小心的矫正。——译者

工作来说,这种解剖乃不过是其中很小的一个部分;而那真正的结构却是一个精微得多、细密得多的事物,若单凭火炼这一类的动作,那是只有把它弄乱而不会把它揭出并弄清楚的。

由此可见,我们必须做到对物体进行分剖和分解,可不是要用火,而是要用推理和真正的归纳法,并辅以实验;要用与其他物体相比较的办法;还要用把复合物体还原为聚会并混合于其中的若干单纯性质及其若干法式的办法。一言以蔽之,我们若想揭露物体的真正组织和结构——那是事物中一切隐秘的性质和所谓种属性质与种属性德所依附,也是每一有力的变化和转化的规律所从出——,我们必须由火之神①转为工艺之神②才行。

举例来说,对于每一物体,我们必须探究其中元精有多少分量,可触本质又有多少分量。关于元精,我们还必须探究它是丰盈和浮胀的还是瘠瘦和稀微的;是精的还是粗的;是近于火的还是近于空气的;是矫捷的还是懒慢的;是强的还是弱的;是前进的还是后退的;是间断的还是连续不断的;与外面周围的东西是相一致的还是不相一致的;以及类此等等。关于可触本质(其中容有的差异也不少于在元精方面的),我们同样也要探究到它的外皮、纤维和组织种类。此外,通贯于这实在体架直至其肤孔、通道、脉络和细胞的元精的倾向,以及有机物体的初形或最初努力,这些亦都应加以同样的查究。不过在这些探究方面,也可以说在隐秘结构的全部发现方面,也须求之于始基的原理才能见到真正的和清晰的光

---

① Vulcan,罗马人心目中的火神和金属巧匠,相当于希腊人心目中的 Hephaes-tus;神话中讲他在伊特那山(Mount Etna)底下有一冶炉,替天神制造雷电。——译者

② Minerva,罗马神话中的工艺女神,相当于希腊神话中的 Athena。——译者

亮,那始基原理是能完全驱除一切黑暗和隐晦的。

八

我们却又不可由此就被引导到原子论,那个暗含着虚空和物质不可变两条假设的原子论(这两条假设都是虚妄的);①我们只应被引导到那实在的分子,照它们实际存在着的样子。我们也没有任何理由见研究之精微而惊慌失措,仿佛那是无法解开的样子。恰恰相反,研究愈是接近于单纯性质,一切事物就愈变得容易和浅显;工作是由复杂的事物转到单纯的事物了,是由不可比量的事物转到可以比量的事物了,是由不尽根数转到并无不尽根数了,是由无限的、模糊的事物转到有限的、明确的事物了,其情节正好像字母系列中的字母和音乐中的音符似的。应当指出,对自然的探究如果始于物理学而终于数学,那就会有最好的结果②。还要指出,人们都不必害怕极大的数目或极小的分数。因为在处理数目时,千和一是同样容易存想和处置的,一个整数的千分之一和那个整数本身也是同样容易存想和处置的。

---

① 关于培根否认有虚空存在的说法,克钦指出,参看一卷六六条。——译者
② 克钦注释说,这句话的确切意义还有费解之处。一种意译可作:"当一种物理学的发现被转成数学的定理的时候,对自然的探究就会有最好的结果"。例如,开勃勒的几条法则被人们以数学的方式表述出来,就是这样。又如在光学上,在对若干事例作了适当究查之后,得出某些数学公式来替换若干物理事实,就大大获得了确实性。再如数学在物理实验的基础上对中心诸力进行探究,既得出了自然中前所不知的结果,又给物理现象所依循的一切法则作出了最简单的表述。
这个理解是对的。培根在一卷九六条中曾论到数学与自然哲学的关系,肯定数学能给予自然哲学以确切性,但说它不图生发或产生自然哲学,因而若单靠数学就会败坏自然哲学。这里说,对自然的探究要始于物理学而终于数学,也就是说,由物理学从物理事实出发、根据物理实验而获得的自然知识也即所产生的自然哲学,又经数学最后加以公式化,赋以数学的确切性和确实性,那当然是最好的结果了。——译者

九

根据上述原理的两个种类就得出哲学和科学的正当分划;这可以采用一般所公认而在一个意义上也合于我自己的观点的名词(最切近于这事物的)来加以表述。要查究那种永恒的、不变的法式(至少在理性眼中看来和就其本质的法则说来是这样的),这就构成形而上学;①要查究那能生因、质料因、隐秘过程和隐秘结构(所有这些都是关涉到自然的一般的和通常的进程,而不关涉到自然的永恒的和基本的法则),这就构成物理学。在这两种之下还附有实践方面的两个分支:在物理学之下有机械学;在形而上学之下有我所谓之幻术(在这个字的较纯粹的意义上来说的),这是因其活动途径之广阔,因其控制自然之较强而言的。

(许宝骙 译)

---

① 这里所提出的哲学和科学的分划包含着一系列的带根本性的问题。首先,这是否把法式或法则分为两种:一种是自然的永恒的、不变的、基本的法式或法则(这是形而上学探究的对象),另一种是只关涉到自然的一般进程的法式或法则(这是物理学探究的对象)呢? 如果是这样,那么,所谓前一种的法式法则又是什么样的概念呢? 这是否像斯宾诺莎所讲的潜在因,亦像柏拉图所讲的理念或理型(尽管培根在口头上反对它)呢? 如果是这样,那么,是否可以说,培根尽管在方法论上是经验论的,是科学的,在宇宙论上却是客观唯心论的,还脱不开形而上学的窠臼呢? 参看一卷五一条及二卷一条有关的注。——译者

论野心

野心如同人体中的胆汁,是一种促人奋发行动的体液。① 但是当它被阻挠而不能实现时,它就将成为一种使人恶毒的东西了。因此,当怀有某种野心者感到事业有希望成功时,他们与其说是危险的人物,不如说是忙碌的人物。但是当他们的抱负受到压抑因而心怀怨愤时,他们就将使用那种"凶眼"(evil eye)看人了。这时他们将成为幸灾乐祸、好乱乐祸之人,只能从他人的挫折中感受愉快。必须善于驾驭这种有野心的人。如果君主使用这种人,那是很危险的。他需要不断提升他们,而不要让他们感到失望。否则他们就可能把自己与其所承担的事业一同毁掉。如果这一点很难做到,那就最好还是不使用他们。但在有些情况下,却又是不得不依靠这种人的。

例如在战争中,必须挑选有将才者,这时就不能顾及他们是否怀有某种野心了,而且没有野心的武将就如同没有鞭策的马,是不会奋勇向前的。

在政治上,野心家也很有用处。他们可以作君主的屏障,也可

---

① 希腊医学将人分为三种气质:胆汁、多血、粘液。认为胆汁质者性格暴烈。

以作权力斗争的工具。所以提比留斯皇帝就曾任用有野心的麦克罗去颠覆他的政敌西亚诺斯。① 我们再来讨论对野心家的驾驭之术。

由于气质不同,所以不同类型的野心家的危险性也不尽相同。出身卑贱者比出身名门世家者危险小。直率粗鲁者比隐忍韬晦者危险小。暴发户比苦心经营者的危害小。君主控制野心家可以采用分势的办法。例如宠用新的野心家来抗衡已有的野心家。但是这种办法只能在特定的情况下才能使用,就是朝廷中还有一批立场公正的大臣,能够超然于党争之上。这些大臣的作用好比船上的镇舱之物,可以防止船只由于波涛的太大而倾覆。

至于暗中设置某种监视和控制,使野心家时时感到压力这种办法,也许能镇住性格比较怯懦者,但对于性格强毅者,就不但不能奏效,反而可能激生出变乱。这种人,君主应该恩威并施,采用羁縻之术。

至于其他方面,那种集中注目于一种事业的野心比无事不想占先的野心要好些。忙于事务的野心要比谋求得人心的野心要好些。富于竞争精神挑选难题做的野心,对社会可能还是有益处的。至于那种想把一切别人都抹成零,只有自己才成为唯一数字的野心家,则是最为狠毒可怕的。

一个有心爬上高位的人,可能怀有三种动机:(1) 做有益于社会的事业;(2) 取得权势;(3) 取得富贵。怀有第一种抱负的人,是

---

① 西亚诺斯,罗马皇帝提比留斯时禁卫军长官,深得帝王信任,大权在握,声势极盛。后来其怀不臣之心,诱奸皇帝的孙侄媳,并让她毒杀亲夫。在皇帝退休喀普瑞岛上时,逸逐皇后及皇子。皇帝提比留斯终于生疑,遂遣麦克罗到罗马,用计解除西之兵权,擒而杀之。麦遂代为禁卫军长官。事在公元 21 年。

明哲的君子。能识别这种人的君主，是伟大而贤明的。所以君主在选择廷臣的时候，应当重用那种把责任感看得比权位更重要的人，并且应该善于辨别远大济世的抱负与自私自利的野心。

（何　新　译）

论权位

身处高位者是三重意义上的臣仆——君主和国家的臣仆,名誉地位的臣仆以及事业的臣仆。所以,他们没有自由——没有言行的自由,也没有支配时间的自由。

为谋得高位或者说为凌驾他人之上,宁可以失去自由为代价。人性的这种欲望真是不可思议!何况取得权势并非一件容易的事。人在这条路上要忍受许多痛苦,然而得到的却未必不是更深的痛苦。

为了取得权势,人们常常不择手段。但即使达到高位也往往坐不安稳,一旦倒台便是身败名裂。因此,这真是一件可悲的事。正如古语所说:"早知今日,何必当初!"然而,识时务者又有几人?在宦海激流中,人们常常是在应该退时不肯退,想要退时已退不成。

但是,人性偏偏迷恋于权势。也许因为默默无闻的寂寞是难挨的。正如那些老人,尽管已届风烛残年,却仍然闲坐在热闹的街口,借此追忆往昔的尊荣。

有趣的是,身处权位的人只能通过别人的眼睛来确认自己的幸福。而如果根据自身的感觉来判断,就很难找到究竟是否幸福的答案。他们能引以自慰的,只是别人对自己的羡慕和模仿。这使他们得到骄傲和荣誉,尽管与此同时,他们的内心中也许恰恰相反。他们会时时感到忧虑,尽管他们只有在结局到来时才能真正意识到自己的错误。

身居权位的人,往往没有时间保持自己身心的健康。塞涅卡说:"尽管名满天下,自己却一无所知,这样死去是不幸的。"有权势者,既能行善也能作恶,不过作恶会受到舆论的谴责,所以最好还是不做。行善的意向是值得嘉许的,但单纯停留在好的意向上,虽然上帝可以接受,对于人世来说还不如一场梦。许多有利人类的好事,要办成都需要借助于权势。

成功与美德是衡量人生事业的两种尺度。同时具备这两者的人,是幸福的。所以,一个人行事应当做到,即使面对上帝也不感到亏心。如此方能获得灵魂的"安宁"。正如《圣经》所说:"直到上帝看到他所创造的一切都很好,才在第七日停止工作,放心地休息了。"身处权位者,应该以此为自己工作的榜样。此外,还应从过去那些不称职者身上吸取反面的教训。当然,这样做不应当是为了贬低他人,而是为了避免重蹈他人的旧辙。同样,如果有所兴革,也不应是为了诋毁历史,而是为了为后人开创好的先例。

掌权者应当研究历史。尤其要注意分析好的事物是什么时候蜕化和怎样蜕化的。同时还应当了解当代与历史的不同特点。对于历史,应当寻找其中最优秀的东西。而对于现代,则应当寻找当前最切用的东西。应当力求使自己的行动有规律性,以使人们能有所遵循。绝不要过于自信和自负。当需要变更成规时,应该把这样做的理由向公众解释清楚。

掌权者享有特殊的权利,这是应该的。但对于这种特权,与其炫耀,不如默享,更不应当滥用这种特权干预法律,同时,也必须照顾下属们的权益。对下属的事,只应做原则性的指导,而不要事事插手。

要善于接受并且寻求对你有益的忠告和建议,不要把那些"好管闲事"的热心人拒之门外。

掌权者易犯的过错有四点:延误、受贿、蛮横和被欺惑。避免延误的办法是:信守时间,当断则断,不要把必须做的事积压起来。矫治贿赂的恶习,除了杜绝下属接受不义之财,也决不给那些行贿者恩惠和利益。不仅不能受贿,而且不能给人留下你可以用财物收买的任何疑点。要使人知道你不仅反对受贿,而且憎恨行贿者。如果对某件先已决定的事情,无明显理由突然改变原则或意图,那么就可能引起主管者因收受了某种贿赂而改变意图的嫌疑。因此,当改变一个观点或做法时,一定要把这样做的目的以及改变的原因公布于众。

要注意,一个仆人或一个亲信,由于与有权势者的密切关系,常常可以成为通向贪污受贿的秘密渠道。

至于蛮横,应当知道,这比严厉更糟,严厉能产生敬畏,而蛮横却只能招致怨恨。处高位者最好不要轻易责骂下属,如果非责备不可,态度也要庄重严肃,绝不可使用讥讽的口气。

至于被欺惑,那要比受贿赂危害更大。因为贿赂只是偶然发生的,而一个掌权者如果易于受欺惑,那么,他就永远只会不自觉地照别人的意志办事。

所罗门曾说:"讲私情没有好处。它使人为了得到一块面包而破坏法律。"还有一句古话说得好:"地位展示性格。"这就是说,在高位上的表现将使人的品格暴露无遗。这句话相当有道理。

塔西佗曾批评卡尔巴说:"假使他不曾成为帝王,大家倒会相信他有雄才大略,有能力治理国家。"而对于菲斯帕斯他却说:"掌权以后他的人格得到增进。"第一句话批评卡尔巴的失败,而后一句话则赞许菲斯帕斯的修养。地位愈高修养愈增,这是具有善的品格的最好证明。因为荣誉是来自、或者说只应该来自美德。但世人往往当其未得志的时候,尚能具有某些美德,而一旦有了权势,就丧失了这种美德。这正如在自然界中物体的运动一样,在启动时很迅速,而在行进中则缓慢下来了。

取得权势的路是不平坦的。在这条道路的开端,参加某一政派是必要的。但一旦达到相当地位后,就应当退出派争寻找平衡。当权者对前任的荣誉要珍视和公正,否则当你引退时,人们也会用同样的办法报复你。

对于前任左右的共事者,应当相互关照。宁可在他们不想会见时会见他们,也不要在他们想求见时拒绝他们。在谈话中以及答复下属的问题时,不如忘记自己是一个地位高的人,切不可念念不忘自己的高位而摆出一副官僚架子。应该使人得到这样一种印象:"他在生活中是平凡的,在职务中却是超众的。"

(何 新 译)

论贵族

关于这个论题，我们从两方面讨论。（1）关于贵族阶级在国家中的地位；（2）关于贵族的特质。

在君主制度下如果没有贵族阶级存在，那么这个国家就只能成为独裁专制的帝国——像东方的土耳其那样。因为贵族的存在可以牵制帝王的权力。贵族控制部分人民，也就分减了帝王的权势。但是在民主制度下，贵族就没有存在的必要。没有贵族阶级存在，将使民主制度更易保持稳定。因为在民主制下，人们所重视的不是血统与门第，而是学识和能力。例如在瑞士国中，尽管存在宗教派别和地域差别，但他们的共和国却很巩固。原因就是他们只重视人的能力，而不去理会人的门第、等级和出身。荷兰的共和制度也很有效，也是由于他们实行平等主义的原则，公民权利平等，因此人人奉公守法，并且自觉承担纳税的义务。强大的贵族等级虽然可以加强国威，但也会因而削减君主的权势。平民固然因之获得高攀贵族等级的刺激，但更多的是承受着来自贵族的压力。此外贵族那种骄奢淫逸的生活，也完全是靠榨取平民的血汗得到维持的。所以贵族人数过多的国家，必定是一个穷国。而贵族之家凡谱系悠久的，必然会家道衰落，结果在贵族的贫困与尊荣之间，就会形成很不和谐的对比。

至于贵族的个人品格——可以用一个比喻。当我们看到一座饱经风吹雨打仍然屹立不动的古堡,或一株饱经风霜依然根深叶茂的伟木之时,是不会不肃然起敬的。同样地,如果看到一个阅尽历史沧桑而兴盛不衰的世家,其崇敬之情当然也不会低于此二者。新贵之家所依靠的是权力,而宿贵之家所依靠的却是威望。第一代贵人在创业时固然有胆魄,但其双手不大可能干净。不过,在后代的记忆中保留下的将只有他们的光荣,却不会长久记忆他们的污点。出身显贵者往往好逸恶劳,不仅如此,他们还会蔑视那些终日辛劳之辈。贵族的品级常常是世代固定的,他们会因而嫉妒那些新生的权贵。但与此相反,世袭贵族却天生不大会遭他人嫉妒,因为他们那份荣华富贵是与生俱来的,人们不得不予以承认。所以,君主应当优先选择贵族中的精英人物从政,使他们有机会施展其天生的优点。

(何 新 译)

论叛乱

政治家应当善于发现政治风险的预兆。大自然中的风暴必有先兆,当政治动乱到来之前,也必定会有种种征兆。正如俗话所说:"月晕而风,础润则雨。"

所以,诸如诽谤与蔑视法律、煽动叛乱的言论公然流行,还有那些不胫而走的政治谣言,特别是当人们不辨别其真假,而普遍津津乐道的时候——所有这些,都可以看作预示动乱即将来临的先兆。维吉尔①曾这样描写谣言之神,说她属于巨人之家族——

> 从地母对众神的不满中诞生,
> 是巨人家族中最小的姐妹。

从历史上看,谣言确实常常是政治动乱的前奏曲。维吉尔的见解是对的。从叛乱的煽动到叛乱的举动之间距离甚小,正如兄弟之于姊妹,阳电之于阴电一样。谣言足以把政府所采取的甚至最良好的意愿、最良好的政策涂抹得面目全非。正如塔西佗所说:"当政府不受欢迎的时候,好的政策和坏的政策同样

---

① 维吉尔(Publius Vergilius Maro,前70—前19),古罗马诗人,著有《牧歌集》《农事诗集》《伊尼特》等。其作品对欧洲文艺复兴和古典主义时期文学影响较大。

地会得罪人民。"①但是当这种情形一旦发生,如果以为通过施用严酷的铁腕手段,能压制住这些谣言,并且能防范或根除叛乱,这是错误而且危险的。因为这种举措反而可能成为加速叛乱的导火线。在某种意义上,冷静处置这种谣言,比设法压制之可能更有效。还应当分辨塔西佗所说的那种"服从",即他们表面上似乎服从,而实际上却在挑剔政府的法令。争论挑剔、对来自君上的命令随意批评指责,这种举动往往是走向叛乱的试验。其结局必然导致无政府状态。尤其当全民的大辩论发生时,如果那些拥护政府者不敢讲话,而反对政府者却可以畅言无忌的时候,形势就更加险恶。

马基亚弗利的见解是对的。他说:"君主如果不被社会公认为各阶级的共同领袖,而只被看作某一特殊集团的代理人,那么这个国家就将像一条载重量不均衡的船一样,行将倾覆了。"②在法兰西国王亨利三世的时代曾发生过这种情况。因为当时国王自己也加入了宗教纷争中的一个派别,并且决心要消灭新教派。结果到头来,他曾参加的"神圣同盟"却掉过枪头反对他。而这时,他在国家中竟从任何一派中都找不到支持者了。历史经验表明,如果君主的权威变成了达到某一宗派集团特殊政治目的的手段,那么这个君主的处境就危险了。

如果一个国家陷于无休止的冲突和党争之中,那么这也是一种恶兆。因为它表明人民对政府的普遍信任已经消失。一个政府的各部门应当像天空中的诸行星那样,每个行星既有自转,但也服

---

① 见塔西佗著《罗马史》第 1 卷第 7 章,原文为:"当一位皇帝被国人所痛恨的时候,人们对于他的举动,无论好坏,都要加以非难。"
塔西佗(Publius Cornelius Tacitus,约 55—120),古罗马历史学家。
② 马基亚弗利(1469—1527),佛罗伦萨政治家及著作家。

从于统一的公转。但如果各部门人人各行其是,或像塔西佗所说:"其自由的程度与作为臣民的原则不一致",那就表明行星运行的秩序乱了套。"尊严"是上帝授予君主的一种盾牌。因此上帝对君主最严厉的警告,就是解除这一道保卫君主的屏障。

宗教、法律、议会和财政是组成一个政府的四大部门。当它们被动摇时,国家将面临解体的危险。下面我们再来讨论酿成叛乱的各种因素以及动机和预防之术。

关于酿成叛乱的因素,是值得认真研究的。因为预防叛乱的最好方法(假如时代允许的话)就是消除导致叛乱的因素。只要有积薪,那就说不定什么时候,会由于某一火星的迸发而燃成燎原之势。导致叛乱的主要因素有两个:一是贫困,二是民怨。社会中存在多少破产者,就存在多少潜在的叛乱者,这是一个定律。卢卡斯[①]描述罗马内战前的情形说:

> 由于高利贷侵吞了人民的财产!
> 所以战争是对负债者的解放,
> 它的到来鼓舞人心。

在一个社会中,如果富人的破产和穷人的贫困共同存在的话,那么情形就更严重。从来最大的叛乱煽动者就是饥饿。至于民众的怨恨,它们在社会中的存在,如同体质中体液的不平衡一样,也足以酿成疾病。作为统治者,千万不要轻率地认为民众的某种要求是不正当的,因而无视在民众不满中所潜伏的危险性。要知道人性的愚昧,恰恰使民众常常辨别不清究竟什么是对于自己真正有益的事物。有一些不满,产生的原因与其说是疾苦,不如说是恐

[①] 卢卡斯(39—65),罗马诗人。

惧。那么这种不满可能威胁更大。因为正如前人所说："痛苦是有限制的,而恐惧是无限制的。"①任何统治者更不应看到民怨积蓄已久,却并未触发叛乱,因而产生麻痹的心理。固然并非每一片乌云都能带来风暴,然而一切风暴,事前却必定有乌云。所以,要提防那句西班牙俗语所说的情形："绷紧的绳子禁不住压。"

酿成叛乱的原因一般地说有如下几方面：对宗教的不满；要求减轻捐税；要求改革法律或风俗；要求废除特权；要求贬斥小人；要求抵抗异族入侵；由于饥荒；以及其他足以激怒人民,使人们众心一致地团结起来的事件。

下面我们再来讨论一下如何消除叛乱。当然,我们只能讨论某些一般性的措施。至于专门的措施,应该因地制宜对症下药。而这就不是单纯的理论问题了。

第一种方法,就是应当尽可能消除以上所讨论的致乱因素。而在这类因素中,最有威胁性的是国家的贫穷。因此,一个政府必须发展商业,扶植工业,减少失业和无业游民,振兴农业,抑制物价,减轻税收等。就一般而论,应当预先注意使国内人口(尤其是在和平时期)不要超过国内的资源。同时还应看到,人口不应单纯从绝对数量来估算,因为一个绝对数量虽小而国民消费大于财富生产的人口,比一个数量虽大但国民消费小于财富生产的人口要贫困得多。因此,如果贵族以及官僚阶层人数的增殖,超过了财富的增长,那么这个国家就可能濒于贫困的境地。僧侣阶级的数量过大也会如此。因为这几个阶级都是非生产性的阶级。

人们知道,通过对外贸易,能促进一个国家绝对财富的增加。通常人们知道有三种东西是可以用于外贸的：一是天然的物产；

---

① 语出罗马政治家小普利尼(Pling the Younger,61—114)。

二是本国制造业的产品；三是商船队。因此，如果这三个轮子都能运转不息，那么财富就将不断自国外流入国内。而更重要的一点却很少有人知道，即劳务也能创造财富。荷兰人就是明显的例子。他们国家并没有富足的地下矿藏，但他们的劳务支出能力，却变成了一笔创造财富的庞大矿藏。

　　作为统治者，应当防止国内财富被垄断于少数人之手。否则，一个国家即使拥有很多的财富，大部分人民仍将不免沦于饥寒之境。金钱好比肥料，如不撒入田中，本身并无用处。为了使财富分配均匀，就必须用严厉的法律限制高利贷以及商业的垄断、地产的垄断等等。

　　至于民怨发生了应怎么办？我们知道，一切国家中都存在两种臣民——贵族和平民。当怀有不满之心者只是其中之一的时候，对国家的威胁是不大的。因为平民阶层若没有上层阶级的幕后操纵，他们的骚乱是有限的。而上层阶级如果得不到群众的支持，也是没有实力地位的。但如果不满的上层阶级与民众联合起来，就将对君主构成巨大的威胁。古代诗人的神话中曾说，有一次诸神想把众神之王丘辟特捆起来，而这一阴谋被丘辟特发现了，于是他采用了智慧女神密涅瓦出的计谋，召来百臂之神布瑞欧斯，结果战胜了众神。这个寓言的政治含意是：如果君主能谋得民众的支持，那么他的地位就将得到巩固。

　　明智的统治者懂得，给予人民以某种程度的言论自由，以使他们的痛苦与怨恨有发泄的途径，也是保证国家安全的一种重要方法。这道理可以用医学上的例子来说明。如果有脓存在，却采用阻遏脓血外流的方法，把脓压抑在体内，那对人体就将有致命的危险。

　　在希腊神话中，有一个故事也是有教益的。当无数痛苦灾难正在从潘多拉的魔箱中纷纷飞出的时候,埃辟米修斯①及时地关上了箱盖,但是他唯独把"希望"保留在箱子中了。在政治上,设法为人们保留"希望",并且善于引导人们从一个希望过渡到另一个希望,这是平息民怨的一种有效办法。在政治上的一个主要手腕,就是对于无论任何困难的局面,都要使人民相信并非完全没有希望。

除此之外,要格外提防那些可能成为反对党领袖的人物。这种人物威望越高,则危险性越大。如果不能把这种人物争取过来为政府服务,就应当设法打掉他的威望。一般地说,分裂那些可能不利于政府的党派,使之陷入内部的纷争中,也是维持统治的一种有效权术。

君主讲话应当慎重,不要讲那种自以为机智、实际上却十分轻率的话。恺撒曾说,"苏拉不学无术,所以不适于当独裁者"。结果他为这句话付出了生命的代价。因为这句话使那些希望他不走向独裁的人绝望了。加尔巴②说:"我不会收买兵士,而只征用兵士。"结果这句话也毁掉了他。因为这句话使那些希望得到赏金的士兵绝望了。普罗巴斯③说:"有我在,罗马帝国将不再需要士兵了。"这句话使那些职业战士们绝望,结果断送了他的生命。因此,作为君主,在重大的问题上和动荡的形势下,必须慎其所言。尤其是此类锋利的警句,它们传播之速有如飞箭,并且将被人们看作君王所吐露的肺腑之言,其作用甚至超过一部长篇大论。

最后,作为统治者,应当在身旁经常备有一两位有勇有谋的重

---

① 埃辟米修斯,希腊神话诸神之一,普罗米修斯之弟。
② 加尔巴,古罗马帝王,因说此话被护卫军所杀。
③ 普罗巴斯(276—282),罗马皇帝之一,颇有战功,因希望和平,厌倦军旅,被乱兵所杀。

臣。否则,变乱一起,朝野震惊,就可能无人承担大任。将像塔西佗所说:"人性好乱乐祸,虽少有人敢为祸首,但多数人却宁愿承认既成事实。"①但是当然,如果所任非人,那么用来治病的药,其为害也可能比疾病本身更坏。

(何 新 译)

---

① 原文"Atgue is habitus an morumfuit, ut Pessimum facinus auderent panci, Plures Vellent, omnes patorontur."

论帝王

　　帝王的内心世界,常常是无所可欲而多所畏惧,这真是一种可悲的心境。他们高居万民之上,至尊至贵,当然对生活无所渴望和需求。但是,他们却正因此而倍加烦恼,因为他们不得不时时提防各种可能的阴谋和背叛。所以《圣经》中说:"君王之心深不可测。"①当人心中除了猜疑、恐惧便容不下别的事物的时候,这种心灵当然是不可测度的!

　　为了逃避这种可悲的心态,明智的帝王往往为自己没事也找些事做:例如设计一座楼台、组织一个社团、选拔一个臣僚、练习某种技艺等。譬如尼罗王爱好竖琴,达密王精于射箭,哥莫达王热爱剑术,卡拉卡王喜欢骑马等。② 这在有些人看来似乎是很奇怪的,因为他们不可理解,为什么君王不关心大事,却爱好这些匹夫小术?我们在历史中还看到,有些帝王早年英姿天纵、所向无敌,到了晚年却陷入迷信和忧郁之境。例如亚历山大大帝和德奥

---

① 见《箴言》第25章第3节。
② 尼罗(Nero,37—68),罗马暴君。
　达密(Domitian),罗马皇帝。
　哥莫达(Commodus),罗马皇帝。
　卡拉卡(Cara Calla),罗马皇帝。

克里王①就是如此。晚近的还有查理五世②也是如此。这是因为一个已习惯于叱咤风云生涯的人,一入无事寂寞之境,就难免会走向颓废。

现在再说帝王的威严。善于保持威信者,是懂得恩威并施这种驾驭之术的人。这意味着要在两个极端之间掌握平衡,却又绝非一件很容易的事。维斯帕思曾问阿波洛尼亚③:"是什么原因导致尼罗王的失败?"阿波洛尼亚说:"尼罗王虽然是个高明的琴师,但在政治上却显然不精此道。他有时把弦绷得过紧,而有时又把弦放得太松。"毫无疑义,宽严两误是导致政治失败的契机。

近代论权术者所注意的重点,常常是放在如何处置危机,而不是如何防止危机上,这就未免有点舍本求末了。一方面固然不可见小失大——所谓明察秋毫而不见舆薪;但另一方面也不可见大失小——殊不知星星之火可以燎原。任何帝王也难免有一些政治上的对手,但最可怕的对手却藏在他们自己心灵中。据塔西佗说,帝王不仅多疑,而且愿望往往自相矛盾。而权力之所以腐蚀人,也正是因为它提供了肆行无忌的种种可能性,使帝王不仅可以为所欲为,而且可以不择手段。

但是另一方面,对于帝王来说,他的敌人又似乎举目皆是——无论邻国、妻子、儿女、僧侣、贵族、绅士、盲人、平民还是士兵,稍有不测,都可能成为仇敌。

先说邻国吧。与邻国的关系随形势而多变,但无论怎样变,却

---

① 亚历山大(前356—前324),马其顿国王。
德奥克里王(Diocletianus),罗马皇帝。
② 查理五世,16世纪西班牙王,后为神圣罗马皇帝。晚年酷信宗教,受戒苦行。
③ 维斯帕思,罗马皇帝。
阿波洛尼亚,罗马教士。

有一条总是永远不变的,这就是:要自强不懈,警惕你的邻国(在领土、经济或军事上)强于你。

所以在历史上,英王亨利八世、法王法兰西斯一世和皇帝查理五世,曾经建立这样一种三头联盟。每当其中一位强过别人时,另两位就联合在一起抑制和反对他。类似的联盟,历史上还有过,例如那不勒斯的裴迪南王、弗罗伦斯的美迪奇王和米兰的斯福查王所组成的联盟。经院哲学家认为,如果一国没有侵犯一国,就不应该进行战争。这种说法是不可相信的。因为先期打击潜在的对手,正是预防被侵略的方法之一。

至于谈到帝王与他的后妃,历史上是有过悲惨的事例的。里维亚王后毒死了她的夫君奥古斯都大帝。土耳其王梭利门一世的宠妃洛克莎娜,为了能使自己生的儿子成为太子,就暗杀了真正的皇太子穆斯塔发,扰乱了继承的大统。而英王爱德华二世的皇后,既是迫使他退位那一阴谋中的主角,又是最后暗杀他的凶手。这些悲惨事件之所以发生,不是由于储君的废立,就是由于后妃们有了私情。

至于帝王的子嗣,给他们带来的苦恼也不比别人少。一般来说,作帝王的父亲对儿子们很少有不暗怀猜忌的。像前面已谈过的那个土耳其的事例,就使梭利门大帝以后的土耳其君统,一直都有非嫡派子孙的嫌疑,甚至有人认为梭利门二世可能是皇妃与别人的私生子。自从君士坦丁大帝①杀死了他那秉性温柔的王子克里普斯后,他的家室就不复再有安宁。太子君士坦丁和另两个儿子康斯坦斯、康斯坦修斯后来相继死于争夺继位权的家伈。马其顿王菲力普二世的太子狄修斯,受他的兄弟诬陷而被赐死。当菲

---

① 君士坦丁,公元 4 世纪时罗马皇帝。

力普发现了真相后,结果忧悔而死。类似的事例在历史上实在多得难以枚举。但大多数帝王对他们儿子的防范,事实上却很少是有充足理由的。当然,历史上的也不乏相反的例子,例如叛变了父王梭利门皇帝的王子巴加札特,以及叛变了亨利二世的那三个王子等等。

再谈帝王与宗教领袖的关系。如果宗教势力过大,那对他的统治也会形成可怕的威胁。例如历史上的坎特伯雷大主教安萨姆和贝克勒,都曾企图把教权与王权集于一身。他们用手中的权杖对抗君主的剑,如果不是遭遇到强有力的对手,他们几乎就得手了。教权的危险,并非来自宗教本身,而是来自与世俗政治势力的勾结——特别是如果有国家外部势力的支持。或者主教的出任,并非出自帝王的旨意,而是来自民众自发的拥戴的时候。

至于贵族们,帝王应当对他们保持一定的距离。但如果过于压制他们,这虽然有助于加强中央集权,但也可能导致政治的危险。关于这一点,我在《英王亨利七世传》中曾作过讨论。由于亨利七世一直与贵族阶级对立,因此在他那一时代,王权始终是面临着危险的。贵族们对他保持着表面的恭顺,在事实上却不肯与他合作,使他的处境十分孤立。

社会上的绅士阶层,对王权的威胁要小得多。不妨让他们放言高论,但却不要让他们结成社团。他们既是贵族势力的制约,而且由于他们接近平民,也可以利用他们调和帝王与人民的关系。

关于国家中的富人阶级,他们好比社会的血脉。如果他们不繁荣,那么一个国家就可能营养不良,不可能强壮。因此帝王不应企图用高税率压榨他们,这也许能带来暂时的好处,但从长远说,商业的不发达只能导致国库财富泉源的枯竭。

至于国家中的平民,需要注意他们中间的那种精英人物。若没有这种人的发动和领导,只要君王不对人民的生活、风俗、宗教信仰作粗暴的干涉,那么人们是不会闹事的。

最后再谈谈军队。这是一个危险的团体,尤其当他们产生了物质欲望的时候。这方面的例子,我们可以回顾一下历史上土耳其御林军和罗马近卫兵的叛乱。防范的办法是分而治之,并经常调换他们的军官,更不要轻易用赏赐刺激他们的贪欲。

帝王好比天上的行星,他们的出没决定了人间的季节,受到世人的崇拜,却周天运行不能休止。以上关于帝王之术的所有论述,最终可以归纳为如下两句话:

第一,请不要忘记帝王也是凡人。

第二,但也请注意,帝王既是人世上的神,又是神之意志的体现。

第一句话所告诫帝王的,是他们能力的局限;而第二句话所提醒他们的是他们的责任和使命。

(何　新　译)

论建议

  提供建议意味着坦诚和信任。在许多事务上，我们只是把生活中的一部分委托于人，如田地、产业、子女、债务等。但在听取一项建议时，我们就将自己的全部信任交付于他了。作为君王，即使是一位英主，事实上也不必由于听取过某种忠告而感到羞愧。因为就连上帝也认为忠告和建议是不可缺少的。所以在他授予圣子耶稣的诸尊号中，其中有一个就是"劝世者"。所罗门曾经说过："忠告带来安全。"对于一种事业，如果事前没有经过反复的推敲、斟酌、计议，就难免在执行中出难以预料的差错，其行进好似一个醉汉。所以，一种计划如果不先通过辩论的风波，就只能把它交给命运的波涛了。虽然所罗门懂得听取忠告和建议的重要性，但他的儿子却由于听信谗言而经受了相反的教训。他的这个国家，尽管一度为上帝所宠爱，却终由于谗言误国而山河破碎了。① 这个历史教训告诉人们听取建议时要谨记如下两点：

  一、就人来说，要慎听幼稚轻率者的献策。

---

  ① 事见《旧约》。指所罗门之子罗伯（Rehoboam）即位后不听忠告，终于亡国的故事。

二、就事来说,要慎听那种过激的言论。

君主的安危与能否得到忠告是密切相关的。君主应当怎样利用忠告,古人曾经作过很高明而寓意深刻的议论。其一,古诗中说众神之王丘辟特的妻子是米狄司,而这位米狄司正是言论之神。古人借这个故事表明忠告和建议对君主的重要。其二,这故事还有这样的下文:后来米狄司怀了孕,但是丘辟特不愿让她生这个孩子,他把她吞了,结果他发现自己却怀孕了。后来就由丘辟特的头顶上生出了一个全身武装的儿子帕拉斯。这个故事看起来很荒谬,却蕴涵着深刻的政治思想。它启示我们:明智的君主应当把国家大事交付给臣民去商量建议——这好比丘辟特与言论之神的婚姻,而把选择政策和决定政策的权力保留于自己——这好比由丘辟特的头脑中生出全副武装的帕拉斯。这样,君主就能既具有英明果断的形象,又能得到他的臣民的广泛拥护了。

我们再来讨论一下开放言论的弊病和补救的办法。第一,开放言论使国家难以守秘。第二,众议纷纭会削弱君主和国家的权威。第三,难免会有人由于自身的私利提出不利于社会的建议。为了防止这三种弊病,法国曾实行意大利人倡导的那种"秘密内阁"制度,把对国政的议论权只开放给少数人。但是,这种制度的危害却可能比公开开放言论更大。

关于保守秘密的问题,应当知道,作为君主本来不必把所有的事情告诉所有的臣民。他是可以有所区别的。当他向人征求建议时,也不意味着他必须照一切建议办。但是对于开一些秘密会议,下面这句话可以作为一种忠告,就是"没有不透风的墙"①。当然,

---

① 原文为"Plenus rimarum sum",直译当是"到处有漏洞"。

有些事需要极度秘密,除了君主本人,不能使太多的人知道。然而有些事情,即使有一点不同意见也无碍大局。只要注意不使他们的言论干扰政策的实施就行了。为此就要求君主是有自信和能明辨的。例如英王亨利七世,他的秘密就只允许两名重臣知道。

关于开放言论可能削弱政府的权威,我们在前面讲的那个故事中已经指明了补救的办法。作为君主广泛听取臣民的建议和意见,不仅不会削弱君主的权威,而且有助于加强它。因为允许自由议论表明了政策的强大——它经得起言论的干扰。只是在一些有异议者秘密策划和勾结,图谋影响政策的时候,局面才有危险。但这并非不可以及早发觉和加以制止的。

再来讨论那最后一种害处,就是人们所提过的建议未必都是善言。但是须知,"大地上本无信诚"①。只是这也并不意味着一切人都如此,总有人生性就是诚实、坦率可信任的。君主应当善于发现和使用这样的人,并且依靠他们监督和防范那些假公济私者。所以对于君主来说,最重要的职责就是善于辨言和知人,以免被各种私欲和谄伪所蒙蔽。在这里用得着先哲那句名言:"贤明的君主贵在知人。"(prinicpis est virtus maxima nosse suos.)②

另一方面,作为有进言责任的官员,在进言中切不应一味只投君主的所好。一个言官应用的品格,是以国家利益为己任,而不是关注主人的偏见。否则他就只会阿谀他,而不是帮助他了。作为君主,他的咨询方法有两种,这就是公开征询和私下探询。这两种方法都是有益的,但作用不完全一样。私下发表看法较为自由,可

---

① 原文为拉丁文:"non inveniet fildem super terram."
② 语出罗马诗人马梯(Martial,约 42—104)。原文为:"Principis est virtus maxing nosse suos."

以更真诚地袒露内心。而在公开场合,一个人的意见就容易受多数派意见的影响。尤其在听取级位较低者的意见时,最好是在私下,以便使他们敢于进言。而听取位尊者的意见时,最好是在有公众参加的场合,这样就可以使他们有所顾忌而出言审慎。君主在选择人才时,应当避免受等级偏见的左右。同样,在听取意见时,也不应因人废言。古人曾说:"只有死人才是最公正的发言人。"①这话讲得不错。活人受当世利害善恶的束缚,是不容易持论公允的。至于死人们,他们人虽已死,却留下有著作。君主应当善于从前人留下的著作中去吸取有用的教诲。

今日的许多议事机关只具有形式上的表决作用。他们附和政策而不是制订和选择政策,这对政治是不利的。在讨论重大问题时,最好给议事机关以考虑的时间。俗话说:"隔夜产生妙策。"②例如对关于英格兰和苏格兰是否应当合并的问题,议会就曾这样做。在议会决定对一项事业设立专门委员会的时候,任用那些不持偏见者比任用有偏见的人好。但我认为,还有必要建立一些常设性的专职机构。例如对于贸易问题、财政问题、军事问题、司法问题等等。因为这些问题的解决需要有经验的专家,并且需要政策的连续和稳定性。这些专门委员会应当承担审查之责,以仲裁所辖范围内的各种报告和申诉;然后,再把那些有必要请议会复议的重大问题提交议会。但是提交委员会讨论时不可让过多的提议者参加,以免形成要挟之势。在议会中座位次序的设置,看来只是一件关于形式的小事,其实却未必,因为谁在一条长桌坐首席,事实上即体现着一种决策的地位。当君主主持一次讨论的时候,应

---

① 原文为"Optimi Consiliatii mortui."
② 原文为"in nocts Consilium."

当注意,在讨论进行的过程中,不可率先泄露自己的意向,以免给与会者带来暗示或压力,使到会者不便再发表自己的意见。因为那样一来,讨论恐怕就只能听到一片"我主圣明"①的赞美歌了。

(何　新　译)

---

① 原文为"a Song of placebo",语出基督教晚祷礼中为逝者所唱的赞美诗。

论革新

初生之物往往是不美的，正在改革中的事物也是如此。因为革新正是时间之母所养育的婴儿。

然而，创业难于守成，好的开端可以为后继者提供典范。就人性而言，恶，似乎有一种自然的动力，在发展中增强。而善，却似乎缺乏一种原动力，只是在开始时最强。不断革新就是驱除这种"恶"的药物。有病而拒服药只能意味着病的恶化，因为事物终归是要随着时间而变化的。时间是世上最大的改革家。如果时间已使事物腐败，而人却无智慧使之革新，那么其结局将只有毁灭。

既成的事物，即使并不优良，也会因已被习惯所适应而不断坚持。而新事物，即使更优良，也会因不适应于旧的习惯而受到抵制。对于旧习俗，新事物好像陌生的不速之客，它很容易引起惊异和争议，却不易被接受和欢迎。

然而，历史川流不息。若不能因时变事，而一味恪守旧俗，这本身就是致乱之源。顽固保持旧传统者也难免成为当世的笑柄。有志改革者，最好以时间为榜样。时间之流，它在运行中更新了世上的一切，表面上却又使一切似乎并未改变。假如不是如此，新事物发生得太突然，就难免会遇到极大的反对力量。社会改革难免触犯既得利益者。有些人会得益。受益者固然欢欣，而受损者则必然要诅咒那些改革的发起者。所以实行改革要十分谨慎。每一次改革都必须确有实效而并非为了标新立异。从事改革更不可轻率从事。要注意到,即使有很多人赞同,它还是很危险的!正如《圣经》所告诫我们的:"你们应站在路上察看,访求古道。那是善道,便行在其间。这样,你们灵魂方得安息。"①

(何 新 译)

---

① 语见《圣经·旧约·耶利米书》第 6 章第 16 节。

论强国之术

在一次宴会上,有人邀请雅典政治家塞米斯托克里演奏竖琴。但是他却说:"我不精此道。我只会将一个小镇发展成一个大城。"① 尽管他说此话时态度极其倨傲,但这句话却可以一般地用来评论政治家。如果我们观察一下历代的治国者,就会发现此辈确可划分为两类——有一类人善于把小镇变成大城,却不会弹竖琴;另一类人精于竖琴,却不会把小镇变成大城。不仅如此,他们往往还具有一种相反的政治天才,就是把一个伟大兴旺的强国治理得凋零破落。此外还有一种政治家,他们仅能守成却无能创业。但这种平庸之辈是不足为训的。我们所应当探讨的,是致国家于富强的方法。这是任何伟大的治国者所不能不瞩目的问题。怎样才能做到既非好大喜功,又非无所作为呢?

每个国家疆域的大小是有限的,它的财政收入也只能是有限的。它的人口可以用数字进行统计,城镇可以见之于地图。然而尽管如此,在政治中最不易做的计算,却正是对一个国家实力的估计。我们知道,基督并不把天国譬喻作一个巨大的果实,却只譬喻

---

① 塞米斯托克里(Themistocles),前514年生。雅典政治家、军事家,曾领导雅典在海战中击败波斯。后被放逐。卒于前449年。

为一粒小小的芥籽,但这却是一粒不平凡的芥籽,一旦播种就能繁殖,最后将带来满仓的收获。同样对一个国家的实力也可以用这个观点去譬喻。有些国度貌似庞大,其实正在衰朽。有些国度貌似弱小,却正在发展壮大。

国家的强弱,并不仅取决于拥有多少高墙、坚垒、大炮、火药、战车、骏马。从根本上说,只有民气强悍英武,国势才能强盛而不可侮。否则,尽管有强大的武备,也不过只是金玉其外、败絮其中而已。罗马诗人维吉尔说过:"狼并不介意它所面对的羊究竟是一只还是一群。"在阿比拉之战中,马其顿亚历山大大帝所面对的波斯军队浩如人海,以至连他的战将也感到惊惶,因而建议将战斗计划改为夜袭。但是亚历山大却说:我从来不用偷窃的方法取得胜利。结果他纵兵入阵,竟以人数极少的精兵击败了数目庞大的乌合之众。

亚美尼亚国王提格尼斯与罗马军团对阵,当他发现对手只有一万四千人,而自己却有大军四十万时,曾骄傲地夸口:"这么一点人,作为一个来求降的使团未免太多,但是作为一支来打仗的军队,又未免太少。"但是战斗还不到日落时节,他发现自己已经全军覆没了。

历史上的这类事例举不胜举。由此我们可以得出如下一个结论:军事的强大,不取决于数量,而取决于质量。首先靠的是民心与士气。

有一句俗话说:"金钱是战争的肌肉。"但如果这肌肉不长在一个健壮的人体上,那也无非只是一堆烂肉罢了。

当利底亚(Lydia)国王克里沙斯向雅典政治家梭伦[①]夸示他的

---

① 梭伦(Solon),雅典政治家,立法者。前639—前559年。

财富时,梭伦说得好:

——陛下,这些财富并没有主人。它将来只能归于强者所有。

所以治国者应当懂得,数字庞大的军队和财富都并不可恃。至于那些花钱雇来的军队,就更不值一说了。

一个国家的人民如果负担着太重的苛捐杂税,那么这个国家的民气就不能勇敢尚武。因为负重的驴子不可能成为剽悍的雄狮。但是,人民自愿捐纳所得税的国家不在此例,荷兰和英国就是这一类国家。但尽管如此,军费负担过重的国家,也是不会强大的。

要想使国力强盛,还应当抑制贵族和食利者的发展,不能使这两个阶级过于强大。否则,就会发生本弱于末的情况,农民与工匠的生产物,都将被他们吞食消耗掉。这也正像树林中的情况一样,那种高大的乔木之下,是很难繁生出灌木的。

以上所论有一个现成的例证,这就是英国和法国的对比,就土地和人口而言,英国都次于法国。但在历次战争中,英国却并不弱于法国。原因就在于英国人民的素质强于法国,英国士兵来自于自由的中产阶级,而法国士兵则来自贫贱的农奴。就这一点来说,我们应当感谢英王亨利七世所实施的那种有远见的政策(详细讨论,请参看我的《亨利七世传》)。他实行了限田和均田的农业政策,限制对土地的兼并,使得豪强难以发展,两极分化不致过分尖锐,从而达到了古诗人维吉尔所理想的境界:

田地丰饶,士伍强盛。

此外,还有一点也是不容忽略的(这种情况据我所知仅存在于英国,此外也许还有波兰),这就是我们的制度中不存在奴隶。就连贵族仆役在身份上也是享有自由权的公民。由他们组成的军队,自然战斗意志——也就是捍卫自由的意志将是非常强烈的了。

据说巴比伦王尼布甲曾梦见一棵大树,此树之根干是如此奇特,以至枝叶不管长得多么大也仍然可以支撑。这是一个好梦,它的寓意是,哪怕是一个小国,但如果具有开放的心态和兼容并蓄的国策,因而善于不断从外部吸取人员和文化上的精英,那么也一定可以成为一个一等的强国。反之,就难以生存和发展。斯巴达人对于外邦人入籍控制最严,因此他们始终只能抱守一块小小的城邦。一旦他们面临必须向外开拓的局面,就很快土崩瓦解了。

历史上最乐于向世界开放的城邦无过于罗马。他们愿意把公民权授予一切愿意归顺和定居于罗马城的人,而根本不考虑他们过去出生于什么国度。不仅如此,他们还允许这些外籍公民享有与罗马人完全相同的权利——不但享有贸易权、婚嫁权、继承权,而且享有选举权和担任公职权。罗马人不仅将这种权利授予个人,也可以授予家族、城邦甚至一个国家①。同时,罗马人把自身看作世界的公民,他们不断向外扩张、拓展和移民。于是罗马的制度就随着罗马的发展而世界化了——一方面是罗马走向世界,另一方面是世界走进了罗马。这也正是罗马以一个初期的蕞尔小邦,能够迅速地成长为称霸一方的世界强国的原因。

近代历史中也有类似的事例。我常常觉得惊诧,西班牙本土和人口是那么狭小,但它的海外殖民地却是那么巨大。这种局面又是怎么形成的呢?我想他们可能正是吸取了罗马人的经验。虽然他们没有采用允许外邦人自由入籍的政策,但在他们的军团中,外籍士兵所受到的待遇却和本国人相同。而且他们不仅使用外籍

---

① 罗马公民权包括:(1)选举权;(2)被选举任官权;(3)婚娶权;(4)财产权。享有这四种完整权力者方为罗马正式公民。这种公民权在罗马帝国后期得到普及。

士兵,也允许聘用外籍军人担任高级将领。这样他们就改善了本国人力资源不足的情况。工场中的生产和技术活动,与军事活动的性质是有所不同的。而且尚武好战的民族,往往在生产上比较懒惰——他们不喜欢从事劳动,却宁愿从事冒险。因此,古代的斯巴达、雅典、罗马等国家,都蓄养奴隶从事劳作。然而奴隶制是违背基督教精神的,这种制度今日已不再能推行。一个取代的办法,就是把奴隶们干的工作交付给用钱招雇的外籍工人。特别是如下几类繁重低下的工作——耕作、仆役以及铁匠活、泥瓦匠活和木匠活等等。此外还有军人的职业。

　　但是,一个国家如果想真正强大起来,就必须以最大的力量加强国防和军备。其实我以上所讨论的,都不过是加强国防和军力的条件和准备罢了。然而如果没有目的和行动,则条件和准备又有什么用? 据说罗马城的始祖罗慕洛临死时留给罗马人的遗言就是:不断加强实力,建设一个世界帝国。善战的斯巴达国家的全部组织结构也都体现着这样一个总体的霸权目标(虽然组织得并不完善)。在一段较短的时期里,波斯国和马其顿国也曾成为军事霸主。高卢人、日耳曼人、哥特人、撒克逊人、诺曼人也都曾有过类似的梦想。土耳其人至今仍然具有这种梦想,只是实力远远不相称罢了。欧洲今天的诸基督教国度中,实行这种军国政策的只有西班牙一国。依靠武力成为强国的,一旦武力衰败,国势也就下跌。与此相关的另一点是,如果发动战争,必须在宪法和政策上有正当的根据。人性中有天然的是非感和同情心,使人们只乐于支持和参加那种有合理目标的战争(假如没有正当的理由,至少也应当找到适当的借口)。……罗马人不断对外进行领土扩张,但他们却从不以侵占领土作为战争理由。就发动战争的理由而论,像本国的领土受到威胁、商人或使节遭受非礼都是可以利用的借口。

论强国之术

此外，盟国所受到的侵犯或威胁，也可以用作开战的借口。罗马人就曾经这样做过。他们非常乐于援助那些曾与他们订盟的国家，并且从不让其他盟友有抢先的机会。但是对别国内部的党争或政争进行武力干涉，我以为就未必能算正当的理由。例如罗马人为支援希腊殖民地独立，而对希腊人发动的作战，斯巴达人与雅典人为在希腊推行寡头政治或民主政治发动的作战等等。

一个人如果不经常从事运动，身体不可能健壮。同样，无论是一个君主国还是民主国，参加一次战争也可以得到一次锻炼。但这不应包括内战。内战是耗损元气的热病，而对外战争才是有益于国家强大的运动。为了准备这种运动，就应当经常鼓励人民的尚武精神。此外，还应当时刻保持一支强大的、随时可以投入战斗的常备军。西班牙人就是这样做的。他们那支训练优异的军队，常备不懈已有一百二十年的历史了。

能否取得海上的霸权地位，是决定一个世界帝国能否建立的关键。古代西塞罗在写给亚提科斯的信中，曾论述庞培与恺撒作战时的这样一个战略："庞培的政策就是当年雅典战胜波斯的战略，他懂得谁掌握了制海权，谁也就掌握了世界！"无疑，如果不是由于庞培过于自信和轻敌，那么用这种战略他本来确实是可以击败恺撒的。关于历史上海战造成的战果，众所周知，奥古斯都与安东尼在亚克汀（Actium）海之战，决定了罗马第一帝国的归属①。1571年勒邦多（Lepanto）海上之战，导致了土耳其舰队的覆灭，并导致了这个骄横帝国的衰落②。历史上许多次战争都是以陆战开始而以海战结束。所以这是一个重要的教训：谁控制海洋

---

① 亚克汀海战，发生于公元前31年。地点在希腊西部海域。
② 勒邦多海战，发生于1571年。地点亦在希腊梅峡。

就控制世界。至于内陆的霸权,总是局面有限的。就当代而论,英格兰已赢得了海上的优势,这就使我们不仅可以通过海岸线控制全欧,而且可以向富饶的东、西印度群岛进一步开拓。

与古代那些威武雄壮的战争相比,近代的战争黯然失色。与此相关的,是现代那些荣誉勋章的泛滥。他们不仅仅授予立战功的军人,而是到处乱发。但是在古代就不同,国家珍惜战争的荣誉。所以,在战场上刻石立碑,为烈士建纪念碑,授予英雄以统帅的桂冠①,以英雄的名字命名,举行盛大的凯旋仪式,给复员的战士慷慨的赏赐,给伤残者以优厚的抚恤等,这些明智的政策和措施,可以巧妙地激励鼓舞全民族的敌忾和斗志。当年罗马人最为重视的大事就是战争胜利后的凯旋仪式。举行这种仪式不仅是为了炫耀胜利,而且还包含三重意义:把荣誉归于将帅,把战利品献交于国库,把赏赐颁发给士兵。但是,如果率兵的将帅是君主本人,那么就不如把战胜的荣誉授予全体人民。

最后,我们可以这样来作一下总结,治身无术,但是治国有道。关于前者,可以说人的体格形态是天生的,所以不管使用什么办法,人也无法控制自己的身高。但是国家就不同,每个统治者都可以通过选择和推行适宜的政策,而改良风俗,发展国势,从而造就富强的条件。但令人遗憾的是,这一点至今还并不是所有的治国者都理解的。

(何　新　译)

---

① 统帅,原文为 emperor,来自拉丁文 imperator(后转义为皇帝)。

论财富

　　我把财富看作德行的累赘,除此之外,再也没有更合适的词来形容它。在拉丁语中,财富与辎重、行李、包袱是同一个字(impedi menta)。这一点值得深思。在军事上,辎重是不可缺少的,但也是一种累赘。往往为了保护它们而打败仗。事实上,过多的财富是无用的。因为一个人的需要是有限的,超过这种需要的钱财,便是多余之物。所以所罗门曾说:"财富多者诱人渔猎,而对于人生,除了徒饱眼福以外又有何用?"对一个人,财产达到了某种限度后,便不是他能消受得了的。他可以储藏财富,也可以分配或赠送它,或者用它换取富翁的名声。但对于他本人,这种巨大的财产只是身外之物,是没有什么用处的。试看有人为了购买一些美丽而不中用的石头,竟肯付出连城的巨价,不就说明了这一点吗?再看看有人为了使巨大的资财能够派上用场,花费了多少莫名其妙的心思?也许有人说,财富可以在一切场合下打通关节,救人出于危难。而所罗门却说:"在世人的想象中,似乎财富是一座堡垒。"这话妙就妙在,的确只是在幻想中才如此。因为在历史上,不知道曾有多少人因多财而招祸呵!因财富而毁掉的人岂非远比被财富所救助的人多些?不要梦想发横财。财富应当用正当的手段去谋求,应当慎重地使用,应当慷慨地用以济世,而到临死时应当无留恋地与之分手。当然也不必对财富故作蔑视。西塞罗评论罗马人波斯玛斯曾说:"他追求财富,但不是为满足私欲,而是要得到一种行善的工具。"①这是一个好箴言。而所罗门的告诫也是值得记取的:"想发横财者必堕于不义之术。"②

神话中告诉我们,当财富之神普卢塔斯接受丘辟特的派遣时,他步履蹒跚、行走迟缓。但是当他接受了死神普卢陶派遣的时候,却跑得飞快。这个故事是说,依靠善良的方法和正当的工作获得的财富,是来之不易的。但是以别人的死亡为代价所得到的财富(包括遗产)则是快速的。但因为普卢陶是魔鬼的化身,这个故事的寓意就更深刻。即是说,当财富是从魔鬼那里取得的时候(如靠欺诈、压榨或其他恶术),那一定也来得很快。致富之术很多,而其中大多数是卑污的。节俭只是其中最纯洁的一种。虽然实际上这也是犯罪的,因为悭吝者必不肯帮助穷人。最自然的致富之道是取于土地。大地是人类伟大的母亲——大地给人以许多恩惠。但如果只靠种地想致富,就未免太慢了。如果把财产投资于大地产和矿产上,财富倒可以得到迅猛的增殖。我认得一位贵族,他是当今最富有的人,因为他同时是大草原、大牧场、大森林、大煤矿、大铝矿、大铁矿和许多其他产业的主人。所以对于他,大地就仿佛是一条源源不断的财富之河。

有人认为,赚小钱难,挣大钱却容易。这也是有一定道理的。增殖财富需要本钱,本钱愈大,得利愈多,所以富者可以愈富。但一般人只能规规矩矩地赚钱,一要靠勤俭,二要靠公平交

---

① 西塞罗,罗马作家。波斯玛斯(Posthumus),罗马贵族。此引文原文是:"In stuoliorei amplificandue apparebat, non avaritiae praedam, sedinstrumentum bonitati quaeri."

② 原文:"Qui feltinat ad divitias, non erit insons."

易博得正直无欺的声望。依靠卑劣得来的财富是肮脏的。高利贷也是获取暴利的捷径之一,但也是最坏的方法之一。这种方法,是把自己的财富堆积在别人的血汗上。甚至连安息日也要计算利息,竟不顾冒犯天条戒律。但是放债者也冒着陷入他人圈套的危险,结果不但得不到利息,还可能蚀掉了本钱。依靠某种技术上的专利,抓住机会,有时也能使人暴富。例如取得加那利群岛上制糖专利的那位企业家。① 因此,一个有发明之才智,又善于判断时机的哲学家,也具有发财机会。只靠固定收入的人难以致富,而轻率地拿全部财产从事投机生意的人,往往要冒倾家荡产的险。

较好的途径是,既保持一种稳定的收入方式,又大胆从事冒险的试验。这样即使遇到失败,也留下了退路。取得专利或垄断权,也是一种很好的致富之术。尤其当这种垄断品在市场上的需求很大时,替人做事赚酬金固然是正当的,但所做的事不要涉及卑劣才好。例如为谋取遗产而参与阴谋,以图分利,就是极其卑鄙的。

不要信任那些自称蔑视财富的人。因为他们之所以蔑视财富,也许只是因为他们没有财富。假若他们一旦搞到钱财的话,恐怕没有人比他们更敬奉财神了。不要吝惜小钱。钱财是有翅膀的,有时它自己会飞,有时你必须放它飞,如此方能招来更多的钱财。人到最后,若不把钱财遗留给亲属,就只能留给社会。但所留遗产的数量应当适中。给子女留一份大家业,未必是对他们的爱。如果他们年轻又缺少见识的话,那么这份家业可能招来许多鹰鸷,环聚他们身边,把他们当作被围捕的猎物。同样,为虚荣而捐赠大

---

① 加那利群岛,在非洲西北方印度洋中。

笔款项、基金等，正像不撒盐的祭品，保存不会太久。还可能变成一座粉饰的坟墓，外面好看而内里滋生腐败。遗产的馈赠最好做在生前，而不要等到死后；因为活着赠人礼物是一种恩惠，而死后留给别人的东西，只是自己已不能享用的东西。

(何　新　译)

论谈判

　　关于谈判，口头谈比书面谈效果好。由中间人出面比直接谈效果好。但是假如想得到一项书面凭据，或者为了慎重和全面地表达或了解双方的意向，那么使用书信或公文往返也是可取的。口头会谈有好处，因当面谈难免要顾忌情面（特别是存在上下关系时）。但当面谈还可通过对方的表情观察到某些微妙的事情。同时，当面谈也有利于开诚布公地做出解释。假如委托中间人进行谈判，那么必须慎重地选择所信托的人。小心不要任用那种暗怀私欲的狡猾人。与其用这种人不如用一个老实人。选择办事人时要做到因材施用。譬如使用有勇气的人争论，用会说话的人劝导，用机警的人探询观察对方意向，而鸡鸣狗盗之徒，则可以去办那种需要做手脚的事情。对于过去已被证明办事成效高的幸运儿，应当重用。这种人不仅有自信，而且将会努力做得好，以便保持自己过去的光荣。

　　在谈判中，开门见山地提出目的不如迂回地探测一下对方的意向。当然，如果作为一种使对方措手不及的手段，开门见山也是可取的。对自满自足的谈判对象，应当设法煽起他的欲火。在谈判已肯定下双方执行协议的条件后，注意的重点应当放在由谁先来履行条件上。这时，应当能设法牵制住对手，或至少使他相信你的承诺是可靠的,否则他就不会同意先承担义务。

　　一切谈判的根本问题,无非是观察对手或利用对手。而人在下述情况下,会情不自禁地流露真情,即当他们感到对方是可信任之时,或激动之时,或放松戒心之时,或有所求之时。应当分析对手的心理,以便牵制之,或利用、劝导之,或威慑之,以达到目的。在面对富有经验的老手时,应当洞悉他的真正用心,并通过这一点去分析和解释他的言论。与这种对手打交道,少说话比多说话好。而说出的话应当出乎对方的意料。在谈判遇到困难时,不要急于求成,以至希望播种之后立刻有收获。应该耐心等待时机,以便采撷到成熟的果实。

(何　新　译)

论仆侍

仆侍过多弊大于利,正像鸟类,尾巴过长就难以高飞。

何况仆从多则开销大,而且他们的需要也会太多。有些仆人狐假虎威,这就难免给主人惹麻烦。有的仆人喜爱吹牛,他们泄露机密,成事不足而且败事有余。

另有一种阴险的仆人,他们专喜窥探主人的隐私,在必要时利用。这种人有时反更易得到宠信,因为他们往往善于逢迎。

使用侍从的人数应当和主人的身份相宜。对侍从不可过于纵容,要提高他们的品德和素质。在一般情况下,平庸者要比有才者可靠。而在特殊情况下,有才者比有德者可用。对某些人过于优宠,可能会使他们变得骄纵,并且使另一些人产生怨恨。因为他们既然资格相同,所以总希望待遇也公平。

但如果处理得宜,就可以以同等标准选拔才俊。这既能使被选拔者有知遇之感,又可以使其他人更加奉承。

对于任何侍从,开始都不应给予厚待,否则以后你就难以再作奖励。偏听偏信是误事的,所以不要轻易相信告密,也不要被众意所胁,这将使侍从认为你软弱无能。人间的真友情是少见的,在同辈之间更少,因为同辈之间难免暗怀嫉妒。但主仆的友情就不同,尤其当他们的利益荣辱相一致时更是如此。

(何 新 译)

论律师

为人打官司是伤天害理之事。虽然律师有时也可以主持正义。

但律师承包案件绝非出于对你的同情，而只是为了从你的官司中谋利。

有的人表示愿意义务帮你，实际上却是别有用心。例如从你的案子中坐收渔人之利。当他自己的目的一旦达到，他们就抛弃你不管了。

还有人之所以承包一件案子，正是为了使这个案子失败。他可能正是被你的对手所收买下的。

如果由于感情的关系，律师不得不站在没理的一方立场时，他还不如劝两方和解，而不应当去诬陷诋毁那有理的一方。

遇到不清楚的案情，不如多做些调查。当然要谨慎选择调查对象，以免被愚弄。

律师最恨的就是被托付人所欺骗。所以如果发现托付人不可信，一开始就应该严正地拒绝受理。假如你已接受了代办，那就要向托付人诚实地说明胜诉的可能性，而不要做出不切实际的虚夸，更不要为谋求高报酬而不择手段。

这种正直是当好律师的本钱。

对取胜的策略应当保留。不要使当事人产生盲目的乐观。在某些情况下，也可以采用激将的方法，取得当事人更积极的合作。

选择律师，与其根据名望，不如根据实际；与其选择一知半解者，不如选择专家。如果初次要求被拒绝了，那么不要讲绝情话，至少为以后留下台阶。

与其一次就索取高额酬金，不如分几次提出要求。爱管闲事的人最愿意轻易出头作证，但一旦失败就会赔上名誉。因此世人最不可信托的人，无过于这种无事生非之辈。

（何　新　译）

论党派

许多人错误地认为,治国之道就在于平衡对立党派的利益。实际上正相反,政治的艺术是超越党派的私利,而促进大家的共同利益。

地位低的人有必要结党,以便形成政治的力量。而地位高的人却最好超越党争,保持中立。初进入政治场中的人,最好持温和的态度,沟通各党的关系,以取得最大的拥护。往往力量小人数少的党团,内聚力更加坚强,因为不如此就会很容易地被打散。所以我们常见到小党打败大党。一个党团的外部对手被打倒后,它自己内部却可能陷入纷争导致分裂。例如庞培和恺撒曾联手对抗罗马元老院。但当他们打垮了元老院的政敌后,他们两人却以兵戎相见了。安东尼和奥古斯都曾联手抗击布鲁图斯。但等到布鲁图斯一派被打倒,他们两人也决裂了。在政治中往往如此。因此许多政治人物的作用需要借敌而自重。敌人一旦不存在,他们也就失去了政治上的存在意义。

当两党相持之际,叛徒在对手一方最易得到重用。因为他们的抽出和加入使力量平衡的局面被打破了。所谓中立于党争的人,也许正是想利用两党之争和自己这种貌似中立的地位,为自己谋取政治上最大的好处。君主不宜介入党争。而且党争必然不利于王权。

忠于党派的人是不会忠君的。在这种情况下,党中人会认为,"君主也只不过是我们中的一员而已"。所以历史上党争激烈之时,往往是王权衰落的象征。君主控制党派应当像星系一样,不要使党派行星的自转逸出王权中心的轨道之外。

(何　新　译)

新大西岛①

我们从秘鲁(在那里我们逗留了一整年)带上十二个月的粮食开航,经南海②驶往中国和日本。有五个月或者更多一些时间,由东面吹来轻柔无力的顺风,但是后来风向变了,有几天刮着西风,因此我们就航行得很慢,甚至根本不能前进。有时我们真想要掉头回航。后来,又刮起了强烈的、偏东的南风,把我们一直向北吹,我们尽了一切力量也无济于事,而我们的粮食,虽然竭力节省着吃,也差不多吃光了。在这世界上渺无涯际的大海中没有了粮食,使我们感到绝望,看来只有等死了。可是我们还振作着精神并向上帝祷告,祈求"他在深海中显现奇迹",怜悯我们,像他在开辟鸿蒙的时候把天下的水聚在一处露出陆地那样,也给我们一块陆地,使我们免遭死亡。

又过了一天,约莫傍晚时候,在北方,离我们一肯宁③远处,看到有好像浓云一样的东西,使我们确实觉得有接近陆地的希望。我们对南海这一部分的情况完全不了解,可能这里有我们至今还没有发现的岛屿与大陆。因此,我们改变了航程,整夜向我们看到

---

① 培根的最后一部未完成的作品,它描绘了理想的社会图景。
② 指太平洋。
③ 一肯宁(kenning)约合 20 英里,约 32 千米。

有陆地形迹的那个方向驶去。次日拂晓,我们可以清楚地看出那确是我们所渴望看到的陆地。那里看来是平坦的,并且长着茂密的植物,显得格外幽暗。航行了一个半小时之后,我们进入了一个美好的港口,这是一个美丽的城市的海港,城市虽然不大,但却建筑得非常完善。由海上望去,给人一个优美、可喜的印象。我们由于心急,觉得时间过得太慢了,恨不能一步迈到陆地上。船终于靠岸,并准备登陆了。但是,我们看到正前面有一些人,手里拿着棍棒,像是在制止我们登陆。他们并没有大声喊叫,态度也不凶暴,只不过用手势警告我们,叫我们不要靠近。因此,我们一点也没有感到不愉快,可是我们该怎么办呢?我们自己在盘算着这个迫在眼前的问题。

这时候,一只小船向我们驶来,船上大约有八个人,其中一个人手执一根两端是蓝色的黄色木杖,上了我们的船,没有任何不信任的表示。他看到我们有一个人站的地位比其余的人靠前一些,就拿出一小卷羊皮纸(比我们的羊皮纸稍黄,柔软而易于折叠,但像书版的票子那样闪闪发光),递给了他。在那上边,用古希伯来文、古希腊文和学院中的正规拉丁文和西班牙文写着这样的字句:"你们任何人也不要登陆,并准备在十六天内离开这个海岸,除非给你们另外的限期。同时,如果你们需要淡水或粮食,或者是你们的病人需要照料,你们的船需要修理,就把你们的要求写下来,你们就可以得到救济。"这卷文书上盖着刻有小天使的图形的印记,小天使的翅膀并没张开,而是下垂的,在旁边还有个十字。那个官员交过这个文件后就回去了,留下一个差人等候我们的回信。

我们在商量怎么办的时候,感到茫然失措。拒绝我们登陆,还急忙警告我们离开,这使我们感到很困惑;而另一方面,看到这里的人们有文字,并且又这样富于人道主义,也确实给予我们不小的安慰。而那文件上的十字架的标记,尤其使我们感到极大的鼓舞,它好像是好运的某种预兆。我们是用西班牙文回答的:"我们的船还完好无损;因为我们是在风平浪静或仅仅是逆风中航行,没有遇到任何风暴。至于我们的病人,他们不在少数,并且都很严重;因而,如果不允许他们登陆,他们就有死亡的危险。"我们详细地写下我们其他的需要,并附带说明:"我们还储藏有一些货物,如果他们愿意交易,可以作为我们需要的代价,不另外算钱。"我们拿出一些金币送给这差人作为酬谢,同时要他转送给那官吏一块大红丝绒。但是这差人拒不收受,对那些东西连看都没有看。他离开了我们,坐上派来接他的另一只小船回去了。

  我们的答复送出后约莫三个小时,有个看来像是很有地位的人到我们这里来了。他穿一件天蓝色水羽纱制的宽袖长袍,非常美丽,而且光泽比我们的强得多;他的下衣和帽子是绿色的,帽子相当雅致,并不像土耳其人缠的头巾那样大。他的鬈发从帽檐垂下,看来是个可尊敬的人。他乘坐的船,有些部分是镀金的,船里除了他还有四个人;后面跟着另一只船,里面有二十个人。当他的船驶到离我们的船一箭远时,我们发现他在向我们打手势,要我们派出一些人和他在水上相见。我们立时照办了,派出了我们的副首领,另外有四个海员伴随着他。我们来到离他们六码的地方,他们叫我们停下,不要再靠近。我们照办了。这时,我以前所描述的那个人站了起来,用西班牙语大声问道:"你们是基督徒吗?"我们回答说:"是。"想起我们在文件上盖有印章的地方看到的十字架的标记,我们心里更踏实了。他听到这个回答之后,把他的右手举向天空,然后轻轻地把它放在嘴上(这是他们感谢上帝时所用的手势),接着说道:"如果你们,你们大家以救世主的名义发誓,你们并不是海盗,并且在最近四十天内没有合法地或非法地流过血,那就可以准许你们登陆。"我们说："我们都可以立即宣誓。"这时,和他在一起的、看样子像是个书记的人,把这件事作了记录。然后,他们船上的这位显要人物的另一个随从,按照他的官长的吩咐,高声说道："我们的官长希望你们知道,他不到你们的船上去,并不是由于骄傲或者地位显贵,而是由于在你们的答复中曾提到你们之间有不少患病的人,卫生保健部长曾警告他,要他保持一个距离。"我们向他鞠躬,并回答说,我们是他的恭顺的仆人,感谢他对我们的盛情和无比的人道待遇;但是,确实相信我们的病人所患的并不是传染病。说到这里他就回去了,过了一会儿,那个书记到我们的船上来了,手里拿着当地出产的一种果子,看来像一个橘子,不过颜色介乎茶橘色和朱红色之间,并散发出极其馥郁的香味。他好像是用它来预防传染病的。我们照他的要求"以耶稣和他的功德的名义"宣誓之后,他告诉我们,明天早晨六点钟派人来接我们,领我们去外邦人宾馆(他这样称呼它),在那里我们自己和我们的病人将得到物品供应。于是他走了,在我们想给他一些西班牙的金币时,他笑了,并且说,他不应该做同一种工作而两次受酬;(据我猜想)他的意思是,国家已经给他足够的薪金作为工作的报酬了。因为(以后我听说)他们把薪金之外再拿报酬的官吏叫作两次受酬。

次日清晨,来接我们的就是那个最初到我们这里来的那位手执黄色木杖的官吏,他告诉我们,他将领我们去"外邦人宾馆";他提前来是为了使我们有一整天的时间来办我们的事情。因为他说："依我的意见,你们先打发几个人跟我去,看看那地方,看看怎样安排才对你们方便,以后你们可以去接你们的病人和其余的人上岸。"我们对他表示了谢意,并对他说,他对我们这些遇难的外邦人这样关怀和照顾,一定会受到上帝的奖赏。于是我们之中的六个人随他上了岸,登陆之后,他走在我们前面,但回过头来跟我们说,他只不过是我们的仆人和向导。他带我们走过了三条美丽的街道;一路上两边都聚集着一些人,站成一排,他们彬彬有礼,不像是在对我们表示惊奇,而是在欢迎我们。并且,有些人在我们走过他们的面前时,都把两臂放开一些,这是他们对人表示欢迎的手势。

外邦人宾馆是一所砖砌的房屋,美丽而宽敞,砖的蓝色比我们的还要深些;房屋有漂亮的窗户,有些装着玻璃,有些幔着一种上了油的亚麻布。他先把我们带进了楼上的一个美丽的客厅,然后问我们有多少人,几个病人。我们告诉他,连患病的在内总共有五十一个人,其中有十七个病人。他请我们稍稍等一下,不要离开,等他过了一个多钟头回来再说。后来他回来了,于是他领我们去看那些给我们预备好的房间,一共是十九间。他们似乎已经安排好,把四间较好的给我们中的四个领导人单独居住,其余十五间由我们居住,每间两个人。房间又漂亮又爽朗,布置得也很整洁优雅,以后,他又领我们到一个像是宿舍的长廊,在那里,一边是十七间小屋子,另一边只是墙和窗户,都很整齐,并且有杉木的隔板。这个走廊和小屋,一共四十间(比我们需要的多得多),是作为病房给病人住的。他又告诉我们,痊愈了的病人,可以从这小屋搬到一间宿舍去,为了这个缘故,在上面所说的那几个房间之外,另拨出十个房间备用。这些都准备就绪后,他把我们带回了大厅,他把他的手杖举起了一些(在他们委托事务或发布命令时照例这样做),向我们说道:"你们应该知道,按这里的惯例,在今天和明天(这是我们让你们把船上的人搬过来的时间)之后,你们要在室内停留三天。但是,不要为这事感到烦恼,也不要认为你们是受了限制,这只是让你们得到充分的休息和过一些悠闲的时光罢了。你们不会缺什么东西,我们将派六个人来照料你们要在外面做的一切事情。"我们以感激和尊敬的心情向他致谢,并且说:"上帝的意志已经在这块土地上表现出来了。"我们也想赠给他二十枚金币,他也笑了笑,只向我们说了一句:"什么?两次受酬!"就走了。

　　接着,开饭了,真是美好的饮食,面包和肉食都是那么好吃,比我在欧洲所知道的任何高级膳食都适口。还有三种饮料,都是味美而又富于滋养的:一种葡萄酒;一种用谷类做的饮料,有点像我们的白啤酒,只是比较淡些;一种是用当地水果酿制的苹果酒——特别令人喜爱和感到心神舒畅的饮料。除此之外,还为我们的病人带来了大量的那种绯红色的橘子;据他们说,那是治因航海而得病的特效药。他们还给我们一匣灰色或是淡白色的小药丸,叫我们的病人每晚临睡前服一丸,他们说,这样病人就可以很快地复原了。

　　第二天,我们忙着由船上搬运我们的货物和输送我们的人。在这些琐碎事情大致就绪而安静下来之后,我感到应该召集一下我们的人开个会。大家集合好了,我对他们说:"我的亲爱的朋友们,让我们了解自己,也了解我们现在的处境。我们是被抛到陆地上来的人,正像约拿离开了鲸鱼的肚子似的①,因为以前我们也是被包围在深黑的大海里;而现在我们来到了陆地,我们是处在生死关头,因为我们已置身在新旧两个世界之外,我们是不是能重新看到欧洲,那只有上帝知道。是一种奇迹把我们带到这里的,而把我们从这里带走的也至少必须是个奇迹。因此,关于我们已往的脱险,以及我们现在和将来的危险,只有听凭上帝做主,而每个人也应该一心向善。此外,我们现在已经来到了信奉基督的人民中,他

---

　　① 据《旧约全书》中《约拿书》第一、二章,约拿因躲避耶和华,乘船出走,船至海上风浪大作,同行的人把他抛入海中,风浪方告平息。耶和华安排一条大鱼吞了约拿,他在鱼腹中三日三夜,经祷告耶和华,鱼才把他吐在旱地上。

们充满了虔诚和人道精神,我们无论如何不要在他们面前表现出罪恶活动或是恶劣品质,以免有失脸面。还有,他们依照戒律(虽然以很礼貌的方式)把我们关在这些房子里三天,谁知道是不是为了要看看我们的举止和行动呢？如果他们发现我们不规矩,那就可以立即把我们驱逐出境;如果表现好,就会让我们较长期地住下去。他们派来服侍我们的那些人,可能也是在监视着我们。因此,为了上帝的爱,同时由于我们祈求我们灵魂的和肉体的幸福,我们应该检点自己的行动,不违背上帝的意志,也让这里的人看得起我们。"我们的那一伙人异口同声地感谢我的忠告,并向我保证一定谨慎小心、谦恭有礼地住下去,绝不会有任何轻微的越轨行为。就这样,我们快乐地过了三天,无忧无虑,想象着三天过后他们将怎样对待我们。在这期间,使我们极感快慰的是,我们看到我们的病人时刻在好转。他们觉得自己好像是突然掉进了一个医疗的圣池①,他们恢复得又好又快。

在三天过后的早晨,到我们这里来的是一个我们从没有见过的新人,和前者一样,也穿着蓝色衣服,不过他的头巾是白色的,顶上有个小红十字。他还围着一条细亚麻布围巾。在他进来的时候,他向我们稍稍鞠躬,并把两臂伸开。而我们则极其谦恭卑顺地向他致敬,好像我们要听他的生死判决似的。他希望和我们之中几个人谈话。于是,我们留下了六个人,其余的都退出室外。这时他说道:"从我的官职来讲,我是这个外邦人宾馆的馆长,而从我的职业来讲,我是个基督教牧师,由于大家都是外邦人,而主要是由于大家都是基督徒,我现在是来为你们服务的。有些事我想和你

---

① 《约翰福音》第 5 章第 2 节说,在耶路撒冷,靠近羊门,有一个池子能治百病。

们谈谈，我想你们不会不愿意听的。现在我们的国家已经允许你们在这里停留六个星期，但是，如果你们的事情需要更长的时间来办，那也不用愁，因为在这一点上，法律并不是死的；我相信，如果需要，我也可以为你们请准更长的时间。你们也应知道，现在这个外邦人宾馆是很富有的，并且储备充足，因为很久没有外邦人到这里来，馆里已经储存了三十七年的进款。所以，你们无须顾虑，你们在这里停留期间的一切开销，都将由国家支付。你们也不必为了这一点而少住一天。关于你们所带的货物，你们可以得到公平的对待，我们用货物或者金银来偿付都行，因为这对我们都是一样。如果你们另外有什么要求，也请不用客气。你们将看到你们所得到的答复是不会使你们失望的。不过有一件事我必须告诉你们，那就是，如果没有得到特别的许可，你们谁也不要走到离城墙一卡兰（即一英里半，约 2.7 米）以内的地方去。"

我们大家你看看我，我看看你，对这宽厚仁慈的待遇充满了感激、钦佩的心情，所以后来回答说，我们不知说什么才好，因为我们找不到表示我们感谢的字眼，而他的高贵慷慨的恩赐，使我们再也没什么可要求的了。在我们看来，我们好像眼前看到了我们在天堂得救的一幅图画；因为我们不久以前还在死神的魔掌之中，而现在我们却被安置在处处感到安慰的地方。至于给我们规定的戒律，我们一定要遵守，虽然我们心里渴望能够在这神圣的乐土上多走一些地方。我们又说，在我们祷告时，如果忘记了提到他这位可敬的人或是这整个国家，我们的舌头将粘在上颚上而开不得口。我们更谦卑地请求他收我们作他忠实的仆人，因为这是世上受恩的人应有的权利。我们愿意把自己和我们所有的一切都贡献在他的脚边。他说他是个牧师，希望得到一个牧师所应得的报酬，那就是我们的友爱，我们肉体和灵魂的安宁。至此，他离去了。我们看到他眼中含着慈爱的泪水,使我们心里沸腾起感激喜悦的心情。我们彼此说,我们到了天使的国土,天使每天在我们面前出现,不等我们要求就给我们许多安慰,这些安慰是我们从没有想到过,更没有盼望过的。

第二天,约莫十点钟,这位馆长又来了,在相互敬礼之后,他亲切地告诉我们,他是来拜访我们的,说完就要了一把椅子坐下了。我们约有十个人(其余的人比较卑微,有的则已经外出了),陪他坐下。坐定之后,他开口说:"我们这本色列岛(按照他们的叫法是这样的)的人是这样的,由于我们和外界隔绝的处境,由于我们对于我们的旅行者和我们很少接待的外邦人有保密的法律,所以我们对外边的世界大部分都熟悉,而我们自己却不为人所知。既然知道得少的人应该提出问题,那么,为了消磨时光,比较合理的是由你们问我问题,而不是我问你们。"

我们回答说,我们非常感谢他准许我们提出问题。并且从我们已经体会到的来说,我们认为,人世间的事情没有比这个乐土上的情况更值得我们了解的了。但最重要的是,(我们说,)"因为我们是从世界的各个不同的角落聚集在一起的,并且,既然我们双方都是基督徒,我们确信有一天我们将在天国里相遇,而现在,由于我们想到这块土地是这样的辽远,又有不为人所知的广阔海洋把它和我们的救世主曾经行走过的土地分隔开来,所以我们很想知道,这个国家的使徒是谁?是怎样皈依这个信仰的?"我们从他脸上的表情看出,他对我们的问题感到非常满意。他说:"你们最先问这个问题,真是深得我心,这表示你们首先追求的是天国。我将非常愉快地和简要地满足你们的要求。"

"在我们的救世主升天后大约二十年,曾发生过这样一件事:我们岛的东方海岸上的仁福萨城的居民,在一个多云而寂静的夜晚,在看来像是几里以外的海上,看到了一个巨大的光柱,它并不尖峭,形状像柱子或者说像圆筒,由海中升起,矗立天际。它的上面显现着一个巨大的光芒四射的十字,比光柱本身更为光辉灿烂。这里的居民很快地聚集到沙滩上来观看这个神迹,并啧啧称奇。后来,有些人乘上一些小船,驶近这个奇异的景象。但是,当船驶到约离这个光柱六十码的地方,他们发现自己被阻住了,再也不能前进,但却可以在周围活动,而不能靠近。这样,所有的船都像是在一个大剧场里围观一个天上奇景。恰巧在这些船里有我们的一个贤人,他属于所罗门之宫大学,这个宫或者大学,我的好弟兄们,真是这个国家的眼睛。这位贤人在专心一意地、虔诚地观察这个光柱和十字并沉思默想之后,就匍匐在地;然后跪着仰起头来,双手举向上天,开始这样祷告:

"'上天下地的我主上帝;你把你的慈悲赐给了我们教团的那些人,使他们了解你的创造和你所创造出来的东西的秘密;使世世代代的人们能辨认出什么是神圣的奇迹、自然的创造和人工的产品,什么是欺诈和幻象。我现在在这里承认并在这些人面前作证,我们眼前见到的乃是你的神力和一个真正的神迹。而由于我们从我们的书里了解到你所显现的奇迹都是为了一个神圣和美好的目的,因为自然的规律就是你自己的法律,并且除非是为了伟大的目标,你是不会超越它们的。我们极其谦卑地祈求你使这个伟大的景象成功。并告诉我们怎样解释它、使用它,作为你对我们的怜悯,这些在你把它赐给我们的时候已经做了某些暗示和许诺。'

"他祷告完了之后,立刻发现他所坐的船能向前移动而不再受阻了,可是其他的船却仍被阻在那里。他认为这是准许他向前接近的表示,就轻柔地、静静地把船划向那个光柱。但是在他还没有靠近之前,光柱和十字迸散开了,放射出满天的繁星,这些不久也消失了,除了在水面上出现一个小的约柜①,也可以说是一个杉木的箱子外,什么也看不见了。这个箱子虽然在水上漂浮着,却是干的,一点也没有被水浸湿。对着这位贤人的一端生出一枝绿色的棕榈。这位贤人以极大的虔诚把这个约柜拿上船来之后,它自动地开启了。里面有一部书和一封信,都是用上等的羊皮纸写的,并且用几块亚麻布包裹着。和你们所用的一样,这部书包含着所有新旧约的经典书籍(我们清楚地知道你们的教会所接受的是什么),还有启示录本身,以及另外的一些当时还没有写出来的新约各书。至于那封信,是这样地写着的:

> 我,巴多罗买②,至高上帝的仆人,耶稣基督的门徒,在那个光荣的幻象里,看到了一位天使,他让我把这约柜放在大海的水上。因此我向上帝命令放这个约柜的那块土地上的人民作证并宣布,在同一天他们将从圣父和我主耶稣那里得到拯救、和平和恩赐。

"这两个文件——这部书和这封信在原文的语言天才上也创造了合乎使徒所创造的伟大奇迹。因为当时在这个地方,除了土人之外,还有希伯来人、波斯人和印度人,而他们每个人读这部书和这封信时,都像是在读着他们自己的文字。这个约柜所带来的圣巴多罗买的神奇的使徒的福音,就这样把这块土地由不幸中拯救出来(就像从洪水中救出了旧世界的陆地一样。)"说到这里,他停了下来,这时进来了一个使者,把他请走了。这就是这次聚会的全部经过。

---

① 约柜是装有十诫碑两块的箱子,这里因为它装的是圣经,所以也把它叫作约柜。
② 巴多罗买是基督十二门徒之一,见《马太福音》第 10 章第 3 节。

第二天刚吃过晚饭,这位馆长又来了,他致歉说,前一天他被唤走得有些突然,但现在他将补偿我们,如果我们喜欢和他一起谈话的话,他将和我们一同消磨些时间。我们回答说,我们极其喜欢和他谈话,因为在我们听他谈话时,我们忘掉了过去的危险,也忘掉了未来的忧愁。我们认为,和他谈一小时话,要胜过我们以前度过的许多年。他向我们欠身致谢,我们又都坐好了。他说:"好罢,还是由你们来发问罢。"

停了一会儿,我们之中有一个人说,有一件事,我们也很想知道,但却又不敢问,因为我们怕这样会过于冒昧。可是受到了他对我们的少见的款待和热情的鼓舞,我们已感到我们不再是外邦人,而是他的忠诚恭顺的仆人,所以我们大胆地提出来,谦卑地恳求他,如果他认为不应回答时,就予以拒绝,并原谅我们的冒昧。我们说,根据他以前对我们说过的话,我们很了解,只有很少人知道我们现在停留的这块乐土,而这里的人却对世界上多数国家很熟悉。这是确实的,因为这里的人懂得欧洲的语言、文字,并且很了解我们的国家和我们的事情。可是我们在欧洲,虽然在最近这个时代里曾经有过远地的航行和陆地的发现,却从来没有听到过关于这个岛屿的一点消息和影子。这是使我们极感惊奇的。现在的国家由于向外地航行或者外邦人的到达,都已彼此了解。虽然到外国的旅行者亲眼看到而知道的要比在家里听旅行者讲述而知道的多些,可是,两个方法都足以在某种程度上促使双方相互了解。然而关于这个海岛,我们从没有听说有谁看见他们的船到过欧洲的任何海岸,或到过东印度或西印度群岛;而且也没有听说过世界上任何其他地方有任何一只船是从他们那里回来的。但是使人惊奇的还不在于此,因为从(如阁下所说)它所处的为广阔的海洋所包围的秘密地位来看,这是可能的。可是,这里的人却又怎么能知道离他们这么遥远的人们的语言、书籍和事情呢？这真是我们难以理解的了。据我们看来，这好像是具有一种不可思议的性质的神力，所以能把自己隐藏起来不被别人看见，而却能把别人看得清清楚楚。

馆长听到这些话，温和地笑了，他说，我们问这问题之前先请求原谅，确是做对了，因为这个问题意味着，好像我们认为住在这块土地上的是些魔术师，能派遣空中的精灵到世界各地去搜集其他国家的消息和情报。我们一致以最谦逊的态度回答他，虽然脸上表示出我们知道他是在故意说笑话。我们说，我们确是难免要想这岛上有一种超自然的力量，不过我们认为那是属于天使的，而不是魔术师的。为了使馆长阁下彻底了解我们所以怀疑并提出这样一个问题的真正原因，我们说它并不是由于任何这一类的奇想，而是因为我们记得他曾在以前的话里暗示过，这个岛对外邦人是有保密的法律的。对这一点他说："你们记得不错，因此，我要对你们说的事情里不能涉及我们的法律不许泄露的那些细节，但是除此以外，还有许多事情可以使你们得到满足。

"你们应该知道，不过也许是你们所不相信的，那就是大约在三千年以前或者还要更早，世界的航行，特别是远方的航行比现在还要频繁。你们不要认为我并不知道近六十年来你们的航运增加了多少，这在我是很清楚的，但是我还要说那时比现在还要频繁；不管是不是由于人类的劫余被方舟①自洪水救起的先例，使人对水上的冒险增强了信心，或者还是由于别的，不过事实确是这样

---

① 《创世记》第 6 章和第 7 章记载：神为了惩罚败坏了的世界要使洪水泛滥在地上。因为挪亚是个义人，神就告诉他造一只方舟，到时和他的妻、儿子、儿妇进入方舟保全生命。挪亚照神的话做了，所以全家没有像其他活物一样从地上消灭；洪水退了之后，他们才出了方舟。

的。腓尼基人、特别是泰雅人，有巨大的船队。迦泰基人还有他们远在西方的殖民地。在东方，埃及和巴勒斯坦的航务也同样很发达。中国和伟大的大西岛（你们叫作美洲），现在还只有舢舨和独木舟，那时却已经有很多的高大的楼船。这个海岛根据那时确实可靠的记载，有一千五百只容量很大的大船。所有这些，在你们也许记得的很少，或者根本不记得了；而我们却知道得很清楚。

"那时，上面所说的许多国家的船只都曾经到过我们这个地方。并且像当时所发生的那样，有许多别的国家的人，并不是水手，也和那些船只一起到我们这里来；如同波斯人、迦勒底人、阿拉伯人等许多强大兴盛的国家都有人到此地聚会。今天在我们这里还有这些民族的后裔。至于我们自己的船只也作过多次的航行，曾经到过你们叫作"赫克士双柱"①的那个海峡和大西洋以及地中海各地。也到过东方海上的白固恩，也就是上都②和行在③各地……

"与此同时和大约在一世纪以后，那个伟大的大西岛上的居民繁荣兴盛起来。像你们当中的一位伟大人物④曾经记叙和描写过那样，海神的后代定居在那里，那儿有巍峨的教堂、堂皇的宫殿，有美丽的城市、清秀的山峦，还有可以航行的四通八达的河流，像带子一样地环绕着这些城市和殿堂。人们要登临这些地方可以循着长长的天梯走上去。这些记叙和描写是富有诗意的，使人难以置信的，然而却又是非常真实的。我们所说的这个大西岛上的国家，

---

① 赫克士双柱（Pillars of Hercules），即直布罗陀海峡。
② 上都（Cambaine）是中国元代的都城，马可·波罗和中世纪的欧洲人这样称呼它，地址大致相当于现在的北京。
③ 行在（Qulinzy）是指中国的杭州。马可·波罗这样称呼它，因为它曾经是南宋临时的都城。
④ 指希腊哲学家柏拉图，柏拉图在他的作品《克罗雪斯》（Critias）中有过这一类的描写。

和秘鲁（当时叫作柯亚）、墨西哥（当时叫作泰兰贝耳）都是富强的，有强大的武力、无数的船舶和大量的财富。有一个时候或者是至少在十年之内这两个国家举行过两次远征，泰兰贝耳人经过大西洋到地中海，柯亚人经过南海到了我们这个岛上。你们的那位作家曾经转述一个埃及僧侣的话，谈到那个到欧洲去的远征，说当时确是有这样一回事。至于究竟是不是古代雅典人把那次远征的武力打败了，我说不上来，不过，确是没有一只船或者一个人从那一次航行归来。至于柯亚人到我们这里的航行，如果不是他们遇见了比较宽厚仁慈的敌人，也不会有好结果。当时这个岛上的国王名字叫作阿尔特宾，是一个聪睿的贤人，也是一个勇敢的武士。他知己知彼，应付裕如；他切断了敌人陆上兵力和船只的联系，使他们的陆军和海军都陷入重围，然后以海陆双方面的优势兵力，迫使敌人不战而降。敌人在降服之后，对他宣誓永远不再反抗，于是他把他们安全地释放了。

"但是，在这些好大喜功的远征之后不久，他们就遭到了天谴。因为还不到一百年，大西岛就完全被毁灭了，不是由于你们所说的地震（因为整个那块地方是很少有地震的），而是由于一次部分的水灾或者说洪水。今天，那个地方有比旧世界任何地方都高得多的高山和大得多的大河，能够灌注洪水。但当时的洪水确是不深的，在许多地方离地面不超过四十英尺，所以虽然它毁灭了人类和野兽，但有些住在森林里边的野人却得免于难。鸟类因为飞到高树和森林的顶梢也得到了安全。至于人，虽然他们在许多地方的房子高出于水面，但这次不深的洪水却经久不退，所以被围起来的人们不死于沉溺，也死于食物和必需品的缺乏。

"所以，你们对于美洲人口的稀少，对于那里人们的野蛮和愚昧不要感到惊奇。你们应该知道，美洲的居民是一个年轻的民族，至少比世界其他各民族年轻一千年,因为在世界大洪水和他们那次部分洪水之间已经过了很久的时间。在他们山上劫后留下来的可怜的人类,重新慢慢地、一点一点地在那个地方定居下来,他们是简单的野蛮人(与挪亚和他的儿子是地上的唯一家族不一样),不能给他们的后代留下文字、技艺和文明。他们像在山上住着的时候一样(那些地方特别冷),习惯于披着那里有的虎皮、熊皮和长毛的山羊皮。当他们逐渐移到下面的溪谷,感觉到热得难以忍受,不知道怎样得到轻薄的衣衫的时候,他们就被迫裸体,一直继续到现在。不过他们特别喜爱鸟毛,并以这种装饰为骄傲,这也是从他们山上的祖先那里传来的,因为山下是洪水,无数的鸟飞到高地,所以养成他们祖先的这种习惯。你们看,就是由于这个大天灾,我们和美洲人断绝了来往,而过去因为他们离我们最近,同他们之间的贸易最频繁。

"至于世界其他各地,显然在以后几个世纪当中,或者由于战争,或者由于天运循环,航行在各处都大为衰落,特别是远洋航行(因为当时多用大划船,而这种船是不能远涉大洋的)几乎完全停止和绝迹。所以交往的一方,从很多国家可以到我们这里来的航行,很久以来除有些像你们偶然到这里来的情况而外,都停止了。但交往的另一方,我们到其他国家去的航行为什么停止,我还必须对你们说出它的原因。如果我要说真话,我就不能不说,我们的船只的数目、力量、航海人员、领航员以及属于航行的一切都和过去一样强大。那么,为什么我们要坐在家里呢?我们不能不原原本本地讲给你们听;这样将接触到你们所问的主要问题而使你们满意。

"约在一千九百年以前,一位国王治理着我们这个岛。我们永远崇拜他的伟大业绩,并不是由于迷信,而是由于他虽然是一个活在世上的人，但却能替天行道。他的名字叫所罗蒙那；我们都尊他为我们国家的立法者。这位国王宽仁大度，广行善政，一心一意为他的国家和人民谋幸福。他认识到这个国土是可以自给自足而不需要外邦人帮助的：它方圆有五千六百英里（约9 012千米），大部分土地特别肥沃；这个国家的船舶可以做很多的工作，如航行、捕鱼和进行各个港口之间的运输，也可以航行到这个国家统辖之下的周围附近各岛。他看到了当时这个国度的兴盛繁荣景象和无以复加的幸福，他觉得自己崇高而远大的理想已经完全实现，而现在唯一要做的就是怎样就自己所见到的，永远保持住人民现在已经获得的幸福生活。所以，他在这个国家的根本法律之中公布了一些限制外邦人入境的禁令，以免受外来的奇闻逸事和殊方异俗的影响。当时虽然已在美洲的大灾难之后，但仍有不少的外邦人常到此地来。诚然，这种不得许可不准外邦人入境的法律是一种中国的古老法律，并且现在仍在继续实行，但在那里，它是一种很坏的法律，使中国人民成为古怪、愚昧、怯懦和蠢笨的民族。我们的立法者却使他的法律具有另外一种性质。因为首先，他保存了所有的人道主义精神，对所有遭到苦难的外邦人实行照顾和救助，就像你们现在所亲身体验到的一样。"

在他讲到这里的时候，我们（理所当然地）都站起来鞠躬致谢。他接着说：

"我们的国王还愿意把人道主义和国家政策结合起来。他认为违反外邦人的意志把他们羁留在这里是不合于人道的；而让他们回去把这里的事情讲出去是不合于政策的，因此，他采取了这样的措施，公布了法令：无论何时准许在此地登陆的外邦人的数目只能与愿意离开此地的外邦人的数目相等，而对愿意留在此地的外邦人则一律由国家维持其生活，并给以最优厚的待遇。在这一点上,国王是有远见的,因为在这个禁令公布后的许多世纪中,我们不记得有一条船曾经离此回国,而且好几次加在一起也只有十三个人愿意离开此地。这些少数人回去之后怎么说我不知道。但你们可以想象得到,不管他们说什么,听的人也一定认为他们所到的地方是在梦境里。至于我们从这里到外地去的旅行,我们的立法者认为应该完全禁止。在中国并不是这样。中国人可以随意航行到各处,这就说明他们限制外邦人入境的法律是一种怯懦和恐惧的表现。我们的限制也有一个例外,这是值得赞扬的,那就是在取其长、弃其短、趋其利、避其害的情况下可以与外邦人交往。现在我就要向你们说明这些事情。说到这里,我似乎有一点离题,不过你们慢慢就会发现它还是与本题有关的。

"亲爱的朋友们,你们要知道,我们那位国王的许多光辉的事迹当中有一件最突出的,那就是我们称之为'所罗门之宫'的兴建和创办。它是一个教团,一个公会,是世界上一个最崇高的组织,也是这个国家的指路明灯。它是专为研究上帝所创造的自然和人类而建立的。有些人认为它的名字被讹传了,因为应该按照它的创建者的名字叫作'所罗蒙那之宫'。但历史按照当时人们的口语把它记载下来了,所以我也就认为它是以希伯来人的国王[①]的名字命名的。这位国王在你们当中是有名的,而对于我们也并不陌生;我们还保存有他的几部著作,而在你们那里却已经失传了。例如他写的《博物学》这部书,是一部关于一切植物,从黎巴嫩的香柏

---

① 《圣经旧约》中《列王记》第 2 章到第 11 章记所罗门事甚详。所罗门(Solomon)是希伯来人的贤王。神赐给他极大的智慧聪明和广大的心,如同海沙不可测量。所罗门的智慧超过东方人和埃及人的一切智慧。他做以色列众人的王共 40 年。

木①到生在墙上的苔藓，以及一切有生命、能活动的东西的著作。这件事使我想到，我们的国王发现他自己在许多事情上都和比他早生许多年的希伯来王相合，因此用这个组织的名字来纪念他。我现在也很倾向于这种意见，因为我在古代的典籍中发现，这个教团，这个公会，有时叫作'所罗门之宫'，有时叫作'六日大学'，从这里我们可以知道，大概我们的贤明国王从希伯来人那里知道了上帝创造世界和世界上的一切东西是在六天之内完成的，所以他在建立这个研究一切事物本质（上帝为了创造这些事物而获得更多的光荣，人们为了能使用它而获得更多的果实）的组织时给它取了另一个名字。

"现在还是回到本题上来吧。国王在禁止他的人民航行到任何不属于他管辖下的地方去的同时，还发布了这样的命令：每十二年要从本国派出两条船，作几次航行；每条船上要有'所罗门之宫'里三位弟兄组成的一个使节团，他们的任务就是研究要去访问的那些国家里的一切事物和情况，特别是全世界的科学、艺术、创造和发明等等，而且还要带回来书籍、器具和各种模型。当这三位弟兄在别的国家登陆后，船只须立即回国，他们三个人要一直留在外邦等到下一次的使节团去替换他们。这些船满装着食品、粮食和大量的财富珠宝，准备留给使节团的弟兄们，供他们用来购买他们认为应该购买的东西和酬谢他们认为应该酬谢的人。现在，我还要对你们讲一讲，一般的海员们怎样在陆地上躲藏起来不让别人发现，在留在岸上的期间怎样冒充外国人，这些航行都到什么地方去，新的使节团和旧的使节团在什么地方会面，以及诸如此类照例的事情，这些事情我本来可以不讲，因为你们不一定愿意听。不

---

① 《列王记》第7章说，所罗门王建造黎巴嫩林宫有香柏木柱三行。

过从这些事情上,你们可以看到,我们所从事的贸易不是为了金银珠宝,也不是为了丝绸香料,更不是为了其他商品之类的东西;我们是为了上帝首先创造出来的东西,那就是光,我是说,为了得到世界各个地方所产生的光。"

他说完了这些话,我们彼此全都沉默起来,因为我们所有的人都对他所讲的那些生动真实的奇怪事情感到惊讶。他觉察到我们有些话要说,但并没有准备好,因此很有礼貌地给我们以机会,并垂问一些关于我们的航海和遭遇等一类的问题。他最后在结束时说,我们自己可以很好地想一想,到底需要在岛上停留多长时间,并且告诉我们不要过于客气,可以把时间放长一些,因为他将尽力使我们所需要的时间获得批准。谈到这里时,我们都一致起立请求吻他的围巾的边缘以表示感激,但他不肯接受,站起来走了。当我们的人听说这里的国家照例对要留下来的外邦人给以最优越的生活待遇时,很多人都不管我们的船只了,并且想到馆长那里去要求地位。我们费了九牛二虎之力才把他们阻止住,至于以后到底怎么办,是留下还是离去,等大家一致同意之后再作决定。

我们看到自己没有毁灭的危险,又感觉到自己是能这样自由而兴高采烈起来。我们外出到邻近地方和城内各处去游玩和观光,认识了很多城里的人,他们虽然都是平平常常的人,然而却是和蔼可亲,慷慨好客,同我们一见如故,使我们忘记了我们家乡的可爱的一切。我们还看到了许多值得观察和研究的东西,的确,如果世界上有什么足资借鉴的地方,那就是这个最值得我们注意的国家。

有一天,我们之中的两个人被约参加一个当地人所说的"家宴"。这是一个非常普遍、虔诚和庄严的风俗,说明这个国家里存在着一切美德。它的情况是这样的:任何人如果能活着看见自己的三十名子孙后代全都健在而且都在三岁以上,就由国家出钱为他举办这种大宴会。这个家庭的家长(他们管他叫作"铁尔山")在宴会的前两天可以邀请他自己选择的三位朋友,并在举行宴会的本城或者本地行政长官的协助之下,把家庭的所有男女成员召集在一起。在这两天里,"铁尔山"坐下来研究整个家庭的生活状况。如果家庭成员之间有什么不和或者争端,就在那里予以消除和和解;如果家庭里的任何人陷于痛苦或者贫困,就予以解救和生活上的帮助;如果任何人为非作歹,趋于堕落,就要受到责备和惩罚。同样也对于婚姻问题、职业问题、生活方向问题等等给予种种不同的指示和训诫。如果"铁尔山"的这些命令和谕示不被遵行,行政长官最后就用他的权力来协助执行。但这种情况是很少见的,因为他们非常尊重和服从自然的规律。"铁尔山"还要从他的许多儿子当中挑选出一个人来和他住在一起,这个人以后就被称作"葡萄藤下的儿子",理由以后再说。

在宴会的那一天,这个家长或者"铁尔山"在进行祈祷之后,来到举行宴会的一间大屋子里。这间屋子上首的一端有一个平台,在平台的中间靠着墙,为这位家长安放着一把椅子,椅子前边是一张铺着桌毯的桌子。椅子上边是用常春藤做成的圆形的或者半圆形的华盖,这种常春藤比我们的长春藤颜色略白,很像白杨树叶子那种颜色,不过更富光泽,这是因为它经过冬天也不枯萎的缘故。这个华盖是用各种颜色的银丝和丝线交织或缠缚在常春藤上制成的,是这个家庭中的一些姑娘们的手艺,顶上还蒙着一张用银丝和丝线结成的精致的网。但它确实是由常春藤做的;所以在取下来之后,这个家族的朋友们都愿意得到一枝或一叶作为纪念。

"铁尔山"入场的时候率领着他的所有后代儿孙,男人在他的前边,女人在他的后边。如果其中有一个传留这些后代的母亲,就在椅子右首阁楼上边挂上一个帐幔，装上暗门和涂着金色和蓝色的雕花玻璃窗子，让她坐在那里，但人们却看不见她。"铁尔山"入场后坐在那把椅子上，他的后代依长幼次序不分性别地靠着墙站在平台的侧面和他的后边。他坐下之后，屋子里已经挤满了人，但是秩序井然；停息了一会儿之后，从屋子的另一端走进来一位"特拉坦"（他很像一个掌礼官），在他的两边各有一个小童，一个拿着一卷黄色发光的羊皮纸文件，另一个拿着一串长梗的金葡萄。掌礼官和两个儿童都穿着水绿色缎子的斗篷，掌礼官的斗篷镶着金边，下摆很长，曳在后面。

掌礼官三次低头行礼，前进到平台之前，先从小童手里取过羊皮纸文件。这个文件是国王的敕书，其中载明赐给家长的礼品、特权、特免权和荣誉。这个文件开头总是这样称呼："给我们最可爱的朋友和债权人"，而且只有在这种情形下才能用这个称呼。据他们说，国王除了对那些替他蕃息臣民的人之外，不欠任何人的债。国王敕书上所盖的印，是黄金铸成的国王浮雕像。这种敕书虽然是照例颁发，而且是一个当然的权利，但也随着每一个家族人数的多寡和荣誉而内容有所不同。掌礼官高声宣读这个敕书，在读的时候，家长或者"铁尔山"在他所选择的两个儿子扶掖之下肃立静听。然后掌礼官登台，把敕书交到他手里，这时，所有在场的人齐声赞颂："本色列的人民幸福无疆！"

然后，掌礼官再从另一个小童手里连梗取过那一串金葡萄来。葡萄被涂饰得非常美观，如果这个家庭里男子多，葡萄就涂紫色，顶端缀以太阳；如果女子多，葡萄就涂作草黄色，顶端缀以新月。葡萄粒的数目与这个家庭后代的人数相等。掌礼官把这一串金葡萄也交给"铁尔山"，他接过来之后，立刻交给他以前选出与他同住的儿子的手里。以后，这个儿子在他的父亲外出时，就手持这串葡萄引导前行,作为光荣的标记,所以他被称作"葡萄藤下的儿子"。

在这个礼节结束之后,家长或者"铁尔山"退席,过一些时候重新出来参加宴会。他像以前那样,一个人独坐在华盖之下,他的后代除了属于"所罗门之宫"的人之外,不论有多么高的品级和荣誉也不能和他同坐。他的孩子们对他跪着送饭送菜,并且只限于男人,女人则只能在周围靠墙站立。平台下边屋子两边摆着席位,招待请来的客人。他们的筵席是精美丰盛的,在宴会快要终了时(最大的宴会也不超过一个半小时),大家合唱赞美诗,诗体随着创作者的天才而不同(他们有杰出的诗歌天才),不过题目永远是赞美亚当、挪亚和亚伯拉罕①,因为前两个人使这个世界上人丁兴旺,后一个人是信徒之父,最后大家一起为救主的诞生而感恩,因为只有救主的诞生才使一切人的诞生有福。

宴会完了,"铁尔山"再次退席。他自己一个人到私室去祈祷,然后,第三次出场,对他的全体后裔祝福,这些人像第一次那样,站在他的周围。他随意地一个一个叫出他们的名字,但很少打乱长幼的次序。被叫到名字的人(这时桌子已经移开)跪到椅子前边,由家长把手放在他或者她的头上,用以下的话来祝福:"本色列的儿子(或者本色列的女儿),你的父亲,给你呼吸和生命的人现在对你说话,永在的天父,和平使者、圣鸽赐福给你,使你在人生的旅途上长寿和幸福。"他对每一个人都这样说,如果他的儿子当中有任何功绩昭著、德行优异的人(不超过两个人),他就把他们再叫到面前站立,把他的手臂搭在他们的肩上对他们说:"孩子们,你们没有白白来到世界上,应该赞美上帝,并且希望你们能贯彻始终。"说完

---

① 《创世记》中说,亚伯拉罕是以色列的始祖,他因饥荒下埃及,神允许他的后裔多如众星。

之后,他赠给他们每个人一件镶有宝石的饰物,制成麦穗形,以备他们以后在头巾或者帽子上佩带。这些事情完了之后,他们就开始按照他们的习俗举行音乐演奏、跳舞以及其他娱乐,一直到这一天整个过去。这就是这个宴会的全部情况。

这时,六七天已经过去了,我直接地认识了一个本城的商人,他名叫乔宾。他是一个犹太人并且行过割礼。这里只有很少的犹太人后裔留下来,他们并且允许这些人信奉自己的宗教。……我所说的这个人毫无问题地承认耶稣是处女所生,不是一个普通的人,他并且会讲上帝怎样使耶稣成为领袖,来管理那些守护他的宝座的天使。这些犹太人用"仁慈的化身""救世主的前导"和许许多多其他高贵的名字称呼耶稣,虽然这些名字与他的神圣尊严不完全相称,然而却与其他地方犹太人的语言有很大的不同。

谈到本色列这个国家,这个人赞不绝口,他希望人们按照犹太人的传说相信这里的人是亚伯拉罕的后代,是亚伯拉罕的另一个他们称之为拿鹤兰的儿子传留下来的。这里现在所用的法律是摩西当年秘密制定①的本色列的法律;当救世主下降到耶路撒冷坐到他的宝座上时,本色列的国王就坐在他的脚边,而其他国王却离开很远。撇开这种犹太人的梦想不说,我认识的这个人确是一个聪明智慧、博学多能的人,而且对于当地的法令和风俗习惯非常熟悉。

有一天,我在和他谈话的时候告诉他,我从参加过他们的"家宴"的那些人那里知道了这种风俗,并且很受感动,认为从来也没有人这样严肃地对待过生成造化的道理。因为家族的传宗接代是

---

① 《申命记》第 31 章说,摩西曾为以色列人制定法律。

由婚配而来的,所以我希望从他这里知道他们有哪些关于婚姻的法律和习俗,是不是对于婚姻有利,是不是一夫一妻制。凡是希望人口兴旺的地方,一般都是准许一夫多妻的,这里似乎也应该是这样。

对于这番话,他回答说:"你称赞'家宴'那个优越的制度是有道理的,据我们的经验,凡是有幸运举行那种宴会的家庭,以后都特别繁荣昌盛。现在你听着,我就告诉你我所知道的一切。你会看到普天之下没有一个像本色列这样纯洁的民族,也没有一个民族能像本色列这样免于荒淫污秽的,这真是全世界上的童贞女。我记得我在你们欧洲的一本书里读过一个圣洁的隐士想要看看'通奸之神',因而在他面前出现了一个肮脏丑恶的小黑人的故事。如果这个隐士想要看到'本色列的贞洁之神',我相信在他面前出现的一定是和一个纯洁美丽的小天使一样的神。因为在有血有肉的活人中间,没有东西能够比这里人民的品性再坚贞纯洁值得赞颂的了。所以这里没有妓院,没有娼寮,没有妓女,也没有任何那一类的东西。甚至于他们对你们欧洲准许这些东西的存在感到奇怪(也含有憎恶)。他们说,你们放弃了结婚;因为结婚是规定作为不正当的色情的补救办法,而正当的色情似乎是刺激结婚的一种力量。但当人们能够得到一种更适合于他们的堕落欲念的补救方法时,结婚就被放弃了。所以你们当中有很多人不结婚,宁愿过一种自由而不纯洁的独身生活,而不愿受到婚姻的限制;很多结婚的人也结得很晚,已过了他们年富力强的时期。有的人虽然结婚,但把结婚看作一种交易,从而进行势力的结合,或者取得妆奁或者声名,而具有各种不同的从中获利的目的。结婚已经不是像最初规定的那样一种夫妇之间的忠实的结合了。这些人既然如此卑劣地大量虚耗了他们的精力,他们对于子女(自己的血肉)自然也就不可能有很大的重视。如果这些事情在婚前因为有必要而加以容忍，那么结婚后的同样情况是不是得到了应有的纠正呢？没有，这类事情仍然保留着作为对于结婚的一种侮辱。已结婚的人到妓院娼寮去寻花问柳并不比没结婚的人多受惩罚。弃旧恋新的堕落风尚，狎昵拥抱的放浪笑谑（把犯罪当作艺术），使人们厌恶结婚生活而认为是一种负担。这里的人也听说过你们替这些事情辩护，认为这样可以防止更大的罪恶，像奸淫、破坏处女的贞操、不正当的淫欲等等。但他们认为这是一种荒谬可笑的想法，他们管它叫作'罗得的提议'①，他为了保全他的客人免于受迫害，但却献出了自己的女儿。不，他们还进一步说，这种办法一点也得不到好处，因为同样的恶德和欲念照旧存在，并没减少；不正当的欲念好比一个熔炉，如果彻底扑灭它的火焰，它就会熄灭，如果给它留一个出口，它就会越燃烧越旺盛。至于男人与男人的同性爱，这里是没有的，可是世界上没有一个地方能再有像这里所见到的忠诚信实的友谊。总起来说（如我过去所说的），我从来也没有看见过像此地这样坚守贞洁的人民。他们常说，不贞洁的人就不能自尊自重；他们说，一个人的自尊自重是克服万恶的首要条件，而且它的重要性仅次于宗教。"

这位犹太人说完了这些话，停顿了一会。我是愿意听他讲下去而不愿意自己说话的，但想到在他停止讲话的时候，如果我也默不作声，未免不通人情，所以我就对他说，像撒勒法的寡妇和以利

---

① 《创世记》第19章说，两个天使到了罗得的家里，所多玛城里各处的人都来围住罗得的房子，要罗得把客人带出来任他们施为。罗得出来，把门关上，到众人那里说，众弟兄请你们不要作这恶事。我有两个女儿，还是处女，容我领出来任凭你们的心愿而行，只是这两个人既然到我舍下，不要向他们做什么。

亚说的话一样,他的到来使神想起了我们的罪恶①,我不能不承认本色列的道德是高于欧洲的。他听了我的话,微微鞠躬,并且继续这样讲下去:

"关于婚姻,他们有很多用意深远的完善法律。他们不准许一夫多妻制。他们规定男女初次见面之后,不经过一个月不许结婚或订婚。不得到父母同意的婚姻仍然有效,但在继承上要受罚;这样结婚的男女继承他们父母的遗产不得超过三分之一。我曾经在你们同胞当中的一个人所写的一本书里②读到过一个捏造的共和国的故事。在那里,要结婚的男女双方在订婚之前,准许彼此裸体观看。这是此地人所不喜欢的,因为他们认为在彼此有了这种亲昵的了解之后,如果订婚遭到拒绝,那将是一个莫大的侮辱。但是因为男人和女人的身体上难免有许多缺陷,所以他们采取一种较文明的办法;在每一个城镇的附近都有一对池子(他们把这两个池子叫作亚当池和夏娃池),准许男人的一个朋友和女人的一个朋友各自看着他们裸体沐浴。"

当我们正在这样谈话的时候,一位穿着漂亮短斗篷的使者模样的人来了,他和犹太人讲了一些话。犹太人于是对我说:"请你原谅,我现在有急事必须离开。"第二天早晨他样子很高兴地来告诉我,"本城的行政长官得到通知,'所罗门之宫'的一位元老将于七天之后到这里来。我们已经有十年以上没有看到他们了。他这次来是公开的,但他为什么到这里来,却是保守秘密的。我将给你和你的同伴们找一个好的地方去看他的人城仪式。"我向他致谢,并且告诉他我非常高兴听到这个消息。

---

① 见《圣经旧约》中《列王记上》第17章。
② 指英国作家莫尔所写的《乌托邦》。

到那一天，元老果然进城了。他是一个中等身材的中年人，相貌清秀，看上去很是宽厚仁慈。他穿着上等的衣料制成的黑袍子，有宽大的袖子和一个披肩，他的衬衣是美好的白色亚麻布制成的，直拖到脚面，他腰间系着同样材料的带子，脖子上还围着同样材料的围巾。他戴着样式新奇的镶着宝石的手套，穿着桃色的天鹅绒制的鞋。他袒露着双肩。他的帽子像一顶头盔，或者一顶西班牙的骑士帽，在那下边露着整洁的棕色的鬈发。他的胡须修得很圆，和他的头发是同样颜色，不过略淡一些。他坐在一辆华丽的车子上，但却没有轮子，而是由两匹披着蓝色绣花天鹅绒的马一前一后把它架起来，左右各有一名马夫穿着蓝色天鹅绒的装束。车子完全是由柏木制成的，涂着金漆，镶着宝石；前端镶嵌着好几块蓝宝石，四周饰着金边，后边镶的是翠玉。车顶中间有一轮闪闪发光的金色太阳，车顶前边有一个展着双翅的金色小天使。车厢上还蒙着蓝色丝绒绣着金线的毯子。他的前边有五十名侍者，全都是青年人，敞穿着长可及膝的白缎子外衣，高统白丝袜子，蓝色天鹅绒的鞋子；他们戴着蓝色天鹅绒的帽子，帽檐周围插着各种颜色的美丽羽毛，像帽带似的。紧靠着车子前边有两个人，光着头，披着亚麻布的拖到脚面的外衣，系着带子，穿着蓝色天鹅绒的鞋，一个人手执一支十字杖，另一个拿着一支像牧羊杖一样的牧杖。它们全不是金属做的，那支十字杖是檀香木的，那支牧杖是柏木的。元老的车子前后并没有骑士，好像是他有意避免一切喧闹和纷扰似的。车后边跟随着全城的官员和首长。元老一个人靠坐在车子的蓝色丝绒靠垫上，脚下是各种颜色的美丽的丝织地毯，好像是波斯制造的，却精致得多。他前进的时候举起一只不戴手套的手，好像是在替人民祝福，但没有说话。街道上秩序井然；从来没有一个军队的队伍能像两边站着的人群排列得那么整齐。窗子里边的人也并不拥挤,每个人站在窗口,好像事先曾安排过的一样。

当这个行列过去之后,犹太人对我说:"我不能按照我的心愿来陪你了,因为本城派我去招待这位伟大的人物。"三天以后,犹太人又来和我说,"你们真是有福气的人,因为'所罗门之宫'的元老知道你们在这里,命令我告诉你们,他将接见你们全体,并和你们推选出来的一个人作私人会谈。他定在后天接见,并且为了向你们祝福,时间定在上午。"

我们准时前往,并且同伴们推选我去做私人会谈。他在一间华美的房间里接见我们。周围挂着精致的帷幔,地上铺着地毯,但宝座前并没有阶梯。他坐在一个装饰得很华丽的矮矮的宝座上,头上有一个蓝缎子绣花的华盖。除了他左右两边各有一名穿着漂亮的白衣服的侍者外,只有他一个人。他穿的衬衣和我们那天看到他在车上穿的一样,但没有穿长袍子,而是披着一件同样黑色料子的有披肩的斗篷,紧紧地围在身上。我们进门以后,按人们叮嘱的那样,先深深地鞠躬。我们走近他的椅子时,他站起来,伸出他不戴手套的手,作出祝福的姿势。我们每个人都弯下腰去,吻他的围巾的边缘。在这以后,我们其他的人都离开了,我一个人留在屋子里。他命令那两名侍者退出室外,让我坐在他旁边,就用西班牙语这样对我讲起来:

"上帝祝福你,我的孩子;我将赐给你我所有的最大的珍宝。为了上帝和人类的爱,我将告诉你一些关于'所罗门之宫'的真实情况。孩子,为了使你了解'所罗门之宫'的真实情况,我将按这样的顺序来讲:第一,我将告诉你我们这个机构的目的;第二,我们的措施和设备;第三,我们的成员所担负的工作和任务;第四,我们所遵守的法令和仪式。

"我们这个机构的目的是探讨事物的本原和它们运行的秘密,

并扩大人类的知识领域,以使一切理想的实现成为可能。

"我们的措施和设备是这样的;我们有各种深度的又大又深的洞穴,最深的有六百呎①,有一些是在山底下掘的,所以如果你把山的高度和洞的深度计算在一起,有一些就会超过三英里深。我们发现从山顶到平地和从平地到洞底是一回事,因为都是同样远离太阳和天上的光线,都不是露天的。我们管这些洞穴叫作下层地区,我们用这些洞穴来凝结、僵化、冷冻和保存各种物体。我们也在那里仿造各种天然矿物,并把我们所用的化合物和原料,以及埋藏在那里多年的物质,生产出人造金属来。说来也许奇怪,我们有时也用这些洞穴来治疗某种疾病和作为延年益寿之用,愿意住在那里的隐士们获得一切必需品的供应,的确能活得很久。我们通过这些人可以学习到许多东西。

"我们也像中国人埋藏陶器一样在许多洞穴里埋藏一些各种各样的胶泥制品,不过它们的种类比中国的陶器更多,形式更美。我们知道各种不同的制造腐殖土和制造使土壤变得更肥沃的复合肥料的方法。

"我们有高塔,最高的达半英里,有一些建造在高山上,连山带塔最高的至少有三英里。我们管这些地方叫作上层地区,把上层下层之间的地方叫作中层地区。我们按照这些高塔的不同位置和不同高度用它们进行暴晒、冷却、保存,并用它们来观察气象,如风、雨、雪、雹和其他突变的气象。在这些塔上,有些地方住有隐士,我们有时也访问他们,告诉他们应该观察些什么。

"我们有很大的咸水湖和淡水湖,在那里我们可以养鱼和水禽。我们也有时在那里埋藏一些自然物体,因为我们发现东西埋

---

① 呎(Fathom)是一种度量的标准,一呎等于 6 英尺。

藏在土里或者通空气的地底下,是和埋藏在水里不同的。我们也有池子,有的人从盐池中汲出淡水,也有人用技术把淡水变成盐水。我们在海的中央有岩石,在海岸上有港湾,以那里可以进行那种需要利用海上的空气与雾气的工作。我们同样还有奔放的河流和汹涌的瀑布,给我们提供许多动力;同样还有许多机器来增加和加强风力,以发动各种机器。

"我们还有不少人造井和温泉,是仿照天然的泉源和温泉造成的,带有胆矾、硫黄、铁、铜、铅、硝石等等矿物的颜色。我们还有一些小井,那里边的水能够浸泡许多东西,效力比放在容器和盆子里的水更大更快。其中有一口井我们称作'天堂之水',经过处理以后特别有增进健康和延年益寿的功效。

"我们还有宏伟宽敞的建筑,在那里进行气象研究和试验,如降雪、降雹、降雨——人工的实物雨,不是水滴——还有霹雷、闪、电等等;我们也研究和试验万物在空气中的化生,如青蛙、苍蝇等等。

"我们还有一些疗养院,我们管它们叫作保健院。我们可以调节那里的空气,使适合于治疗各种疾病和保持健康。

"我们还有许多清洁而宽敞的浴池,水里掺有各种药水,能够治疗疾病和祛除人们身体的过度疲劳;有的能增强人们的体力、各部分的机能,使他们精力充沛,肌肉发达。

"我们还有各种巨大的果园和花园,我们所特别注意的不是风景的优美,而是土壤的性质和肥沃的程度,看它是不是适合于种植各种树木和花草。除葡萄园以外,还有很大的种着各种果树和浆果的果园,可以用果子酿制各种酒类。我们对于各种野生的树木和果树做各种嫁接和萌芽的试验,获得了良好的效果。我们在这些果园和花园里应用各种技术,使树木花草的成熟早于或晚于它们的季节,并更快更多地结出果实来。我们应用技术使它们生长得更高大,使它们结出的果子更大更甜,有各种异乎寻常的色、香、味和形状。我们把其中许多种加以培养,供医学上使用。

"我们还有方法使植物从各种混合的土壤中生长出来而不需要种子,同样也能生产出各种异乎寻常的新品种,并且能使一种树或者一种植物变为另外的一种。

"我们还有许多动物园养着各种鸟兽,这不仅是为了它们的珍异而作观赏之用,也是为了解剖和试验,把得到的知识应用到人体上。在这些事情上,我们发现了许多使人惊奇的效果,有的身体上极重要的部分已经死亡或者被割掉,但还能照旧活下去,有的看上去已经死了,但还能复苏等等。我们在这些动物身上试验各种毒素和药品,外用的和内服的。我们用各种技术使它们长得异常高大,或者相反地使它们特别矮小或者停止生长,我们使它们有特别强的繁殖力,或者相反地使它们失去繁殖能力,不能蕃育生息。我们也能使它们的颜色、形状、习性等等发生各种变化。我们也有办法使不同种类的鸟兽实行杂交,不但不像一般人所想的那样不能生育,而且能生出新种。我们使腐败物中生出爬虫类、蠕虫类、蝇类和鱼类,结果有一些竟进化成为较高级的生物如鸟兽等等,不但有性别而且能繁殖。我们也并不是偶然获得成功的,而是事前就知道用什么物质和什么混合物能生出什么样的生物来。

"我们还有特殊的池塘养着鱼类,像上边所说的对鸟兽一样,在鱼类身上做试验。

"我们还在一些地方养育着有特殊用处的昆虫,就如同你们养的蚕和蜜蜂一样。

"我不预备多占用你的时间来听我讲述我们的酒厂、面包房和厨房,在那里我们能做出各种最精美的酒类、面包和肉食品。关于酒类,我们有葡萄酒和各种露酒、果汁酒、米酒、药酒;还有各种蜂蜜、蔗糖、甘露和果汁的混合的酒类;还有树汁、蔗露等所造的酒。这些酒类已经保存了上百年,有一些也有三四十年。我们还用各种植物、各种草根和各种香料来酿酒;有的竟是用兽肉和鸡肉酿成的,所以有几种酒实际上既是酒又是肉,有些人,特别是老年人,喜欢用这样的酒,而不愿吃肉食和面包,即使吃也吃得很少。最重要的是,我们竭力把酒酿造得十分柔和,使它的力量能够慢慢地灌注全身,叫人并不感到强烈和刺激,以至于有伤身体;其中有几种滴在手背上,很快地就会使手掌感到温暖,但喝到嘴里却非常柔和。我们还制造各种能营养身体的饮料,它们等于很好的酒,所以有的人就不再用别的饮料了。我们有各种粮食、植物根和果仁做的面包,有的是用干肉、干鱼做的。做的时候使用了各种发酵剂和调味剂,所以有些面包不但味美适口,而且非常富于营养,只吃这些面包而不用肉食就能长寿。关于肉食,我们把一些肉捣碎,烧得又烂又嫩,却并不变质,使消化能力弱的人吃下去立刻成为乳糜,对于消化力强的人,我们给他们准备另外一种肉食。我们还有一些肉类、面包、酒类,人们吃了可以长时期不饿;还有一些,人们吃了可以使身体变得更为结实健壮,富于弹性,他们的体力也比不吃这些东西时大得多。

"我们有药房和药店。在那里,你们一定会容易想到,既然我们动植物的种类比你们欧洲多(我们知道你们有很多),那么我们也一定有更多的各种各样的药草制剂、药材和药品了。我们有新陈不等的和各种长期泡制的药品。为了配制这些药品,我们不仅用微火、各种过滤器和各种物质做最完善的过滤和分析,而且用最准确的配剂方法,使药品配成之后如同天然产品一样。

"我们还有你们所没有的各种各样的制造技术;制造出来的东西有纸张、布匹、丝绸、纱绢,美丽而颇富光泽的羽毛制品,优良的染料和其他等等物品。有的工厂制造的这一类产品是专为大众用的,有的不是。你知道,上面提到的这些东西多半已经在我们全国普遍使用,但如果有了什么新的发明创造,仍可作为样品试用。

"我们还有各种各样的熔炉,保持各种不同的热度:猛烈而短暂的,强大而持久的,微弱而温和的;有的吹风大,有的吹风小,有的是干热,有的是湿热等等。但主要的是我们仿造的太阳热和天体热,经过各种均差、各种轨道(可以这么说)、进路和回路,从而产生意料不到的效果。此外,我们还有生物的粪便的热、肠胃的热和它们的血液和身体的热,以及草木发酵和石灰淬水所发生的热等等。还有专靠运转便能生热的器械。此外我们有一些可以进行暴晒工作的阳光充足的地方,以及在地下能够天然地或者人工地产生热力的地方。我们用这些不同的热,作为我们要进行的各种操作所需要的力量。

"我们还有光学馆,在那里我们做各种颜色的光线和辐射的试验;我们能使无色透明的东西变成有颜色的东西,不是像宝石和棱镜中所呈现的那种虹彩,而是各种单一的颜色。我们能增加光的强度,使它照射得很远,靠着它的力量可以明辨秋毫。我们能使光线具有各种颜色,使视觉在形状、大小、动作和颜色上发生各种错觉和假象,并做各种影像的试验。我们能用你们所不知道的方法使各种物体自己发光。我们有方法看到远在天上和极远极远地方的东西,能视近若远,视远若近,造成虚假的距离。我们还能用比现在所用的眼镜更好的办法来帮助视觉。我们有办法用镜子清晰地、完整地看到极微小的物体,看到用其他办法看不到的昆虫的形状和颜色、米粒和宝玉上的瑕疵，观察用其他办法无法观察的便溺和血液。我们能人工造出彩虹、日月晕和光圈。我们能使物体的光柱发生各种反射、折射和复光。

"我们还有各种各样的宝石，大多数是非常美丽，而且是你们从来未见过的，还有各种晶石和玻璃，除了你们用来做玻璃的材料以外，其中还有变成玻璃形状的金属和其他材料。还有你们所没有的化石和半矿石。同样还有吸力惊人的磁石及其他天然的和人造的珍贵宝石。

"我们还有音乐馆，在那里，我们做各种声音和发声的试验。我们有你们所没有的四分音和较少滑音的和声。同样，各种各样的乐器也是你们从未见过的，其中有一些比你们的乐器更柔和动听，还有优美的铿锵悦耳的钟铃。我们能使轻微的声音变为洪大低沉，使洪大的声音变为悠扬和高亢。我们能在保存原调之下发出各种震音和颤音。我们能表现和模仿各种语言的发音和歌唱，以及各种鸟啼兽叫。我们还有一种助听器，放在耳朵上可以大大帮助听觉。我们还有各种各样的奇怪的人造的回声，把声音多次地反送过来，好像有什么东西在震荡着它，有时回来的声音比发出的声音更大、更尖锐、更低沉，有时这些声音竟改变了原来的发音和音节。我们还有办法用筒子和管子，把声音传到不同的方向和不同的距离。

"我们还有香料室，和辨味的设施合并在一起。我们增多了香味的种类，有一些似乎是很特别的。我们制造香味，使所有的东西都能发出一种它原来所没有的混合香味。我们也能仿造出各种各样的美味，人们尝了以后完全辨别不出真假来。这里我们还附设有糕点室，制造各种干湿的糖果、可口的酒类、奶类、肉汤、青菜，比你们的花样多得多。

"我们还有机器馆,在那里我们为各式各样的机器装置做出各种各样的机器和工具。我们在那里仿制或试制出一些机械,其运转的速度比你们发射的步枪子弹或任何机器都快。我们借助于机轮或其他方法,能不费力气就使机器很容易地转动和发出强大的力量,比你们的机器所发出的都大,超过你们最大的大炮和蛇炮。我们还制造各种武器军械,同样也根据新的配方制造各种火药,以及用于海战的在水中燃烧的'希腊火',还有供观赏和使用的各种各样的焰火。我们还能模仿鸟的飞行;我们已经有了一些飞行的方法。我们有潜行在水底和能够抵抗海浪的船只,还有游泳带和救生圈。我们有奇奇怪怪的钟表,周期和长期转动的机械。我们还制造机器人、机器兽、机器鸟、机器鱼、机器蛇,我们还有很多其他各种各样的机器,都制造得非常匀称、精美和细致。

"我们还有一个数学馆,在那里我们有制造得非常精美的几何学和天文学的仪器。

"我们还有幻术室,在那里我们能演出各种魔术、幻影、幻法和假象,并揭露其秘密。你一定会想到,我们既然有这么多真正使人惊奇的东西,如果把这些东西伪装起来,必然能够在这个喜好新奇的世界上瞒过人的眼目,使它们显得更为神奇。但我们是痛恨一切欺骗和说谎的,所以我们严厉禁止我们的人行使骗术,如有违犯,就要被认为不名誉,受到罚款的处分,因此,他们决不把原有的事情或者物品加以装点或者夸大,伪作神奇,而只是使人们看到它们的本来面目。

"我的孩子,这些就是'所罗门之宫'的财富。

"至于我们的工作和任务,我们有十二个人以其他国家的名义(因为我们自己的国家是不让人知道的)航行到外国去,收罗各地的书籍和论文,以及各种实验的模型。我们把这些人叫作'光的商人'。

"我们还有三个人专门收集各种书籍中所记载的试验,我们把他们叫作'剽窃者'。

"我们有三个人收集所有关于机械工艺、高等学术的实验和不属于技艺范围的各种实际操作方法。我们把他们叫作'技工'。

"我们还有三个人从事于他们认为有用的新的实验。我们把他们叫作'先驱者'或者'矿工'。

"我们还有三个人把上述的四种实验制成图表,以便于从中得出知识和定理。我们把他们叫作'编纂者'。

"我们有三个人专门观察他们同伴的实验,从其中抽出对于人类的生命和知识以及工作实际有用的东西,能清楚地说明事物的本原和预见将来的方法,并对万物的性质和构成作出顺利而可靠的发现。我们把这些人叫作'天才'或者'造福者'。

"在我们全体人员举行各种会议和讨论,研究了以前的工作和搜集的各种材料之后,其中有三个人从事于新的更高级的、更深入自然奥秘的试验。我们把他们叫作'明灯'。

"我们还另有三个人;专门执行计划中的试验,并提出报告。我们把他们叫作'灌输者'。

"最后,我们有三个人把以前试验中的发现提高为更完全的经验、定理和格言。我们把他们叫作'大自然的解说者'。

"正如你们必然要想到的,我们还有许多学徒和实习生,以保证能够源源接替上述各种人员的职务,此外,还有大批的男女佣人和侍者。我们还共同研究:我们所发现的经验和我们的发明,哪些应该发表,哪些不应该发表,并且一致宣誓,对于我们认为应该保密的东西,一定严守秘密。不过,其中有一些我们有时向国家报告,有一些是不报告的。

"关于我们的规章和仪式,我们有两个很长的、美丽的长廊,其中一个陈列着各种特别新奇而有价值的发明的模型和样品,另一个中陈列着主要发现者、发明者的雕像。那里有你们发现西印度群岛的哥伦布,还有轮船的发明者,你们那个发明大炮和火药的僧人①,有音乐发明者,文字发明者,印刷术发明者,天文观察的发明者,金属器具发明者,玻璃发明者,蚕丝发明者,酒类发明者,谷类和面包发明者,糖的发明者,关于这些人的传说我们所知道的比你们知道的更可靠。还有我们自己的许多伟大发明家,因为你没有看见过,说起来太长,况且你也未必能对他们有正确的了解。我们对于每一个有价值的发明都为它的发明者建立雕像,给他一个优厚的和荣誉的奖赏。那些雕像有铜的,有大理石的和碧玉的,有柏木的和其他特种木料经过金漆和涂饰的,有铁的、银的和金的。

"我们有赞美诗和乐曲,每天歌颂和感谢我主和上帝有奇妙的创造;我们还有各式主祷文,恳求主帮助我们,赐福给我们,使我们的劳动更为辉煌,成为神圣而有用的事业。

"最后,我们还巡视和访问我们全国的主要城市,并在所到的地方发表我们认为好的、有用的新发明。我们也预告自然疾病、瘟疫、虫灾、饥荒、风灾、地震、洪水、彗星,一年四季的气候和各种其他事情的到来,并指示人民如何进行防御和救治。"

他说完了这些之后,站了起来,我按照人们所教的那样跪下去,他把右手放在我的头上说:"上帝赐福给你,我的孩子;上帝也赐福给我们的会谈。为了其他国家的幸福,我准许你发表我

---

① 此系指13或14世纪日耳曼的僧人和炼金术士什瓦茨(B.Schwartz),在西方以发明火药著称。

所谈的一切;因为现在我们是在上帝的怀抱中,在一个外人所不知道的国土里。"这样他就离开了我,并拨付大约两千都开特①作为给我和我的同伴的奖励金。因为他们随时随地都要发出大量的犒赏。

［原稿到这里突然中断。］

（何　新　译）

---

① 都开特(ducat)是从前流通欧洲各国的金币名。